Châteaubriand, F.R. de

Génie du christianisme ou beautés de la religion chrétienne
volume 2

Migneret
1803

D 5716

Réserve

GENIE
DU
CHRISTIANISME.

Se trouve à PARIS,

Chez MIGNERET, Imprimeur, rue du Sépulcre, Faubourg Saint-Germain, N.º 28;

Et à LYON,

Chez BALLANCHE, Père et Fils, Halles de la Grenette.

GÉNIE
DU CHRISTIANISME,
OU
BEAUTÉS
DE
LA RELIGION CHRÉTIENNE;
PAR
FRANÇOIS-AUGUSTE CHATEAUBRIAND.

Chose admirable! la religion chrétienne, qui ne semble avoir d'objet que la félicité de l'autre vie, fait encore notre bonheur dans celle-ci.

MONTESQUIEU, *Esprit des Loix*, Liv. XXIV, ch. III.

TOME SECOND.

NOUVELLE ÉDITION,
AVEC FIGURES.

A PARIS,
DE L'IMPRIMERIE DE MIGNERET,
RUE DU SÉPULCRE, F. S. G. N.º 28.

AN XI.—1803.

GÉNIE
DU CHRISTIANISME,
OU
BEAUTÉS
DE LA RELIGION CHRÉTIENNE.

SECONDE PARTIE.
POÉTIQUE DU CHRISTIANISME.

LIVRE PREMIER.
VUE GÉNÉRALE DES ÉPOPÉES CHRÉTIENNES.

CHAPITRE PREMIER.

Que la Poétique du Christianisme se divise en trois branches; poésie, beaux-arts, littérature : *que les six livres de cette seconde partie traitent spécialement de la poésie.*

Le bonheur des élus chanté par l'Homère chrétien, nous mène naturellement à parler des effets du christianisme dans la poésie. En traitant du génie de cette religion, comment pourrions-nous oublier son influence sur les lettres et sur les arts? Influence qui a pour ainsi dire changé l'esprit humain, et créé dans l'Europe moderne, des peuples tout différens des peuples antiques.

Les lecteurs aimeront peut-être à s'égarer sur Oreb et Sinaï, sur les sommets de l'Ida et du Taigète, parmi les fils de Jacob et de Priam, au milieu des dieux et des bergers. Une voix poétique s'élève des ruines qui couvrent la Grèce et l'Idumée, et crie de loin au voyageur : « Il n'est que deux » belles sortes de noms et de souvenirs dans » l'histoire, ceux des Israélites et des » Pélasges. »

Les douze livres que nous avons consacrés à ces recherches littéraires, composent, comme nous l'avons dit, la seconde et troisième partie de notre ouvrage, et séparent les six livres du *dogme* des six livres du *culte*.

Nous jetterons d'abord un coup-d'œil sur

les poëmes, où la religion chrétienne tient la place de la mythologie, parce que l'épopée est la première des compositions poétiques. Aristote, il est vrai, a prétendu que le poëme épique est tout entier dans la tragédie; mais ne pourroit-on pas croire, au contraire, que c'est le drame qui est tout entier dans l'Epopée ? Les adieux d'Hector et d'Andromaque, Priam dans la tente d'Achille, Didon à Carthage, Enée chez Evandre ou renvoyant le corps du jeune Pallas, Tancrède et Herminie, Adam et Eve, sont de véritables tragédies, où il ne manque que la division des scènes, et le nom des interlocuteurs. D'ailleurs, n'est-ce pas même l'*Iliade* qui a donné naissance au drame, comme le *Margitès* à la comédie ? Mais si Calliope se pare de tous les ornemens de Melpomène, la première a des charmes que la seconde ne peut emprunter : le *merveilleux*, les *descriptions*, les *épisodes*, ne sont point du ressort dramatique. Toute espèce de tons, même le ton comique, toute harmonie poétique,

PARTIE II.
Poétique du Christianisme.

LIVRE I.
Vue générale des épopées chrétiennes.

depuis la lyre jusqu'à la trompette, peuvent se faire entendre dans l'Epopée. L'Epopée a donc des parties qui manquent au drame; il demande donc un talent plus universel; il est donc une œuvre plus complète que la tragédie. En effet, on pourroit supposer, avec quelque vraisemblance, qu'il est moins difficile de faire les cinq actes d'un OEdipe-roi, que de créer les vingt-quatre livres d'une Iliade : autre est de produire un ouvrage de quelques mois de travail; autre d'élever un monument qui demande les labeurs de toute une vie. Sophocle et Euripide étoient, sans doute, de beaux génies; mais ont-ils obtenu dans les siècles cette admiration, cette hauteur de renommée, dont jouissent si justement Homère et Virgile? Enfin, si le drame est la première des compositions, et que le poëme épique ne soit que la seconde, comment se fait-il que depuis les Grecs jusqu'à nous, on ne compte que cinq Epopées, deux antiques et trois modernes, tandis qu'il n'y a pas de nations qui ne se vantent de posséder une foule d'excellentes tragédies ?

CHAPITRE II.

Vue générale des poëmes où le merveilleux du christianisme remplace la mythologie. L'Enfer du Dante, *la Jérusalem délivrée.*

Posons d'abord quelques principes.

Dans toute Epopée, les hommes et leurs passions sont faits pour occuper la première et la plus grande place.

Ainsi tout poëme où une religion est employée comme *sujet* et non comme *accessoire*, où le *merveilleux* est le *fond* et non l'*accident* du tableau, pèche essentiellement par la base.

Si Homère et Virgile avoient établi leurs scènes dans l'Olympe, il est douteux, malgré tout leur génie, qu'ils eussent pu soutenir jusqu'au bout l'intérêt dramatique. D'après cette remarque, dont il est difficile de contester la justesse, il ne faut plus attribuer au christianisme la langueur qui règne dans les poëmes, dont les principaux personnages sont des êtres surnaturels : cette langueur tient au vice même de la composition. Nous verrons, à l'appui de cette vérité, que plus le poëte, dans l'Epopée, garde un juste milieu entre les choses divines et les choses humaines, plus il devient *divertissant*, pour parler comme Despréaux. *Divertir, afin d'enseigner*, est la première qualité requise en poésie.

Sans rechercher quelques poëmes écrits dans un latin barbare, le premier ouvrage qui s'offre à nous, est la *divina comedia* du Dante. Les beautés de cette production bizarre, découlent presqu'entièrement du christianisme ; ses défauts tiennent au siècle et au mauvais goût de l'auteur. Dans le pathétique et dans le terrible, le Dante a peut-être égalé les plus grands poëtes. Son ouvrage étant de nature épisodique, soutiendroit mal-aisément une analyse régulière : nous reviendrons sur les détails.

Il n'y avoit dans les temps modernes que

deux beaux sujets de poëme épique, les *Croisades* et la *découverte du Nouveau-Monde :* M. de Malfilâtre se proposoit de chanter la dernière. Les Muses regrettent encore que ce jeune poëte ait été surpris par la mort, avant d'avoir exécuté son dessein. Toutefois ce sujet a, pour un Français, le défaut d'être étranger. Or, c'est un autre principe de toute vérité, qu'il faut travailler sur un fonds antique, ou que, si l'on choisit une histoire moderne, il faut toujours chanter sa nation.

Les Croisades rappellent la *Jérusalem Délivrée :* ce poëme est un modèle parfait de composition. C'est là qu'on peut apprendre à mêler les sujets sans les confondre : l'art avec lequel le Tasse vous transporte d'une bataille à une scène d'amour, d'une scène d'amour à un conseil, d'une procession à un palais magique, d'un palais magique à un camp, d'un assaut à la grotte d'un solitaire, du tumulte d'une cité assiégée à la cabane d'un pasteur ; cet art, disons-nous, est tout admirable. Le dessin des caractères n'est pas moins savant : la férocité d'Argant est opposée à la générosité de Tancrède, la grandeur de Soliman à l'éclat de Renaud, la sagesse de Godefroi à la ruse d'Aladin ; il n'y a pas jusqu'à l'hermite Pierre (comme l'a remarqué M. de Voltaire), qui ne fasse un beau contraste avec l'enchanteur Ismen. Quant aux femmes, la coquetterie est peinte dans Armide, la sensibilité dans Herminie, l'indifférence dans Clorinde. Le Tasse eût parcouru le cercle entier des caractères de femmes, s'il eût représenté *la mère*. Il faut peut-être chercher la source de cette omission dans la nature de son talent qui avoit plus d'enchantement que de vérité, et plus d'éclat que de tendresse.

Homère semble avoir été particulièrement doué de génie, Virgile de sentiment, le Tasse d'imagination. On ne balanceroit plus sur la place que le poëte italien doit occuper, s'il avoit une seule de ces grâces rêveuses, qui rendent si doux les soupirs du Cygne de Mantoue ; car il lui est très-supérieur dans les caractères, les batailles, et la composition. Mais le Tasse est presque toujours faux quand il fait parler le cœur; et comme les traits de l'ame sont les véritables beautés, il demeure nécessairement au-dessous de Virgile.

Au reste, si la Jérusalem a une fleur de poésie exquise; si l'on y respire l'âge tendre, l'amour et les déplaisirs du grand homme infortuné, qui soupira ce chef-d'œuvre dans sa jeunesse, on y sent aussi les défauts d'un âge qui n'étoit pas assez mûr pour la haute entreprise d'une Epopée. L'octave du Tasse n'est presque jamais pleine, et son vers, souvent trop vîte fait, ne peut être comparé au vers de Virgile, cent fois retrempé au feu des Muses. Il faut encore remarquer que les idées du Tasse ne sont pas d'une aussi belle famille que celles du poëte latin. Les ouvrages des anciens se font reconnoître, nous dirions presqu'à leur *sang*. C'est moins chez eux, ainsi que parmi nous, quelques pensées éclatantes, au milieu de beaucoup de choses communes, qu'une belle troupe de pensées qui se conviennent et qui ont toutes comme un air de parenté ; c'est le groupe des enfans de Niobé, nuds, simples, pudiques, rougissans, se tenant par la main avec un doux sourire, et portant, pour seul ornement, une couronne de fleurs sur leur tête.

D'après la Jérusalem, on sera du moins obligé de convenir qu'on peut faire quelque chose d'excellent sur un sujet chrétien. Et que seroit-ce donc, si le Tasse eût osé employer toutes les grandes machines du christianisme? Mais on voit qu'il a manqué de hardiesse. Cette timidité l'a forcé d'user des petits ressorts de la magie ; tandis qu'il pouvoit tirer un parti immense du tombeau de J. C. qu'il nomme à peine, et d'une terre consacrée par tant et tant de prodiges. La même timidité l'a fait échouer dans son *Ciel*. Son *Enfer* a plusieurs traits de mauvais goût. Ajoutons qu'il ne s'est pas assez servi du Mahométisme, dont les rites sont d'autant plus curieux, qu'ils sont peu connus. Enfin, il auroit dû jeter un regard sur l'ancienne Asie, sur cette Egypte si fameuse, sur cette grande Babylone, sur cette superbe Tyr, sur les temps de Salomon et d'Isaïe. Comment la Muse a-t-elle oublié la harpe de David, en parcourant Israël ? N'entend-on plus, sur les sommets du Liban, la voix des ombres des prophètes ? Ces grands fantômes n'apparoissent-ils pas quelquefois sous les Cèdres, et parmi les Pins ? Les anges ne chantent-ils plus sur Golgotha, et le torrent de Cédron a-t-il cessé de gémir ? On est fâché que le Tasse n'ait pas donné quelque souvenir aux patriarches : le berceau du monde dans un petit coin de la *Jérusalem*, feroit un assez bel effet.

CHAPITRE III.

Paradis perdu.

On peut reprocher au *Paradis Perdu* de Milton, ainsi qu'à l'*Enfer* du Dante, le défaut dont nous avons parlé : le *mer-*

B..

veilleux est le *sujet* et non la *machine* de l'ouvrage; mais on y trouve des beautés supérieures, qui tiennent essentiellement à la base de notre religion.

L'ouverture du poëme se fait aux enfers, et pourtant ce début n'a rien qui choque la règle de simplicité prescrite par Aristote. Pour un édifice si étonnant, il falloit un portique extraordinaire, afin d'introduire tout-à-coup le lecteur dans ce monde inconnu, dont il ne devoit plus sortir.

Milton est aussi le premier poëte qui ait terminé l'Epopée par le malheur du principal personnage, contre la règle généralement adoptée. Qu'on nous permette de penser qu'il y a quelque chose de plus intéressant, de plus grave, de plus semblable à la condition humaine, dans une histoire qui aboutit aux misères, que dans celle qui va finir au bonheur. On pourroit même soutenir que la catastrophe de l'Iliade est tragique. Car si le fils de Pélée atteint le but de ses desirs, toutefois la conclusion du poëme laisse un sentiment profond de tristesse (1) : on vient de voir les funérailles de Patrocle, Priam rachetant le corps d'Hector, la douleur d'Hécube et d'Andromaque au bûcher de ce héros, et l'on apperçoit dans le lointain la mort d'Achille et la chûte de Troie.

Le berceau de Rome, chanté par Virgile, est un grand sujet, sans doute ; mais que dirons-nous d'un poëme qui peint une

PARTIE II.
Poétique du Christianisme.

LIVRE I.
Vue générale des épopées chrétiennes.

---

(1) Ce sentiment vient peut-être de l'intérêt qu'on prend en Hector. Hector est autant le héros du poëme qu'Achille, c'est le grand défaut de l'Iliade. Il est certain que l'amour du lecteur se porte sur les Troyens, contre l'intention du poëte, parce que les scènes dramatiques se passent toutes dans les murs d'Ilion. Ce vieux monarque, dont le seul crime est d'aimer trop un fils coupable ; ce généreux Hector, qui connoît la faute de son frère, et qui cependant défend son frère ; cette Andromaque, cet Astyanax, cette Hécube, attendrissent tous le cœur, tandis que le camp des Grecs n'offre qu'avarice, perfidie et férocité. Peut-être aussi le souvenir de l'Enéide agit-il secrètement sur le lecteur moderne ; et l'on se range, sans le vouloir, du côté des héros chantés par Virgile.

catastrophe dont nous sommes nous-mêmes les victimes, et qui ne nous montre pas le fondateur de telle ou telle société, mais le père du genre humain? Milton ne vous entretient ni de batailles, ni de jeux funèbres, ni de camps, ni de villes assiégées; il se contente de vous retracer la première pensée de Dieu, manifestée dans la création du monde, et les premières pensées de l'homme au sortir des mains du Créateur!

Rien de plus auguste et de plus intéressant que cette étude des premiers mouvemens du cœur de l'homme. Adam s'éveille à la vie; ses yeux s'ouvrent; il ne sait d'où il sort. Il regarde le firmament; par un mouvement de desir, il veut s'élancer vers cette belle voûte, et il se trouve debout, la tête superbement levée vers le ciel. Il touche ses membres; il court, il s'arrête; il veut parler et il parle. Il nomme naturellement tout ce qu'il voit, il s'écrie: « O toi, soleil, et vous, arbres, forêts, » collines, vallées, animaux divers! » et tous les noms qu'il donne sont les vrais noms des êtres. Et pourquoi Adam s'adresse-t-il au soleil, aux arbres ? *Soleil, arbres*, dit-il, *savez-vous le nom de celui qui m'a créé ?* Ainsi le premier sentiment que l'homme éprouve, est le sentiment de l'existence d'un Etre suprême ; le premier besoin qu'il manifeste, est le besoin de Dieu ! Que Milton est sublime dans ce passage ! mais se fût-il élevé à ces grandes pensées, s'il n'eût connu la véritable religion ?

Dieu se manifeste à Adam, la créature et le Créateur s'entretiennent ensemble ; *ils parlent de la solitude.* Nous supprimons les réflexions. La solitude ne *vaut rien à l'homme.* Adam s'endort, Dieu tire du sein même de notre premier père une nouvelle créature, et la lui présente à son réveil : « la grace est dans sa démarche, le » ciel dans ses yeux, et la dignité et l'amour » dans tous ses mouvemens. Elle s'appelle » la *femme ;* elle est née de l'homme. » L'homme quittera pour elle son père et » sa mère. » Malheur à celui qui ne sentiroit pas là-dedans toute la divinité !

Le poëte continue à développer ces grandes vues de la nature humaine, cette sublime raison du christianisme. Le caractère de la femme est admirablement tracé dans la fatale chûte. Eve tombe par amour-propre ; elle se vante d'être assez forte pour s'exposer seule ; elle ne veut pas qu'Adam l'accompagne dans l'endroit solitaire, où elle cultive des fleurs : cette belle créature, qui se croit invincible, en raison même de sa foiblesse, ne sait pas qu'un seul mot peut la subjuguer. L'Ecriture, qui fait un si bel éloge de la femme forte, nous peint toujours la femme esclave de sa vanité. Quand Isaïe menace les filles de Jérusalem : « Vous perdrez, leur dit-il, vos » boucles d'oreilles, vos bagues, vos bra- » celets, vos voiles. » On a remarqué, de nos jours, un exemple frappant de ce caractère. Telles femmes, pendant la terreur, avoient donné des preuves multipliées d'héroïsme, de qui la vertu est venue depuis échouer contre un bouquet de fleurs, une fête nouvelle. Ainsi s'explique une de ces grandes et mystérieuses vérités cachées dans les Ecritures : en condamnant la femme à enfanter avec douleur, Dieu lui a donné une force invincible contre la peine ; mais en même temps, et en punition de sa faute, il l'a laissée foible contre le plaisir. Aussi Milton appelle-t-il la femme, *fair defect of nature;* « beau défaut de la nature. »

La manière dont le poëte Anglois a conduit la chûte de nos premiers pères, mérite d'être examinée. Un esprit ordinaire n'auroit pas manqué de renverser le monde, au moment où Eve porte à sa bouche le fruit fatal ; Milton s'est contenté de faire pousser un soupir à la terre, qui vient d'enfanter la mort ; on est en effet beaucoup plus surpris, parce que cela est beaucoup moins surprenant. Quelles calamités cette tranquillité présente de la nature ne fait-elle point entrevoir dans l'avenir ! Tertullien cherchant pourquoi l'univers n'est point dérangé par les crimes des hommes, en apporte une raison sublime : cette raison, c'est la PATIENCE de Dieu.

Lorsque la mère du genre humain présente le fruit de science à son époux, notre premier père ne se roule point dans la poudre, ne s'arrache point les cheveux, ne jette point de cris. Un tremblement le saisit, il reste muet, la bouche entr'ouverte, et les yeux attachés sur son épouse. Il apperçoit toute l'énormité du crime : d'un côté, s'il désobéit, il devient sujet à la mort ; de l'autre, s'il reste fidèle, il garde son immortalité, mais il perd sa compagne désormais condamnée au tombeau. Il peut refuser le fruit, mais peut-il vivre sans Eve ? Le combat n'est pas long : tout un monde est sacrifié à l'amour. Au lieu d'accabler son épouse de reproches, Adam la console, et prend de sa main la pomme fatale. A cette consommation du crime, rien ne s'altère encore dans la nature : les passions seulement font gronder leurs premiers orages dans le cœur du couple malheureux.

Adam et Eve s'endorment, mais ils n'ont plus cette innocence qui rend les songes légers. Bientôt ils sortent de ce sommeil agité, comme on sortiroit d'une pénible insomnie (*as from unrest.*) C'est alors que leur péché se présente devant eux. « *Qu'a-vons-nous fait, s'écrie Adam ? pourquoi es-tu nue ? Couvrons-nous, de peur qu'on ne nous voie dans cet état.* » Le vêtement ne cache point une nudité dont on s'est apperçu.

Cependant la faute est connue au ciel, une sainte tristesse saisit les anges ; mais *that sadness mixt with pity, did not alter their bliss* ; « cette tristesse mêlée *à la pitié,* n'altéra point leur bonheur. » Mot chrétien et sublime de tendresse. Dieu envoie son Fils pour juger les coupables ; le juge miséricordieux descend ; il appelle Adam dans la solitude : » Où es-tu ? lui » dit-il. » Adam se cache. « — Seigneur, je » n'ose me montrer à vous, parce que je suis » nud. — Comment sais-tu que tu es nud ? » Aurois-tu mangé du fruit de science ? » — Quel dialogue ! cela n'est point d'invention humaine. Adam confesse son crime ;

C..

Dieu prononce la sentence : « Homme ! tu mangeras ton pain à la sueur de ton front ; tu déchireras péniblement le sein de la terre ; sorti de la poudre, tu retourneras en poudre. — Femme, tu enfanteras avec douleur. » Voilà l'histoire du genre humain en quelques mots. Nous ne savons si le lecteur est frappé comme nous le sommes ; mais nous trouvons dans cette scène de la Genèse, quelque chose de si extraordinaire et de si grand, qu'elle se dérobe à toutes les explications du critique ; l'admiration manque de termes, et l'art rentre dans le néant.

Le Fils de Dieu remonte au ciel, après avoir laissé des vêtemens aux coupables. Alors commence ce fameux drame entre Adam et Eve, dans lequel on prétend que Milton a consacré un événement de sa vie, un raccommodement entre lui et sa première femme. Nous sommes persuadés que les grands écrivains ont mis leur histoire dans leurs ouvrages. On ne peint bien que son propre cœur, en l'attribuant à un autre, et la meilleure partie du génie se compose de souvenirs.

Adam est retiré seul pendant la nuit sous un ombrage : la nature de l'air est changée; des vapeurs froides, des nuages épais obscurcissent les cieux; la foudre a embrâsé des arbres, les animaux fuient à la vue de l'homme; le loup commence à poursuivre l'agneau, le vautour à déchirer la colombe. Adam tombe dans le désespoir; il desire de rentrer dans le sein de la terre. Mais un doute le saisit : s'il avoit en lui quelque parcelle d'immortalité? si ce souffle de vie qu'il a reçu de Dieu ne pouvoit périr? si la mort ne lui étoit d'aucune ressource, et qu'il fût condamné à être éternellement malheureux? La philosophie peut-elle demander un genre de beautés plus élevées et plus graves? Non-seulement les poëtes antiques n'ont pas fondé un désespoir sur de pareilles bases; mais les moralistes eux-mêmes ont à peine quelque chose d'aussi haut.

Eve a entendu les gémissemens de son

époux : elle s'avance timidement vers lui ; Adam la repousse ; Eve se jette à ses pieds, les baigne de larmes. Adam est touché ; il relève la mère des hommes. Eve lui propose de vivre dans la continence, ou de se donner la mort, pour sauver sa postérité. Ce désespoir, si bien attribué à une femme, tant par son excès que par sa générosité, frappe notre premier père. Que va-t-il répondre à son épouse ? « Eve, l'espoir » que tu fondes sur le tombeau, et le » mépris même que tu fais de la mort, me » prouvent que tu as en toi quelque chose » de sublime, qui n'est pas soumis au » néant. »

Le couple infortuné se décide à prier Dieu et à se recommander à la miséricorde éternelle. Il se rend à l'endroit même où le souverain Juge a prononcé son arrêt. Là, se prosternant, il élève un cœur et une voix humiliée vers celui qui pardonne. Ces accens montent au séjour céleste, et le Fils se charge lui-même de les présenter à son Père. On admire avec raison dans l'Iliade les *Prières boiteuses*, qui suivent l'*Injure* pour réparer les maux qu'elle a faits. Il seroit impossible sans doute de trouver sur les prières une plus belle allégorie. Cependant ces premiers soupirs d'un cœur contrit, qui trouvent la route que tous les soupirs du monde doivent bientôt suivre ; ces humbles vœux qui viennent se mêler à l'encens fumant devant le Saint des saints, ces larmes pénitentes qui réjouissent les esprits célestes; ces larmes qui sont offertes à l'Eternel, par le Rédempteur du genre humain, et qui touchent Dieu lui-même; (tant elle a de puissance, cette première prière de l'homme repentant et malheureux !) toutes ces circonstances réunies ont en elles-mêmes quelque chose de si moral, de si solemnel, de si attendrissant, qu'elles ne sont peut-être point effacées par les *Prières* du chantre d'Ilion.

Le Très-Haut se laisse fléchir, et accorde le salut final de l'homme. Milton s'est emparé avec beaucoup d'art de ce premier mystère des Ecritures; il a mêlé par-tout la touchante histoire d'un Dieu, qui, dès le commencement des siècles, se dévoue à la mort, pour racheter l'homme de la mort. La chûte d'Adam devient plus puissante et plus tragique, quand on la voit envelopper dans ses conséquences, jusqu'au Fils de l'Eternel.

Nonobstant ces beautés, qui appartiennent au fond du *Paradis perdu*, il y a une foule de beautés de détail dont il seroit trop long de rendre compte; Milton a en particulier le mérite de l'expression. On connoît *les ténèbres visibles*, *le silence ravi*, etc. Ces hardiesses, lorsqu'elles sont bien sauvées, comme les dissonnances en musique, font un effet très-brillant; elles ont un faux air de génie : mais il faut prendre garde d'en abuser ; quand on les recherche, elles ne deviennent plus qu'un jeu de mots puéril, aussi pernicieux à la langue qu'au bon goût.

Nous observerons encore que le chantre d'Eden, à l'exemple de Virgile, est devenu original en s'appropriant des richesses étrangères; ce qui prouve que le style original n'est pas celui qui n'emprunte rien de personne, mais celui que personne ne peut reproduire.

Cet art d'imitation, connu de tous les grands écrivains, consiste dans une certaine délicatesse de goût, qui s'empare des beautés d'un autre temps pour les accommoder aux temps et aux mœurs du siècle. La copie, bien que ressemblante, devient un original, comme le Saint-Jérôme du Dominicain, fait d'après le Saint-Jérôme du Carrache, ou comme les traits d'un père se répètent sur le visage de ses enfans, sans qu'on puisse accuser la nature de plagiat : Virgile est un modèle en ce genre. Voyez comme il a transporté à la mère d'Euryale, les plaintes d'Andromaque sur la mort d'Hector. Homère, dans ce morceau, a quelque chose de plus naïf que le poëte de Mantoue, dont il a fourni d'ailleurs tous les traits frappans, tels que l'ouvrage échappant aux mains d'Andromaque, l'évanouissement, etc. (et il en a quelques autres qui ne sont point dans l'Enéide, comme le pressentiment du malheur, et cette tête qu'Andromaque échevelée, avance à travers les créneaux.) Mais aussi l'épisode d'Euryale est plus pathétique, plus tendre. Cette mère qui, seule de toutes les Troyennes, a voulu suivre les destinées d'un fils ; ces habits devenus inutiles, et dont elle occupoit son amour maternel, son exil, sa vieillesse et sa solitude, au moment même où l'on promenoit la tête du jeune homme sous les remparts du camp ; ce *fœmineo ululatu ;* sont des choses qui n'appartiennent qu'à l'ame de Virgile. Les plaintes d'Andromaque, plus étendues, perdent de leur force ; celles de la mère d'Euryale, plus resserrées, tombent, avec tout leur poids, sur le cœur. Cela prouve qu'une grande différence existoit déja entre les temps de Virgile et ceux d'Homère, et qu'au siècle du premier, tous les arts, même celui d'aimer, avoient acquis plus de perfection.

CHAPITRE IV.

De quelques Poëmes françois et étrangers.

Quand le christianisme n'auroit donné à la poésie que le *Paradis perdu*; quand son génie n'auroit inspiré ni la *Jérusalem délivrée*, ni *Polieucte*, ni *Esther*, ni *Athalie*, ni *Zaïre*, ni *Alzire*, on pourroit encore soutenir qu'il est très-favorable aux muses. Nous placerons dans ce chapitre, entre le *Paradis perdu* et la *Henriade*, quelques poëmes françois et étrangers, dont nous n'avons qu'un mot à dire.

Les morceaux remarquables répandus dans le *saint Louis* du père Lemoine ont été si souvent cités, que nous ne les répéterons point ici. Ce poëme, tout informe qu'il est, a des beautés qu'on chercheroit en vain dans la *Jérusalem*. Il y règne une imagination sombre, qui convient à la peinture de cette Egypte pleine de souvenirs et de tombeaux, et qui vit passer tour-

D..

à-tour les Pharaon, les Ptolomée, les solitaires de la Thébaïde, et les Soudans des Barbares.

La *Pucelle* de Chapelain, le *Moïse sauvé* de Saind-Amand, et le *David* de Coras, ne sont plus connus que par les vers de Boileau. On peut cependant tirer quelque fruit de la lecture de ces ouvrages : le *David* sur-tout mérite d'être parcouru.

Le prophète Samuel raconte à David l'histoire des rois d'Israèl :

>Jamais, dit le grand saint, la fière tyrannie
>Devant le Roi des rois ne demeure impunie :
>Et de nos derniers chefs le juste châtiment
>En fournit à toute heure un triste monument.
>. . . . .
>Contemple donc Héli, le chef du tabernacle,
>Que Dieu fit de son peuple et le juge et l'oracle;
>Son zèle à sa patrie eût pu servir d'appui,
>S'il n'eût produit deux fils trop peu dignes de lui.
>. . . . .
>Mais Dieu fait sur ces fils, dans le vice obstinés,
>Tonner l'arrêt des coups qui leur sont destinés;
>Et par un saint hérault, dont la voix les menace,
>Leur annonce leur perte et celle de leur race.
>O ciel ! quand tu lanças ce terrible décret,
>Quel ne fut point d'Héli le deuil et le regret !
>Mes yeux furent témoins de toutes ses alarmes,
>Et mon front, bien souvent, fut mouillé de ses larmes.

Ces vers sont remarquables, parce qu'ils sont assez beaux comme *vers*. Le mouvement qui les termine, pourroit être avoué d'un grand poëte.

L'épisode de Ruth, racontée dans la grotte sépulcrale où sont ensevelis les anciens patriarches, a du charme et de la simplicité :

> On ne sait qui des deux, ou l'épouse, ou l'époux,
> Eut l'ame la plus pure et le sort le plus doux, etc.
> . . . .

Enfin Coras réussit quelquefois dans le vers *descriptif*. Cette image du soleil à son midi est pittoresque :

> Cependant le soleil, couronné de splendeur,
> Amoindrissant sa forme, augmentoit son ardeur.

Saint-Amand, presque vanté par Boileau, qui lui accorde du génie, est néanmoins inférieur à Coras. La composition du *Moïse sauvé* est languissante, le vers lâche et prosaïque, le style plein d'antithèses et de mauvais goût. Cependant quelques morceaux d'un sentiment vrai, qu'on y remarque çà et là, ont pu servir à adoucir l'humeur du chantre de l'art poétique.

Il seroit inutile de nous arrêter à l'*Araucana*, avec ses trois parties et ses trente-cinq chants originaux, sans oublier les chants supplémentaires de *dom Diégo de Santistevan Ojozio*. Il n'y a point de *merveilleux chrétien* dans cet ouvrage ; c'est une narration historique de quelques faits arrivés dans les montagnes du Chili. La chose la plus intéressante du poëme, est d'y voir figurer Ercylla lui-même, qui se bat et qui écrit. L'*Araucana* est mesuré en octaves, comme l'*Orlando* et la *Jérusalem*. La littérature italienne donnoit alors le ton à toutes les littératures de l'Europe. Ercylla chez les Espagnols, et Spenser chez les Anglois, ont fait des stances et imité l'Arioste, jusques dans son exposition. Ercylla dit :

No las damas, amor, no gentilesas
De cavalleros canto enamorados,
Ni las muestras, regalos y ternezas
De amorosos afectos y cuydados :

> Mas el valor, los hechos, las proezas
> De aquelos Espagnoles esforçados,
> Que a la cerviz de Araucono domada
> Pusieron duro yugo por la espada.

C'étoit encore un bien riche sujet d'Epopée que celui de la *Lusiade*. On a de la peine à concevoir comment un homme du génie de Camoëns, n'en a pas su tirer un plus grand parti. Mais enfin, il faut se rappeler qu'il fut le premier épique moderne, qu'il vivoit dans un siècle barbare, qu'il y a des choses touchantes (1), et quelquefois sublimes dans les détails de son poëme, et qu'après tout, le chantre du Tage fut le plus infortuné des mortels. C'est un sophisme, digne de la dureté de notre siècle, d'avoir avancé que les bons ouvrages se font dans le malheur : il n'est pas vrai qu'on puisse bien écrire quand on souffre. Tous ces hommes inspirés, qui se consacrent au

---

(1) Néanmoins nous différons encore ici des autres critiques; l'épisode d'Inès nous semble pur, touchant, mais généralement trop loué, et bien loin d'avoir les développemens dont il étoit susceptible.

culte des muses, se laissent plus vîte submerger à la douleur que les esprits vulgaires. Un génie puissant use bientôt le corps qui le renferme ; les grandes ames, comme les grands fleuves, sont sujettes à dévaster leurs rivages.

Le mélange que Camoëns a fait de la fable et du christianisme, nous dispense de parler du *merveilleux* de son poëme.

M. Klopstock est aussi tombé dans le défaut d'avoir pris le *merveilleux* du christianisme pour *sujet* de son poëme. Son premier personnage est un Dieu; cela seul suffiroit pour détruire l'intérêt tragique. Cependant il y a de beaux traits dans le *Messie*. Les deux amans ressuscités par le Christ, offrent un épisode charmant que n'auroient pu fournir les ressorts mythologiques. Nous ne nous rappelons point de personnages arrachés au tombeau, chez les anciens, si ce n'est Alceste, et Hérès de Pamphilie (1).

(1) Dans le dixième livre de la république de Platon.

L'abondance et la grandeur caractérisent sur-tout le merveilleux du *Messie*. Ces globes habités par des êtres différens de l'homme, cette profusion d'anges, d'esprits de ténèbres, d'ames à naître ou d'ames qui ont déja passé sur la terre, jettent l'esprit dans l'immensité. Le caractère d'Abbadona, l'ange repentant, est une conception heureuse. M. Klopstock a aussi créé une sorte de séraphins mystiques, tout-à-fait inconnus avant lui.

Gessner nous a laissé dans *la mort d'Abel*, un ouvrage plein d'une tendre majesté. Malheureusement il est gâté par cette teinte doucereuse de l'idylle, que les Allemands donnent presque toujours aux sujets tirés de l'Ecriture : ils péchent tous contre une des plus grandes loix de l'Epopée, *la vraisemblance des mœurs*, et transforment les rois pasteurs d'Orient en innocens bergers d'Arcadie.

Quant à l'auteur du poëme de *Noé*, il a succombé sous la richesse de son sujet. Pour une imagination vigoureuse, c'étoit pourtant une belle carrière à parcourir, qu'un monde anti-diluvien. On n'étoit pas même obligé de créer toutes les merveilles : en fouillant le Critias, les chronologies d'Eusèbe, quelques traités de Lucien et de Plutarque, on eût trouvé une ample moisson. Scaliger cite un fragment de Polyhistor, touchant certaines tables écrites avant le déluge, et conservées à *Sippary*, la même vraisemblablement que la *Sipphara* de Ptolémée (1). Les muses parlent et entendent toutes les langues; que de choses ne pouvoient-elles pas lire sur ces tables !

(1) A moins qu'on ne fasse venir *Sippary* du mot hébreu *Sepher*, qui signifie bibliothèque. Josephe, liv. I, c. II, *de Antiq. Jud.*, parle de deux colonnes, l'une de brique et l'autre de pierre, sur lesquelles les enfans de Seth avoient gravé les sciences humaines, afin qu'elles ne périssent point au déluge, qui avoit été prédit par Adam. Ces deux colonnes subsistèrent long-temps après Noé.

CHAPITRE V.

La Henriade.

Si un plan sage, une narration parfaite, de très-beaux vers, une diction élégante, un goût pur, un style correct et limpide, sont les seules qualités nécessaires à l'Epopée, la Henriade est un poëme achevé; mais cela ne suffit pas : il faut encore une action héroïque et surnaturelle. Et comment M. de Voltaire eût-il fait un usage heureux du *merveilleux* du christianisme, lui dont tous les efforts tendoient à détruire ce merveilleux ? Telle est néanmoins la puissance des idées religieuses, que l'auteur de la Henriade doit au culte même qu'il a persécuté, les morceaux les plus frappans de son poëme épique, comme il lui doit les plus belles scènes de ses tragédies.

Une philosophie sage, une morale froide et sérieuse conviennent à la muse de l'histoire; mais cet esprit de sévérité, transporté à l'Epopée, est peut-être un contre-sens. Ainsi, lorsque M. de Voltaire s'écrie dans l'invocation de son poëme :

Descends du haut des cieux, auguste Vérité,

il est tombé, ce nous semble, dans une grande méprise. La poésie épique

Se soutient par la fable et vit de fiction.

Le Tasse, qui traitoit aussi un sujet chrétien, a fait ces vers charmans, d'après Platon et Lucrèce (1).

Sai, che la terre il mondo, ove piu versi
Di sue dolcezze il lusinghier Parnasso, etc.

(1) « Comme le médecin qui, pour sauver le malade, » mêle à des breuvages flatteurs les remèdes propres » à le guérir, et jette au contraire des drogues » amères dans les alimens qui lui sont nuisibles, etc. » Platon, *de leg.* lib. 1. *Ac veluti pueris absinthia tetra medentes,* etc. Lucret. lib. 5.

Si l'on disoit que le Tasse a aussi invoqué la vérité, nous répondrions qu'il ne l'a pas fait comme M. de Voltaire. La vérité du Tasse est une *muse*, un ange, je ne sais quoi jeté dans le vague, quelque chose qui n'a pas de nom, *un être chrétien,* et non pas la *vérité directement personnifiée,* comme celle de la Henriade

Là, il n'y a point de poésie où il n'y a point de menterie, dit Plutarque (1).

Est-ce que cette France à demi-barbare, n'étoit plus assez couverte de forêts, pour qu'on y pût rencontrer quelques-uns de ces châteaux du vieux temps, avec des mâchicoulis, des souterrains, des tours verdies par le lierre, et toutes pleines d'histoires merveilleuses ? Est-ce qu'on ne pouvoit trouver quelque temple gothique dans une vallée solitaire, au milieu des bois ? Les montagnes de la Navarre n'avoient-elles point quelque druide, enfant du rocher, qui, sous le chêne sacré, au bord du torrent, au murmure de la tempête, chantoit les souvenirs des Gaules, et pleuroit sur la tombe des héros ? Je m'assure qu'il y avoit encore quelque chevalier du règne de François Ier, qui regrettoit, dans son manoir, les tournois de la vieille Cour, et ces beaux temps où la France s'en alloit en guerre contre les Mécréans et les Infidèles. Que de choses à tirer de cette révolution des Bataves, voi-

(1) Dans son traité *de la manière de lire les poëtes.*

sine, et pour ainsi dire, sœur de la Ligue ! Les Hollandois s'établissoient aux Indes, et Philippe recueilloit les premiers trésors du Pérou : Coligny même avoit envoyé une colonie dans la Caroline : le chevalier de Gourgues offroit, à l'auteur de la Henriade, un superbe et touchant épisode : une Epopée doit renfermer l'univers.

L'Europe, par le plus heureux des contrastes, présentoit le peuple pasteur en Suisse, le peuple commerçant en Angleterre, et le peuple des arts en Italie : la France offroit à son tour l'époque la plus favorable à la poésie épique ; époque qu'il faut toujours choisir, comme M. de Voltaire l'avoit fait, à la fin d'un âge, et à la naissance d'un autre âge, entre les anciennes mœurs et les mœurs nouvelles. La barbarie expiroit, et l'aurore du siècle de Louis commençoit à poindre. Malherbe étoit venu, et ce héros, à-la-fois barde et chevalier, auroit pu conduire les François au combat, en chantant des hymnes à la victoire.

On convient que les *caractères* dans la Henriade ne sont que des *portraits*, et l'on a peut-être trop vanté cet art de peindre, dont Rome en décadence a donné les premiers modèles. Le *portrait* n'est point épique ; il ne fournit que des beautés sans action et sans mouvement.

Quelques personnes doutent aussi que la *vraisemblance des mœurs* soit poussée assez loin dans la Henriade. Les héros de ce poëme débitent de beaux vers qui servent à développer les principes philosophiques de M. Voltaire ; mais représentent-ils bien les guerriers tels qu'ils étoient au seizième siècle ? Si les discours des ligueurs respirent l'esprit du temps, ne pourroit-on pas se permettre de penser que c'étoient les actions des personnages encore plus que leurs paroles, qui devoient déceler cet esprit ? Du moins, le chantre d'Achille n'a pas mis l'Iliade en harangue.

Quant au *merveilleux*, il est, sauf erreur, à-peu-près nul dans la Henriade. Si l'on ne connoissoit le malheureux système qui glaçoit le génie poétique de M. de Voltaire, on ne comprendroit pas comment il a pu préférer des divinités allégoriques au *merveilleux* du christianisme. Il n'a répandu quelque chaleur dans ses inventions, qu'aux endroits même où il cesse d'être philosophe, pour devenir chrétien. Aussitôt qu'il a touché à la religion, source de toute poésie, la source a immédiatement coulé.

Le serment des Seize dans le souterrain, l'apparition du fantôme de Guise qui vient armer Clément d'un poignard, sont des machines fort épiques, et puisées dans les superstitions religieuses d'un siècle ignorant et malheureux.

Le poëte ne s'est-il pas encore un peu trompé, lorsqu'il a transporté la philosophie dans le ciel ? Son Éternel est sans doute un dieu fort équitable, qui juge avec impartialité le Bonze et le Derviche, le Juif et le Mahométan ; mais étoit-ce bien cela qu'on attendoit de la Muse ? Ne lui demandoit-on pas de la *poésie*, un *Ciel chrétien*, des cantiques, Jéhovah, enfin le *mens divinior*, la religion ?

M. de Voltaire a donc brisé lui-même la corde la plus harmonieuse de sa lyre, en refusant de chanter cette milice sacrée, cette armée des Martyrs et des Anges, dont ses talens auroient su tirer un parti admirable. Il eût pu trouver parmi nos saintes des puissances aussi grandes que celles des Déesses antiques, et des noms aussi doux que ceux des Graces. Quel dommage qu'il n'ait rien voulu dire de ces Bergères transformées, par leurs vertus, en bienfaisantes Divinités, de ces Geneviève qui, du haut du Ciel, protègent, avec une houlette, l'empire de Clovis et de Charlemagne ! Il nous semble qu'il y a quelqu'enchantement pour les Muses à voir le peuple, le plus spirituel et le plus brave, consacré, par la religion, à la Fille de la simplicité et de la paix. De qui les *gentilles Gaules* tiendroient-elles leurs Troubadours, leur parler naïf et leur penchant aux graces, si ce n'étoit du chant pastoral, de l'innocence et de la beauté de leur Patrone?

Des critiques judicieux ont observé qu'il y a deux hommes dans M. de Voltaire : l'un plein de goût, de savoir, de raison ; l'autre qui pèche par les défauts contraires. On peut douter que l'auteur de la Henriade ait eu autant de génie que Racine ; mais il avoit peut-être un esprit plus varié et une imagination plus flexible. Malheureusement la mesure de ce que nous pouvons, n'est pas toujours la mesure de ce que nous faisons. Si M. de Voltaire eût été animé par la religion, comme l'auteur d'Athalie; s'il eût fait, comme lui, une étude profonde des pères et de l'antiquité ; s'il n'eût pas embrassé tous les genres et tous les sujets, sa poésie fût devenue plus nerveuse, et sa prose eût acquis une décence et une gravité qui lui manquent trop souvent. Ce grand homme eut le malheur de passer sa vie au milieu d'un cercle de littérateurs médiocres, qui, toujours prêts à l'applaudir, ne pouvoient l'avertir de ses écarts.

On aime à se le représenter dans la compagnie de ses égaux, les Pascal, les Arnaud, les Nicole, les Boileau, les Racine ; c'est alors qu'il eût été forcé de changer de ton. On auroit été indigné à Port-Royal des plaisanteries et des blasphêmes de Ferney ; on y détestoit les ouvrages faits à la hâte ; on y travailloit avec loyauté, et l'on n'eût pas voulu, pour tout au monde, tromper le public, en lui donnant un poëme, qui n'eût pas coûté au moins douze bonnes années de labeur ; et ce qu'il y avoit de très-merveilleux, c'est qu'au milieu de tant d'occupations, ces excellens hommes trouvoient encore le secret de remplir les plus petits devoirs de leur religion, et de porter dans la société l'urbanité de leur grand siècle.

C'étoit une telle école qu'il falloit à M. de Voltaire. Il est bien à plaindre d'avoir eu ce double génie qui force à-la-fois à l'admirer et à le haïr. Il édifie et renverse ; il donne les exemples et les préceptes les plus contraires ; il élève aux nues le siècle de

F..

Louis XIV, et attaque ensuite en détail la réputation des grands hommes de ce siècle : tour-à-tour il encense et dénigre l'antiquité ; il poursuit, à travers soixante-dix volumes, ce qu'il appelle l'*infâme*, et les morceaux les plus beaux de ses écrits sont inspirés par la *religion*. Tandis que son imagination vous ravit, il fait luire une fausse raison qui détruit le merveilleux, rapetisse l'ame, et raccourcit la vue. Excepté dans quelques-uns de ses chefs-d'œuvres, il n'apperçoit par-tout que le côté ridicule des choses et des temps, et montre, sous un jour hideusement gai, l'homme à l'homme. Il charme et fatigue par sa mobilité ; il vous enchante et vous dégoûte ; on ne sait quelle est la forme qui lui est propre : il seroit insensé s'il n'étoit si sage, et méchant si sa vie n'étoit remplie de traits de bienfaisance. Au milieu de toutes ses impiétés, on peut remarquer qu'il haïssoit les sophistes (*). Il aimoit si naturellement les beaux-

---

(*) *Voyez* la note A à la fin du volume.

arts, les lettres et la grandeur, qu'il n'est pas rare de le surprendre dans une sorte d'admiration pour la cour de Rome. Son amour-propre lui fit jouer toute sa vie un rôle pour lequel il n'étoit point fait, et auquel il étoit fort supérieur. Il n'avoit rien, en effet, de commun avec MM. Diderot, Raynal, Helvétius et d'Alembert. L'élégance de ses mœurs, ses belles manières, son goût pour la bonne société, et sur-tout son humanité, l'auroient vraisemblablement rendu un des plus grands ennemis du règne révolutionnaire. Il est très-décidé en faveur de l'ordre social, sans s'appercevoir qu'il le sappe par les fondemens, en attaquant l'ordre religieux. Ce qu'on peut dire sur lui de plus raisonnable, c'est que son incrédulité l'a empêché d'atteindre à la hauteur où l'appeloit la nature, et que ses ouvrages (excepté ses poésies fugitives) sont demeurés au-dessous de son véritable talent ; exemple qui doit à jamais effrayer quiconque suit la carrière des lettres. M. de Voltaire n'a flotté parmi tant d'erreurs,

Partie II.
Poétique du Christianisme.

Livre I.
Vue générale des époques chrétiennes

tant d'inégalités de style et de jugement, que parce qu'il a manqué du grand contrepoids de la religion : il n'a que trop prouvé que des mœurs graves, et une pensée pieuse, sont encore plus nécessaires dans le commerce des Muses qu'un beau génie.

SECONDE PARTIE.

POÉTIQUE DU CHRISTIANISME.

LIVRE SECOND.

POÉSIE, DANS SES RAPPORTS AVEC LES HOMMES.

CARACTÈRES.

CHAPITRE PREMIER.

Caractères naturels.

Passons de cette vue générale des Epopées aux détails des compositions poétiques. Considérons d'abord les caractères *naturels*, tels que l'époux, le père, la mère, etc. avant d'examiner les caractères *sociaux*, tels que le prêtre et le guerrier, et partons d'un principe incontestable :

Le christianisme est une religion pour ainsi dire double ; s'il s'occupe de la nature de l'être intellectuel, il s'occupe aussi de notre propre nature : il fait marcher de front les mystères de la Divinité, et les mystères du cœur humain ; en dévoilant le véritable Dieu, il dévoile le véritable homme.

Une telle religion doit être plus favorable à la peinture des *caractères*, qu'un culte qui n'entre point dans le secret des passions. La plus belle moitié de la poésie, la moitié dramatique, ne recevoit aucun secours du polythéisme ; la morale étoit séparée de la mythologie (*). Un Dieu montoit sur son char, un prêtre offroit un sacrifice ; mais ni le Dieu ni le prêtre n'enseignoit ce que c'est que l'homme, d'où il vient, où il va, quels sont ses penchans, ses vices, ses vertus, ses fins dans cette vie, ses fins dans l'autre.

(*) *Voyez* la note B à la fin du volume.

Dans le christianisme, au contraire, la religion et la morale sont une seule et même chose. L'Ecriture nous apprend notre origine, nous instruit de notre double nature ; les mystères chrétiens nous sont tous relatifs ; c'est nous qu'on voit de toutes parts ; c'est pour nous que le Fils de Dieu s'est immolé. Depuis Moïse jusqu'à Jésus-Christ, depuis les Apôtres jusqu'aux derniers Pères de l'église, tout offre le tableau de l'homme intérieur, tout tend à dissiper la nuit qui le couvre : et c'est un des caractères distinctifs du christianisme, d'avoir toujours mêlé l'homme à Dieu, tandis que les fausses religions ont séparé le Créateur de la créature.

Voilà donc un avantage incalculable que les poëtes auroient dû remarquer dans la religion chrétienne, au lieu de s'obstiner à la décrier. Car si elle est aussi belle que le polythéisme dans le *merveilleux*, ou dans les rapports des *choses surnaturelles*, comme nous essaierons de le montrer dans la suite, elle a de plus toute la partie dra-

Partie II. Poétique du Christianisme.

Livre II. Poésie, dans ses rapports avec les hommes.

Caracteres:

matique et morale, que le polythéisme n'avoit pas.

Appuyons cette grande vérité sur des exemples ; faisons des rapprochemens qui, en épurant notre goût, servent à nous attacher à la religion de nos pères, par les charmes du plus divin de tous les arts.

Nous commencerons l'étude des *caractères naturels*, par celui des *époux*, et nous opposerons à l'amour conjugal d'Eve et d'Adam, l'amour conjugal d'Ulysse et de Pénélope. On ne nous accusera pas de choisir exprès des sujets médiocres dans l'antiquité, pour faire briller les sujets chrétiens.

CHAPITRE II.

Suite des Époux.

Ulysse et Pénélope.

Les princes ayant été tués par Ulysse, Euryclée va réveiller Pénélope, qui refuse long-temps de croire les merveilles que sa nourrice lui raconte. Cependant elle se lève, et *descendant les degrés, elle franchit le seuil de pierre, et va s'asseoir à la lueur du feu, en face d'Ulysse, qui étoit lui-même assis au pied d'une haute colonne, les yeux baissés, attendant ce que lui diroit son épouse. Mais elle demeuroit muette, et un grand étonnement avoit saisi son cœur* (1).

Télémaque accuse sa mère de froideur ; Ulysse sourit, et excuse Pénélope. La princesse doute encore, et pour éprouver son époux, elle commande qu'on prépare la couche d'Ulysse, hors de la chambre

(1) Lib. XXIII, v. 83.

G..

nuptiale ; aussitôt le héros s'écrie : « *Qui donc a déplacé ma couche ?... N'est-elle plus attachée sur le tronc de l'olivier, autour duquel j'avois moi-même bâti une salle dans ma cour, etc.* »

Ὡς φάτο τῆς δ'. . . . .
. . . .
. . . . μελεδήματα θυμοῦ (1).

Il dit, et soudain le cœur et les genoux de Pénélope lui manquent à-la-fois ; elle reconnoît Ulysse à cette marque certaine. Bientôt courant à lui toute en larmes, elle suspend ses bras au cou de son époux ; elle baise sa tête sacrée ; elle s'écrie : « Ne sois point irrité, toi qui fus toujours le plus prudent des hommes !. . . . .
. . . .
Ne sois point irrité, ne t'indigne point, si j'ai hésité à me précipiter dans tes bras. Mon cœur frémissoit de crainte, qu'un étranger ne vînt surprendre ma foi, par des paroles trompeuses . . . .
. . . .
Mais à présent j'ai une preuve manifeste de toi-même, par ce que tu viens de dire de notre couche : aucun autre homme ne l'a visitée : elle n'est connue que

---

(1) De v. 205 à 210; de 214—17; de 2—12; de 293—96, de 300 à 302; de 312—13.

de nous deux et d'une seule esclave, Actoris, (que mon père me donna, lorsque je vins en Ithaque, et qui garde les portes de notre chambre nuptiale.) Tu rends la confiance à ce cœur devenu défiant par le chagrin. »

Elle dit ; et Ulysse pressé du besoin de verser des larmes, pleure sur cette chaste et prudente épouse, en la serrant contre son cœur. Comme des matelots contemplent la terre desirée, lorsque Neptune a brisé leur rapide vaisseau, jouet des vents et des vagues immenses ; un petit nombre flottant sur l'antique mer, gagne la terre à la nage, et tout couvert d'une écume salée, aborde plein de joie sur les grèves, en échappant à la mort : ainsi Pénélope attache ses regards charmés sur Ulysse. Elle ne peut arracher ses beaux bras du cou du héros ; et l'Aurore aux doigts de rose, auroit vu les saintes larmes de ces époux, si Minerve n'eût retenu le soleil dans la mer, etc. . . . .
. . . .

Cependant Eurynome, un flambeau à la main, précédant les pas d'Ulysse et de Pénélope, les conduit à la chambre nuptiale . . . .
. . . .

Les deux époux, après s'être enchantés d'amour, s'enchantent par le récit mutuel de leurs peines.
. . . .

Ulysse achevoit à peine les derniers mots de son histoire, qu'un sommeil bienfaisant se glissa dans ses membres fatigués, et vint suspendre les soucis de son ame (1).

(1) Madame Dacier a trop altéré ce morceau. Tantôt elle paraphrase des vers, tels que ceux-ci : Ὣς φάτο. Τῆς δ' αὐτοῦ λύτο γούνατα καὶ φίλον ἦτορ, etc. *A ces mots la reine tomba presque évanouie ; les genoux et le cœur lui manquent à-la-fois ; elle ne doute plus que ce ne soit son cher Ulysse. Enfin, revenue de sa foiblesse, elle court à lui le visage baigné de pleurs, et l'embrassant avec toutes les marques d'une véritable tendresse*, etc. Tantôt elle ajoute des choses dont il n'y a pas un mot dans le texte ; enfin, elle supprime quelquefois les idées d'Homère, et les remplace par ses propres idées, et c'est ainsi qu'elle passe ces vers charmans :

Τὼ δ' ἐπεὶ οὖν φιλότητος ἐταρπήτην ἐρατεινῆς,
Τερπέσθην μύθοισι πρὸς ἀλλήλους ἐνέποντες.

Après s'être enchantés d'amour, ils s'enchantent par le récit mutuel de leurs peines. Elle dit : *Ulysse et Pénélope, à qui le plaisir de se retrouver ensemble, après une si longue absence, tenoit lieu de sommeil, se racontèrent réciproquement leurs peines.* Mais ces fautes (si ce sont des fautes) ne conduisent qu'à des réflexions, qui nous remplissent

Cette reconnoissance d'Ulysse et de Pénélope, est peut-être un des plus beaux morceaux du génie antique. Pénélope assise en silence, Ulysse immobile au pied d'une

de plus en plus d'une profonde estime pour ces laborieux hellénistes du siècle des Lefebvre et des Pétau. Madame Dacier a tant de peur de faire injure à Homère, que si le vers implique plusieurs sens, plusieurs nuances étendues dans le sens principal, elle retourne, commente, paraphrase, jusqu'à ce qu'elle ait épuisé le mot grec, à-peu-près comme dans un dictionnaire, on donne toutes les acceptions dans lesquelles un mot peut être pris. Les autres défauts de la traduction de cette savante dame, tiennent de même à une loyauté d'esprit, à une candeur de mœurs, à une sorte de simplicité, particulière à ces temps fameux de notre littérature. Ainsi, trouvant qu'Ulysse reçoit trop froidement les caresses de Pénélope, elle ajoute, avec une grande naïveté, qu'*il répondoit à ces marques d'amour, avec toutes les marques de la plus grande tendresse.* Et bientôt, plus pudique même que cette Pénélope, *dont aucun homme ne connoissoit la couche*, elle a craint de dire, comme le poète, que les deux époux *s'enchantèrent d'amour*. Il faut admirer de telles infidélités. S'il fut jamais un siècle propre à fournir colonne, la scène éclairée à la flamme du foyer hospitalier ; quelle grandeur et quelle simplicité de dessin ! Et comment se fera la reconnoissance ? par une circonstance rappelée du lit nuptial ! C'est encore une autre merveille que ce lit fait de la main d'*un roi* sur le tronc d'un olivier ; arbre de paix et de sagesse, digne d'être le fondement de cette couche, qu'aucun *autre homme qu'Ulysse n'a visitée*. Les transports qui suivent la reconnoissance des deux époux ; cette comparaison si touchante, d'une veuve qui retrouve son époux, à un matelot qui découvre la terre au moment même du naufrage ; le couple conduit au flambeau dans son appartement ; les plaisirs de l'amour, suivis des joies de la douleur ou de la confidence des peines passées ; la double volupté du bonheur

de vrais traducteurs d'Homère, c'étoit sans doute celui-là, où non-seulement l'esprit et le goût, mais encore le cœur étoient *antiques;* et où les mœurs de l'âge d'or ne s'altéroient point, en passant par l'ame de leurs interprètes.

présent, et du malheur en souvenir; ce sommeil qui vient par degrés, fermer les yeux et la bouche d'Ulysse tandis qu'il raconte ses aventures à Pénélope attentive : ce sont autant de traits du grand maître ; on ne les sauroit trop admirer.

Il y auroit une étude très-intéressante à faire, ce seroit de considérer quelle marche un auteur moderne eût suivie, pour exécuter telle ou telle partie des ouvrages d'un auteur ancien. Dans le tableau précédent, par exemple, on peut soupçonner que la scène, au lieu de se passer en action entre Ulysse et Pénélope, se fût développée en récit dans la bouche du poëte. Ce récit eût été mêlé de réflexions philosophiques, de vers frappans, de mots heureux. Au lieu de cette manière brillante et laborieuse, Homère vous présente deux époux, qui se retrouvent après vingt ans d'absence, et qui, sans jeter de grands cris, ont l'air de s'être à peine quittés de la veille. Où est donc la beauté de la peinture? dans la vérité.

Les modernes sont en général plus savans,

plus délicats, plus déliés, souvent même plus intéressans dans leurs compositions, que les anciens. Mais ceux-ci, à leur tour, sont plus simples, plus augustes, plus tragiques, plus abondans, et sur-tout plus vrais que les modernes. Ils ont un goût plus sûr, une imagination plus noble : ils ne savent travailler que des masses, et négligent tous les accidens ; un berger qui se plaint, un vieillard qui raconte, un héros qui combat, voilà pour eux tout un poëme ; et l'on ne sait comment il arrive, que ce poëme, où il n'y a rien, est pourtant mieux rempli que nos romans les plus chargés d'incidens et de personnages. L'art d'écrire semble avoir suivi l'art de la peinture : la palette du poëte moderne se couvre d'une variété infinie de teintes et de nuances ; le poëte antique compose tous ses tableaux avec les trois couleurs de Polygnote. Les Latins, placés entre la Grèce et nous, tiennent à-la-fois des deux manières ; à la Grèce, par la simplicité des fonds ; à nous, par l'art des détails. C'est peut-être cette heureuse harmonie des deux goûts, qui rend la lecture de Virgile si délicieuse.

Voyons maintenant le tableau des amours de nos premiers pères : Eve et Adam, par l'aveugl d'Albion, feront un assez beau pendant à Ulysse et Pénélope, par l'aveugle de Smyrne.

CHAPITRE III.

Suite DES ÉPOUX.

Adam et Eve.

Satan a pénétré dans le paradis terrestre. Au milieu des animaux de la création,

> *He saw*
> Two of far nobler aspect erect and tall
> . . . .
> . . . . . . of her daughters Eve (1).

Il apperçoit deux êtres d'une forme plus noble, d'une stature droite et élevée, comme celle des esprits immortels. Dans tout l'honneur primitif de leur naissance, une majestueuse nudité les couvre :

(1) Par. Lost. Book IV, v. 288, 314, un vers de passé. Glasc. éd. 1776.

H..

Partie II.
Poétique du Christianisme.

Livre II.
Poésie, dans ses rapports avec les hommes.
Caracteres.

on les prendroit pour les souverains de ce nouvel univers, et ils semblent dignes de l'être. A travers leurs regards divins, brillent les attributs de leur glorieux Créateur : vérité, sagesse, sainteté rigide et pure, vertus dont émane l'autorité réelle de l'homme. Toutefois ces créatures célestes diffèrent entre elles, ainsi que leurs sexes le déclarent : Lui, créé pour la contemplation et la valeur; elle, formée pour la mollesse et les graces ; Lui, pour Dieu seulement ; Elle pour Dieu, en Lui. Le front ouvert, l'œil sublime du premier, annonce la puissance absolue : ses cheveux d'hyacinthe, se partageant sur son front, pendent noblement en boucles des deux côtés, mais sans flotter au-dessous de ses larges épaules. Sa compagne, au contraire, laisse descendre, comme un voile d'or, ses belles tresses sur sa ceinture, où elles forment de capricieux anneaux : ainsi la vigne courbe ses tendres ceps autour du fragile appui ; symbole de la sujétion où est née notre mère ; sujétion à un sceptre bien léger ; obéissance accordée par Elle, et reçue par Lui, plutôt qu'exigée ; empire cédé volontairement, et pourtant à regret, cédé avec un modeste orgueil, et je ne sais quels amoureux délais, pleins de craintes et de charmes ! Ni vous non plus, mystérieux ouvrages de la nature, vous n'étiez point cachés alors ; alors toute honte coupable, toute honte criminelle étoit inconnue.

Fille du péché, pudeur impudique, combien n'avez-vous point troublé les jours de l'homme par une vaine apparence de pureté ! Ah ! vous avez banni de notre vie ce qui seul est la véritable vie : la simplicité et l'innocence. Ainsi marchent nuds ces deux grands époux dans Eden solitaire. Ils n'évitent ni l'œil de Dieu, ni les regards des Anges, car ils n'ont point la pensée du mal. Ainsi passe, en se tenant par la main, le plus superbe couple, qui s'unit jamais dans les embrassemens de l'amour ; Adam, le meilleur de tous les hommes, qui furent sa postérité ; Eve, la plus belle de toutes les femmes, entre celles qui naquirent ses filles.

Nos premiers pères se retirent sous l'ombrage, au bord d'une fontaine. Ils prennent leur repas du soir, au milieu des animaux de la création, qui se jouent autour de leur roi et de leur reine. Satan, caché sous la forme d'une de ces bêtes, contemple les deux époux, et se sent presqu'attendri par leur beauté, leur innocence, et la pensée des maux qu'il va faire succéder à tant de bonheur; trait admirable! Cependant Adam et Eve conversent doucement auprès de la fontaine, et Eve parle ainsi à son époux :

PARTIE II.
Poétique
du
Christianisme.

LIVRE II.
Poésie,
dans
ses rapports
avec
les hommes.

Caracteres.

That day I often remember, when from sleep
. . . . her silver mantle threw (1).

Je me rappelle souvent ce jour, où sortant du premier sommeil, je me trouvai couchée parmi des fleurs, sous l'ombrage; ne sachant où j'étois, qui j'étois, quand et comment j'avais été amenée en ces lieux. Non loin de là, le bruit d'une onde sortoit du creux d'une roche. Cette onde, se déployant en nappe humide, fixoit bientôt tous ses flots, purs comme les espaces du firmament. Je m'avançai vers ce lieu, avec une pensée timide; je m'assis sur la rive verdoyante, pour regarder dans le lac transparent, qui me sembloit un autre ciel. A l'instant où je m'inclinois sur l'onde, une ombre apparut dans la glace humide, se penchant vers moi, comme moi vers elle. Je tressaillis; elle tressaillit; j'avançai la tête de nouveau, et la douce apparition revint aussi vite, avec des regards réciproques de sympathie et d'amour. Mes yeux seroient encore attachés sur cette image, je m'y serois consumée d'un vain desir, si une voix dans le désert : « L'objet que tu vois, belle » créature, est toi-même ; avec toi il fuit, et re- » vient. Suis-moi, je te conduirai où une ombre

---

(1) Par. Lost. Book IV, vers 449, 502, inclusivement. Ensuite depuis l. 59 v. jusqu'au 599.

» vaine ne trompera point tes embrassemens, où tu
» trouveras celui dont tu es l'image ; à toi il sera
» pour toujours, tu lui donneras une multitude
» d'enfans, semblables à toi-même, et tu seras
» appelée *la Mère du genre humain.* »

Que pouvois-je faire après ces paroles ? Obéir et marcher, invisiblement conduite ! Bientôt je t'entrevis sous un platane. Oh ! que tu me parus grand et beau ! et pourtant je te trouvai je ne sais quoi de moins beau, de moins tendre, que le gracieux fantôme enchaîné dans les replis de l'onde. Je voulus fuir ; tu me suivis, et élevant la voix, tu t'écrias parmi toutes les solitudes : « Retourne, belle Eve !
» sais-tu qui tu fuis ! Tu es la chair et les os de celui
» que tu évites. Pour te donner l'être, j'ai puisé dans
» mon flanc la vie la plus près de mon cœur, afin de
» t'avoir ensuite éternellement à mon côté. O moitié
» de mon ame, je te cherche ! ton autre moitié te ré-
» clame. » En parlant ainsi, ta douce main saisit la mienne : je cédai ; et depuis ce temps j'ai connu combien la grace est surpassée par une mâle beauté, et par la sagesse qui seule est véritablement belle.

Ainsi parla la mère des hommes. Avec des regards pleins d'amour, et dans un tendre abandon, elle se penche, en embrassant à demi notre premier père. La moitié de son sein qui se gonfle, vient mystérieusement, sous l'or de ses tresses flottantes, tou-

cher de sa voluptueuse nudité, la nudité du sein de son époux. Adam, ravi de sa beauté et de ses graces soumises, sourit d'un supérieur amour : tel est le sourire que le ciel laisse au printemps tomber sur les nuées, et qui fait couler la vie dans ces nuées grosses de la semence des fleurs. Adam presse ensuite d'un baiser pur, les lèvres fécondes de la mère des hommes. . . . .
. . . .

Cependant le soleil étoit tombé au-dessous des Açores ; soit que ce premier orbe du ciel, dans son incroyable vitesse, eût roulé vers ces rivages ; soit que la terre, moins rapide, se retirant dans l'Orient, par un plus court chemin, eût laissé l'astre du jour à la gauche du monde. Il avoit déja revêtu de pourpre et d'or les nuages qui flottent autour de son trône occidental ; le soir s'avançoit tranquille, et par degrés un doux crépuscule enveloppoit les objets de son ombre uniforme. Les oiseaux du ciel reposoient dans leurs nids, les animaux de la terre sur leur couche : tout se taisoit, hors le rossignol, amant des veilles ; il remplissoit la nuit de ses plaintes amoureuses, et le Silence étoit ravi. Bientôt le firmament étincela de vivans saphirs : l'étoile du soir, à la tête de l'armée des astres, se montra long-temps la plus brillante ; mais enfin la reine des nuits, se levant avec majesté à travers les nuages, répandit sa tendre lumière, et jeta son manteau d'argent sur le dos des ombres (1).

Adam et Eve se retirent au berceau nuptial, après avoir offert leur prière à l'Eternel. Ils pénètrent dans l'obscurité du bocage, et se couchent sur un lit de fleurs. Alors le poëte, resté comme à la porte du berceau, entonne tout-à-coup, à la face du firmament et du pôle chargé d'étoiles, un cantique à l'hymen. Il entre dans ce magnifique épithalame, sans préparation et par un mouvement inspiré, à la manière antique : *Hail wedded love, mysterious law, true source of humain offspring* : « Salut, » amour conjugal, loi mystérieuse ! source » de la postérité. » C'est ainsi que l'armée

(1) Ceux qui savent l'anglois sentiront combien la traduction de ce morceau est difficile. On nous pardonnera la hardiesse des tours dont nous nous sommes servis, en faveur de la lutte contre le texte. Nous avons fait aussi disparoître quelques traits de mauvais goût, en particulier la comparaison *allégorique* du sourire de Jupiter, que nous avons remplacée par son sens *propre*.

des Grecs chante tout-à-coup après la mort d'Hector : Η, ράμιθα μέγα κῦδος. Ε'πέφνομεν Ἕκτορα δῖον, etc. *Nous avons remporté une gloire signalée ! Nous avons tué le divin Hector ;* c'est de même que les Saliens, célébrant la fête d'Hercule, s'écrient brusquement dans Virgile : *tu nubigenas, invicte, bimembres,* etc. *C'est toi qui domptas les deux centaures, fils d'une nuée,* etc.

Cet hymne à la foi conjugale, met le dernier trait au tableau de Milton, et achève la peinture des amours de nos premiers pères (1).

Nous ne craignons pas qu'on nous reproche la longueur de cette citation. « Dans » tous les autres poëmes, dit M. de Vol-

---

(1) Il y a encore un autre passage où ces amours sont décrites : c'est au VIIIe livre, lorsqu'Adam raconte à Raphaël les premières sensations de sa vie, ses conversations avec Dieu sur la solitude, la formation d'Eve, et sa première entrevue avec elle. Ce morceau n'est point inférieur à celui que nous venons de citer, et doit aussi toute sa beauté à une religion sainte et pure.

« taire, l'amour est regardé comme une
» foiblesse; dans Milton seul il est une vertu.
» Le poëte a su lever d'une main chaste,
» le voile qui couvre ailleurs les plaisirs de
» cette passion; il transporte le lecteur
» dans le jardin des délices. Il semble lui
» faire goûter les voluptés pures dont Adam
» et Eve sont remplis : il ne s'élève pas au-
» dessus de la nature humaine, mais au-
» dessus de la nature humaine corrompue;
» et comme il n'y a pas d'exemple d'un
» pareil amour, il n'y en a pas d'une pareille
» poésie (1). »

Si l'on compare les amours d'Ulysse et de Pénélope à celle d'Adam et d'Eve, on trouve que la simplicité d'Homère est plus ingénue, celle de Milton plus magnifique. Ulysse, bien que roi et héros, a toutefois quelque chose de rustique ; ses ruses, ses attitudes, ses paroles ont un caractère agreste et naïf. Adam, quoiqu'à peine né, et sans expérience, est déja le parfait modèle de l'homme : on sent qu'il n'est

(1) Essai sur la poésie épique, chap. 9.

point sorti des entrailles infirmes d'une femme, mais des mains vivantes de Dieu. Il est noble, majestueux, et tout-à-la-fois plein d'innocence et de génie; il est tel que le peignent les livres saints, digne d'être respecté par les anges, et de se promener dans la solitude avec son Créateur.

Quant aux deux épouses, si Pénélope est plus réservée, et ensuite plus tendre que notre première mère, c'est qu'elle a été éprouvée par le malheur, et que le malheur rend défiant et sensible. Eve, au contraire, s'abandonne, elle est communicative et séduisante; elle a même un léger degré de coquetterie. Et pourquoi seroit-elle sérieuse et prudente comme Pénélope? tout ne lui sourit-il pas? Si le chagrin ferme l'ame, la félicité la dilate : dans le premier cas, on n'a pas assez de déserts où cacher ses peines; dans le second, pas assez de cœurs à qui raconter ses plaisirs. Cependant Milton n'a pas voulu peindre son Eve parfaite; il l'a représentée irrésistible par les charmes, mais un peu indiscrète et amante de paroles, afin qu'on prévît le malheur où ce défaut va l'entraîner. Au reste, les amours de Pénélope et d'Ulysse, sont pures et sévères, comme doivent l'être celles de deux époux.

C'est ici le lieu de remarquer que dans la peinture des voluptés, la plupart des grands poëtes antiques ont à-la-fois une nudité et une chasteté qui étonnent. Rien de plus pudique que leur pensée, rien de plus libre que leur expression : nous, au contraire, nous bouleversons les sens, en ménageant les yeux et les oreilles. D'où naît cette magie des anciens, et pourquoi une Vénus de Praxitèle toute nue, charme-t-elle plus notre esprit que nos regards ? C'est qu'il y a un beau idéal, qui touche plus à l'ame qu'à la matière. Alors le génie seul, et non le corps, devient amoureux ; c'est lui qui brûle de s'unir étroitement au chef-d'œuvre. Toute ardeur terrestre s'éteint, et est absorbée par une tendresse plus divine : l'ame échauffée se replie autour de l'objet aimé, et spiritualise jusqu'aux termes grossiers, dont elle est obligée de se servir pour exprimer sa flamme.

Mais ni l'amour de Pénélope et d'Ulysse, ni celle de Didon pour Enée, ni celle d'Alceste pour Admète, ne peut être comparée à la tendresse que déclare le grand couple d'Eden. La vraie religion a pu seule donner le caractère d'une amour aussi sainte, aussi sublime. Quelle association d'idées ! l'Univers naissant, les mers s'épouvantant, pour ainsi dire, de leur propre immensité, les soleils hésitant comme effrayés dans leurs nouvelles carrières, les anges attirés par ces merveilles, Dieu regardant encore son récent ouvrage, et deux Etres, moitié esprit, moitié argile, étonnés de leurs corps, plus étonnés de leurs ames, faisant à-la-fois l'essai de leurs premières pensées, et l'essai de leurs premières amours !

Pour rendre le tableau parfait, Milton a eu l'art d'y placer l'esprit de ténèbres comme une grande ombre. L'ange rebelle épie les deux nobles créatures : il apprend de leurs bouches le fatal secret; il se réjouit de leur malheur à venir, et toute cette peinture de la félicité de nos pères, n'est réellement que le premier pas vers d'affreuses calamités. Pénélope et Ulysse rappellent un malheur passé ; Eve et Adam montrent des maux près d'éclore. Tout drame pèche essentiellement par la base, s'il offre des joies sans mélange de chagrins évanouis, ou de chagrins à naître. Un bonheur absolu nous ennuie ; un malheur absolu nous repousse : le premier est dépouillé de morale et de pleurs ; le second d'espérance et de sourires. Si vous remontez de la douleur au plaisir (comme dans la scène d'Homère), vous serez plus touchant, plus mélancolique, parce que l'ame rêve alors dans le passé, et se repose dans le présent ; si vous descendez au contraire de la prospérité aux larmes comme dans la peinture de Milton, vous serez plus triste, plus poignant, parce que le cœur s'arrête à peine dans le présent, et anticipe déja les maux qui le menacent. Il faut donc toujours dans nos tableaux unir le bonheur à l'infortune, et faire la somme des maux un peu plus forte que celle des biens, comme dans la nature. Deux liqueurs sont mêlées dans la coupe de la vie, l'une douce et l'autre amère : mais outre l'amertume de la seconde, il y a encore la lie, que les deux liqueurs déposent également au fond du vase.

CHAPITRE IV.

LE PÈRE.

Priam.

De caractère de l'*époux*, passons à celui du *père*; considérons la paternité dans les deux positions les plus sublimes et les plus touchantes de la vie, la vieillesse et le malheur. Priam, ce monarque tombé du sommet de la gloire, et dont les grands de la terre avoient recherché les faveurs, *dum fortuna fuit*; Priam, les cheveux souillés de cendres, le visage baigné de pleurs, seul au milieu de la nuit, a pénétré dans le camp des Grecs. Humilié aux genoux de l'impitoyable Achille, baisant les mains terribles, les mains dévorantes (ἀνδροφόνους, *qui dévorent les hommes*) qui fumèrent tant de fois du sang de ses fils, il redemande le corps de son Hector ;

Μνῆσαι πατρὸς σεῖο, ...
. . . .
. . . . στόμα χείρ' ὀρέγεσθαι.

» Souvenez-vous de votre père, ô Achille ! semblable aux dieux : il est accablé d'années, et comme moi au dernier terme de la vieillesse. Peut-être en ce moment même est-il accablé par de puissans voisins, sans avoir auprès de lui personne pour le défendre. Et cependant lorsqu'il apprend que vous vivez, il se réjouit dans son cœur ; chaque jour il espère revoir son fils de retour de Troie. Mais moi, le plus infortuné des pères, de tant de fils que je comptois dans la grande Ilion, je ne crois pas qu'un seul me soit resté. J'en avois cinquante, quand les Grecs descendirent sur ces rivages. Dix-neuf étoient sortis des mêmes entrailles ; différentes captives m'avoient donné les autres : la plupart ont fléchi sous le cruel Mars. Il y en avoit un qui, seul, défendoit ses frères et Troie. Vous venez de le tuer, combattant pour sa patrie.... Hector. C'est pour lui que je viens à la flotte des Grecs ; je viens racheter son corps, et je vous apporte une immense rançon. Respectez les Dieux, ô Achille ! ayez pitié de moi ; souvenez-vous de votre père. O combien je suis malheureux ! nul infortuné n'a jamais été réduit à cet excès de misère ; je baise les mains qui ont tué mes fils.

Que de beautés dans cette prière ! quelle scène étalée au yeux du lecteur ! la nuit, la tente d'Achille, ce héros pleurant Patrocle auprès du fidèle Automédon, Priam apparoissant au milieu des ombres, et se précipitant aux pieds du fils de Pélée ! Là, sont arrêtés, dans les ténèbres, les chars et les deux mules qui apportent les présens du vieux souverain de Troie, et à quelque distance, les restes défigurés du généreux Hector, sont abandonnés sans honneur, sur le rivage de l'Hellespont.

Etudiez le discours de Priam : vous verrez que le second mot prononcé par l'infortuné monarque, est celui de père, πατρὸς ; la seconde pensée, dans le même vers, est un éloge pour l'orgueilleux Achille, θεοῖς ἐπιείκελ' Ἀχιλλεῦ, *Achille semblable aux Dieux.* Priam doit se faire une grande violence, pour parler ainsi au meurtrier d'Hector : il y a une profonde connoissance du cœur humain dans tout cela.

L'image la plus tendre que le monarque infortuné pouvoit offrir au violent fils de Pélée, après lui avoir rappelé son père, était, sans doute, l'âge de ce même père. Jusques-là ; Priam n'a pas encore osé dire un mot de lui-même ; mais soudain se présente un rapport qu'il saisit avec la simplicité la plus touchante : *comme moi*, dit-il, *il touche au dernier terme de la vieillesse.* Ainsi Priam ne parle encore de lui, qu'en se confondant avec Pélée, qu'en forçant Achille à ne voir que son propre père dans un roi suppliant et malheureux. L'image du délaissement du vieux roi, *peut-être accablé par de puissans voisins* pendant l'absence de son fils ; ses chagrins soudainement oubliés, lorsqu'il apprend que ce fils est *plein de vie*, enfin la peinture des peines passagères de Pélée, opposée au tableau des maux irréparables de Priam, offrent un mélange admirable de douleur, d'adresse, de bienséance et de dignité.

Avec quelle respectable et sainte habileté, le vieillard d'Ilion n'amène-t-il pas ensuite le superbe Achille jusqu'à écouter paisiblement l'éloge même d'Hector ! D'abord il se garde bien de nommer le héros Troyen ; il dit seulement, *il y en avoit un*, et il ne nomme Hector à son vainqueur, qu'après lui avoir dit qu'il *l'a tué, combattant pour la patrie*, Τὸν οὐ πρώην κτείνας, ἀμυνόμενον περὶ πάτρης ; il ajoute alors le simple mot *Hector*, Ἕκτορα. Il est très-remarquable que ce nom isolé n'est pas même compris dans la période poétique ; il est rejeté au commencement d'un vers, où il coupe la mesure, surprend l'esprit et l'oreille, forme un sens complet, et ne tient en rien à ce qui suit :

Τὸν οὐ πρώην κτείνας, ἀμυνόμενον περὶ πάτρης
Ἕκτορα·

Ainsi le fils de Pélée se souvient de sa vengeance, avant de se rappeler son ennemi. Si Priam eût d'abord nommé Hector, Achille eût soudain songé à Patrocle : mais ce n'est plus Hector qu'on lui présente, c'est un cadavre déchiré, ce sont de misérables restes livrés aux chiens et aux vautours ; encore ne les lui montre-t-on qu'avec une excuse : *Il combattoit pour la patrie,* ἀμυνόμενον περὶ πάτρης. L'orgueil d'Achille est satisfait d'avoir triomphé d'un frère, qui seul défendoit *ses frères et les murs de Troie.*

Enfin, Priam, après avoir parlé des hommes au fils de Thétis, lui rappelle les *justes* Dieux, et le ramène une dernière fois au souvenir de Pélée. Le trait qui termine la prière du monarque d'Ilion, est du plus haut sublime, dans le genre pathétique.

CHAPITRE V.

Suite DU PÈRE.

Lusignan.

Nous trouverons dans *Zaïre*, un père à opposer à *Priam*. A la vérité, les deux scènes ne se peuvent comparer, ni pour la force du dessin, ni pour la beauté de la poésie ; mais le triomphe du christianisme n'en sera que plus grand, puisque lui seul, par le charme de ses souvenirs, peut lutter contre tout le génie d'Homère. M. de Voltaire lui-même ne se défend pas d'avoir cherché son succès dans la puissance de ce charme, puisqu'il écrit, en parlant de Zaïre : « *Je tâcherai de jeter dans cet ouvrage* » *tout ce que la religion chrétienne semble* » *avoir de plus pathétique et de plus inté-* » *ressant* (1). » Cet antique Croisé, chargé de malheur et de gloire, est resté fidèle à sa

---

(1) OEuv. complèt. de Volt., tom. 78. *Corresp. gén.* let., 57., p. 119. Edit. 1785.

religion au fond des cachots ; ce Lusignan qui supplie une jeune fille amoureuse d'écouter la voix du Dieu de ses pères, offre une scène merveilleuse, dont le ressort gît tout entier dans la morale évangélique et dans les sentimens chrétiens.

Mon Dieu ! j'ai combattu soixante ans pour ta gloire ;
J'ai vu tomber ton temple, et périr ta mémoire ;
Dans un cachot affreux abandonné vingt ans,
Mes larmes t'imploroient pour mes tristes enfans :
Et lorsque ma famille est par toi réunie,
Quand je trouve une fille, elle est ton ennemie !
Je suis bien malheureux ! — C'est ton père, c'est moi,
C'est ma seule prison qui t'a ravi ta foi...
Ma fille, tendre objet de mes dernières peines,
Songe au moins, songe au sang qui coule dans tes veines.
C'est le sang de vingt rois, tous chrétiens comme moi ;
C'est le sang des héros, défenseurs de ma loi :
C'est le sang des martyrs. — O fille encore trop chère !
Connois-tu ton destin ? Sais-tu quelle est ta mère ?
Sais-tu bien qu'à l'instant que son flanc mit au jour
Ce triste et dernier fruit d'un malheureux amour,
Je la vis massacrer par la main forcenée,
Par la main des brigands à qui tu t'es donnée ?
Tes frères, ces martyrs égorgés à mes yeux,
T'ouvrent leurs bras sanglans, tendus du haut des cieux.
Ton Dieu que tu trahis, ton Dieu que tu blasphèmes,
Pour toi, pour l'univers, est mort en ces lieux mêmes,
En ces lieux où mon bras le servit tant de fois,
En ces lieux où son sang te parle par ma voix.

Vois ces murs, vois ce temple envahi par tes maîtres :
Tout annonce le Dieu qu'ont vengé tes ancêtres.
Tourne les yeux, sa tombe est près de ce palais ;
C'est ici la montagne où lavant nos forfaits,
Il voulut expirer sous les coups de l'impie ;
C'est là que de sa tombe il rappela sa vie.
Tu ne saurois marcher dans cet auguste lieu,
Tu n'y peux faire un pas sans y trouver ton Dieu ;
Et tu n'y peux rester sans renier ton père.

Une religion qui fournit de pareilles beautés à son ennemi, mériteroit pourtant d'être entendue avant d'être condamnée. L'antiquité ne présente rien de cet intérêt, parce qu'elle n'avoit pas un pareil culte. Le polythéisme ne s'opposant point aux passions, ne pouvoit amener ces combats intérieurs de l'ame, si communs sous la loi évangélique, et d'où naissent les situations les plus touchantes. Le caractère mélancolique du christianisme, augmente encore puissamment le charme de Zaïre. Si Lusignan ne rappeloit à sa fille que des dieux heureux, les banquets et les joies de l'Olympe, tout cela seroit d'un foible intérêt pour elle, et ne formeroit qu'un contre-sens dur, avec les tendres émotions que le poëte cherche à exciter. Mais les malheurs de Lusignan, mais son sang, mais ses souffrances se mêlent aux malheurs, au sang et aux souffrances de Jésus-Christ. Zaïre pourroit-elle rénier son Rédempteur au lieu même où il s'est sacrifié pour elle? La cause d'un père et celle d'un Dieu se confondent; les vieux ans de Lusignan, le sang des martyrs, deviennent une partie même de l'autorité de la religion; la Montagne et le Tombeau crient : ici tout est tragique, les lieux, l'homme et la Divinité.

CHAPITRE VI.

LA MÈRE.

Andromaque.

Vox in Rama audita est, dit Jérémie (1), *ploratus et ululatus multus; Rachel plorans filios suos, et noluit consolari, quia non sunt.* « Une voix a été entendue sur la montagne, avec des pleurs et de grands

(1) Cap. 31, v. 15.

gémissemens : c'est Rachel pleurant ses fils, et elle n'a pas voulu être consolée, *parce qu'ils ne sont plus.* » Comme ce *Quia non sunt* est beau ! c'est toute la mère (1). Certes une religion qui a consacré un pareil mot, connoît bien le cœur maternel.

Le culte de la Vierge et l'amour de Jésus-Christ pour les enfans, prouve encore que l'esprit du christianisme a une tendre sympathie avec le génie des mères. Ici nous nous proposons d'ouvrir un nouveau sentier à la critique, en cherchant dans les sentimens d'une mère *payenne*, peinte par un auteur *moderne*, les traits *chrétiens* que cet auteur a pu répandre dans son tableau, sans s'en appercevoir lui-même. Pour démontrer l'influence d'une

―――――

(1) Nous avons suivi le latin de l'Evangile de saint Matthieu. Nous ne voyons pas pourquoi Sacy a traduit *Rama* par *Rama*, une ville. *Rama* hébreu, (d'où le mot ῥαδαμνος des Grecs) se dit d'une branche d'arbre, d'un bras de mer, d'une chaîne de montagnes. Ce dernier sens est celui de l'hébreu, et la Vulgate le dit dans Jérémie : *vox in excelso*.

institution morale ou religieuse sur le cœur de l'homme, il n'est pas nécessaire que l'exemple rapporté soit pris à la racine même de cette institution. Il suffit qu'il en décèle le génie ; et c'est ainsi que l'*élysée*, dans le *Télémaque*, est visiblement un *paradis chrétien*.

Or, les sentimens les plus touchans de l'*Andromaque* de Racine, émanent pour la plupart d'un poëte *chrétien*. L'*Andromaque* de l'Iliade est plus épouse que mère ; celle d'Euripide a un caractère à-la-fois rampant et ambitieux, qui détruit le caractère maternel ; celle de Virgile est tendre et mélancolique ; mais c'est moins encore la mère que l'épouse : la veuve d'Hector ne dit pas *Astyanax ubi est*, mais *Hector ubi est*.

L'*Andromaque* de Racine est plus sensible, plus intéressante de toute façon que l'*Andromaque* antique. Ce vers si simple et si aimable,

« Je ne l'ai point encore embrassé d'aujourd'hui. »

est le mot d'une femme chrétienne ; cela

n'est point dans le goût des Grecs, ni encore moins des Romains. L'*Andromaque* d'Homère gémit sur ses propres infortunes, et sur les malheurs futurs d'Astyanax; mais elle songe à peine à lui dans le présent. La mère, sous notre culte, plus tendre sans être moins prévoyante, oublie quelquefois ses chagrins, en donnant un baiser à son fils. Les anciens n'arrêtoient pas long-temps les yeux sur l'enfance; il semble qu'ils trouvoient quelque chose de trop naïf dans les langes d'un berceau. Il n'y a que le Dieu de l'Evangile qui ait osé nommer, sans rougir, les *petits enfans* (*parvuli*) (1), et qui les ait offerts en exemple aux hommes.

« *Et accipiens puerum, statuit cum in medio eorum : quem cum complexus esset, ait illis :*

» *Quisquis unum ex hujusmodi pueris receperit in nomine meo, me recipit.* »

Et ayant pris un petit enfant, il l'assit au milieu d'eux, et l'ayant embrassé, il leur dit :

Quiconque reçoit en mon nom un petit enfant, me reçoit (2).

(1) Math. c. XVIII, v. 3.
(2) Marc. c. IX, v. 35.

Lorsque la veuve d'Hector dit à Céphise, dans Racine :

> Qu'il ait de ses aïeux un souvenir modeste :
> Il est du sang d'Hector, mais il en est le reste.

Qui ne reconnoît la chrétienne ? C'est le *deposuit potentes de sede*. L'antiquité ne parle pas de cette sorte, car elle n'imite que les sentimens *naturels ;* or, les sentimens exprimés dans ces vers de Racine, *ne sont point purement dans la nature ;* ils contredisent, au contraire, la voix du cœur. Hector ne conseille point à son fils d'avoir *de ses aïeux un souvenir modeste ;* en élevant Astyanax vers le Ciel, il s'écrie :

Ζεῦ ἄλλοι τε θεοί, δότε δὴ καὶ τόνδε γενέσθαι,
Παῖδ' ἐμὸν, ὡς καὶ ἐγώ περ, ἀριπρεπέα Τρώεσσιν,
Ὧδε βίην τ' ἀγαθὸν, καὶ Ἰλίου ἶφι ἀνάσσειν.
Καί ποτέ τις εἴπῃσι, Πατρὸς δ' ὅγε πολλὸν ἀμείνων
Ἐκ πολέμου ἀνιόντα, etc. (1)

« O Jupiter, et vous tous, dieux de l'Olympe,
» que mon fils règne, comme moi, sur Ilion, et faites
» qu'il obtienne l'empire entre les guerriers. Qu'en

(1) Il. lib. VI, v. 476.

» le voyant revenir tout chargé des dépouilles de
» l'ennemi, on s'écrie : Celui-ci est encore plus
» vaillant que son père ! »

Énée dit à Ascagne :

*Et te, animo repetentem exempla tuorum,
Et pater Æneas, et avunculus excitet Hector* (1).

A la vérité, l'Andromaque moderne s'exprime à-peu-près ainsi sur les aïeux d'Astyanax. Mais après ce vers,

« Dis-lui par quels exploits leurs noms ont éclaté. »

elle ajoute :

« Plutôt ce qu'ils ont fait, que ce qu'ils ont été. »

Or, de tels préceptes sont directement opposés au cri de l'orgueil; on y voit la nature corrigée, la nature plus belle, la nature évangélique. Cette humilité que le christianisme a répandue dans les sentimens, et qui a changé pour nous le rapport des passions, comme nous le dirons bientôt, perce à travers tout le rôle de la moderne Andromaque. Si la veuve d'Hector dans

(1) AEn. lib. XII.

l'Iliade se représente l'humble destinée qui attend son fils, il y a je ne sais quoi de bas dans la peinture qu'elle fait de sa future misère. L'humilité dans notre religion, est aussi noble qu'elle est touchante. Le chrétien se soumet aux conditions les plus dures de la vie; mais on sent qu'il ne cède que par un principe de vertu; qu'il ne s'abaisse que sous la main de Dieu, et non sous celle des hommes; il conserve sa dignité dans les fers : fidèle à son maître sans lâcheté, il méprise des chaînes qu'il ne doit porter qu'un moment, et dont la mort viendra bientôt le délivrer; il n'estime les choses de la vie, que comme des songes; et supporte sa condition sans se plaindre, parce que la liberté et la servitude, la prospérité et le malheur, le diadême et le bonnet de l'esclave, sont peu différens à ses yeux.

CHAPITRE VII.

Le Fils.

Gusman.

Le Théâtre de M. de Voltaire va nous fournir encore l'exemple d'un autre caractère chrétien, le caractère du fils. Ce n'est ni le docile Télémaque avec Ulysse, ni le fougueux Achille avec Pélée : c'est un jeune homme passionné, dont la religion combat et subjugue les penchans.

Alzire a quelque chose de céleste; on y plane au milieu de ces belles régions de la morale chrétienne, qui s'élevant au-dessus de la morale vulgaire, est d'elle-même une divine poésie. La paix qui règne dans l'ame d'Alvarez, n'est point la seule paix de la nature. Que l'on suppose Nestor cherchant à modérer les passions d'Antiloque; il citeroit des exemples de jeunes gens qui se sont perdus pour n'avoir pas voulu écouter leurs pères ; puis, joignant à ces exemples quelques maximes communes sur l'indocilité de la jeunesse et sur l'expérience des vieillards, il couronneroit ses remontrances par son propre éloge, et par un regret sur les jours du vieux temps.

L'autorité qu'emploie Alvarez, est d'une toute autre espèce : il met en oubli son âge et son pouvoir paternel, pour ne se faire entendre qu'au nom de la religion. Il ne cherche pas à détourner Gusman d'un crime *particulier;* il lui prêche une vertu *générale*, la *charité;* sorte d'humanité sublime, que le fils de l'Homme a fait descendre sur la terre, et qui n'y habitoit point avant sa venue (1). Enfin, Alvarez, commandant à son fils comme *père*, et lui obéissant comme *sujet*, est un de ces traits de haute morale,

―――

(1) Les anciens eux-mêmes, devoient à leur culte, le peu d'humanité qu'on remarque chez eux : l'hospitalité, le respect pour les supplians et pour les malheureux tenoient à des idées religieuses. Afin que le misérable trouvât quelque pitié sur la terre, il falloit que Jupiter s'en déclarât le protecteur; tant l'homme est féroce sans la religion !

aussi supérieure à la morale des anciens, que les Evangiles surpassent les dialogues de Socrate, pour l'enseignement des vertus.

Achille mutile son ennemi, et l'insulte après l'avoir abattu; Gusman est aussi fier que le fils de Pélée : percé de coups par la main de Zamore, expirant à la fleur de l'âge, perdant à-la-fois une épouse adorée et le commandement d'un vaste empire, maître de faire périr son meurtrier, voici l'arrêt qu'il prononce; admirable triomphe de la religion et de l'exemple paternel sur un fils chrétien.

(A Alvarez.)

Le ciel qui veut ma mort, et qui l'a suspendue,
Mon père, en ce moment, m'amène à votre vue.
Mon ame fugitive et prête à me quitter,
S'arrête devant vous... mais pour vous imiter.
Je meurs; le voile tombe, un nouveau jour m'éclaire :
Je ne me suis connu qu'au bout de ma carrière.
J'ai fait, jusqu'au moment qui me plonge au cercueil,
Gémir l'humanité du poids de mon orgueil.
Le ciel venge la terre ; il est juste, et ma vie
Ne peut payer le sang dont ma main s'est rougie.
Le bonheur m'aveugla, l'amour m'a détrompé ;
Je pardonne à la main par qui Dieu m'a frappé :

J'étois maître en ces lieux; seul j'y commande encore,
Seul je puis faire grace, et la fais à Zamore.
Vis, superbe ennemi; sois libre, et te souvien
Quel fut, et le devoir, et la mort d'un chrétien.

(A Montèze, qui se jette à ses pieds.)

Montèze, Américains, qui fûtes mes victimes,
Songez que ma clémence a surpassé mes crimes;
Instruisez l'Amérique, apprenez à ses rois,
Que les chrétiens sont nés pour leur donner des lois.

(A Zamore.)

Des Dieux que nous servons, connois la différence :
Les tiens t'ont commandé le meurtre et la vengeance ;
Et le mien, quand ton bras vient de m'assassiner,
M'ordonne de te plaindre et de te pardonner.

A quelle religion appartiennent cette morale et cette mort ? Il règne ici un *idéal de vérité,* au-dessus de tout *idéal poétique.* Quand nous disons un *idéal de vérité,* ce n'est point une exagération; on sait que ces vers,

Des Dieux que nous servons connois la différence, etc.

sont les paroles mêmes de François de Guise. Quant au reste de la tirade, c'est toute la substance de la morale évangélique :

Je ne me suis connu qu'au bout de ma carrière.
M..

> . . . .
> J'ai fait jusqu'au moment qui me plonge au cercueil,
> Gémir l'humanité du poids de mon orgueil.

Un trait seul n'est pas chrétien dans ce morceau :

> Instruisez l'Amérique, apprenez à ses rois,
> Que les chrétiens sont nés pour leur donner des lois.

M. de Voltaire a voulu faire reparoître ici la nature et le caractère orgueilleux de Gusman : l'intention dramatique est heureuse ; mais, prise comme beauté *absolue*, le sentiment exprimé dans ces vers est bien petit, au milieu des hauts sentimens dont il est environné ! Telle se montre toujours la *pure nature*, auprès de la *nature chrétienne*. M. de Voltaire est bien ingrat d'avoir calomnié ce culte qui lui a fourni des scènes si pathétiques, et ses plus beaux titres à l'immortalité. Il auroit toujours dû se rappeler ce vers, qu'il avoit fait sans doute par un mouvement involontaire d'admiration :

> Quoi donc ! les vrais chrétiens auroient tant de vertus !

DU CHRISTIANISME. 93

Ajoutons tant de *génie*, tant de *beautés poétiques* (1).

CHAPITRE VIII.

LA FILLE.

Iphigénie et Zaïre.

IPHIGÉNIE et *Zaïre* nous donneront, pour le caractère de la *fille*, un parallèle intéressant. L'une et l'autre, sous le joug de l'autorité paternelle, se dévouent à la religion de leur pays. Agamemnon, il est vrai, exige d'Iphigénie le double sacrifice de son amour et de sa vie, et Lusignan ne

---

(1) On ignore assez généralement que M. de Voltaire ne s'est servi des paroles de François de Guise, qu'en les empruntant d'un autre poëte; Rowe en avait fait usage avant lui dans son *Tamerlan*, et l'auteur d'*Alzire* s'est contenté de traduire, mot pour mot, le tragique Anglais :

Now learn the difference, 'twixt thy faith and mine....
Thine bids thee lift thy dagger to my throat;
Mine can forgive the wrong, and bid thee live.

demande à Zaïre, que d'oublier son amour; mais pour une femme passionnée, vivre, et renoncer à l'objet de ses vœux, c'est peut-être une condition plus douloureuse que la mort. Les deux situations peuvent donc se balancer, quant à l'intérêt *naturel* : voyons s'il en est ainsi de l'intérêt *religieux*.

Agamemnon en obéissant aux Dieux, ne fait après tout qu'immoler sa fille à son ambition : un oracle qui demande du sang, afin d'obtenir un vent favorable, révolte l'esprit sans toucher le cœur. Pourquoi la jeune Grecque se soumettroit-elle à Jupiter? N'est-ce pas un tyran qu'elle doit détester? Le spectateur prend parti pour Iphigénie contre le Ciel. La pitié et la terreur s'appuient donc uniquement sur les situations *naturelles*; et si vous pouviez retrancher la religion de la pièce, il est évident que l'effet théâtral resteroit le même.

Mais dans Zaïre, si vous touchez à la religion, tout est détruit; Jésus-Christ n'a pas soif de sang; il ne veut que le sacrifice d'une passion. A-t-il le droit de le demander, ce sacrifice ? Eh ! qui pourroit en douter ? N'est-ce pas pour racheter Zaïre qu'il a été attaché à une croix ; qu'il a supporté l'insulte, les dédains et les injustices des hommes ; qu'il a bu jusqu'à la lie le calice d'amertume ? Et Zaïre iroit donner son cœur et sa main à ceux qui ont persécuté ce dieu charitable ! à ceux qui tous les jours immolent des chrétiens ! à ceux, qui retiennent dans les fers ce vieux successeur de Bouillon, ce défenseur de la foi, ce *père* de Zaïre. Certes, la religion n'est pas inutile ici, et qui la supprimeroit, anéantiroit la pièce. Lusignan ne pourroit avoir aucun motif raisonnable de refuser sa fille au maître de Jérusalem. Que Zaïre déclare que Lusignan est son père, et Nérestan son frère ; qu'elle reçoive la main d'Orosmane, et tous les malheurs finissent à-la-fois. Quel obstacle invincible empêche un dénouement si simple et si heureux ? Un seul mot, la *religion :* et de ce mot résulte une des situations les plus attachantes, qui soient au théâtre.

Au reste, il nous semble que Zaïre, comme *tragédie*, est encore plus intéressante qu'Iphigénie, pour une raison que nous essayerons de développer; ceci nous oblige de remonter aux principes de l'art.

Il est certain qu'on ne doit élever sur le cothurne que des personnages pris dans les hauts rangs de la société. Cela tient à de certaines convenances, que les beaux arts, d'accord avec le cœur humain, savent découvrir. Le tableau des infortunes que nous éprouvons nous-mêmes, nous afflige sans nous intéresser, ni nous instruire. Nous n'avons pas besoin d'aller au spectacle, pour y apprendre les secrets de notre famille. La fiction pourroit-elle nous plaire, quand la triste réalité habite sous notre toit? Aucune morale ne se rattache à une pareille imitation : bien au contraire ; car en voyant le tableau de notre état, nous tombons dans le désespoir, ou nous envions un état qui n'est pas le nôtre, et dans lequel nous supposons que règne exclusivement le bonheur. Conduisez le peuple au théâtre ce ne sont pas des hommes sur la paille, et des représentations de sa propre indigence, qu'il lui faut. Il vous demande des grands sur la pourpre ; son oreille veut être remplie de noms éclatans, et son œil occupé de malheurs de rois.

La morale, la curiosité, la noblesse de l'art, la pureté du goût, et peut-être la nature envieuse de l'homme, obligent donc à prendre les acteurs de la tragédie dans une condition élevée. Mais si la personne doit être *distinguée*, sa douleur doit être *commune*, c'est-à-dire, d'une nature à être sentie de *tous*. Or, c'est en ceci que Zaïre nous paroît plus touchante qu'Iphigénie.

Que la fille d'Agamemnon meure pour faire partir une flotte, le spectateur ne peut guères s'intéresser à ce motif. Mais la raison presse dans Zaïre, et chacun peut éprouver le combat d'une passion contre un devoir. Delà dérive cette grande règle dramatique : qu'il faut, autant que possible, fonder l'intérêt de la tragédie, non sur une *chose*, mais sur un *sentiment*, et que le personnage doit être *éloigné* du spectateur par *son rang*, mais *près* de lui par *son malheur*.

Nous pourrions maintenant chercher dans le sujet d'Iphigénie, traité par Racine, les touches du pinceau chrétien ; mais le lecteur est sur la voie de ces études, et il peut la suivre sans guide : nous ne nous arrêterons plus que pour faire une observation.

Le père Brumoy a remarqué qu'Euripide, en donnant à Iphigénie la frayeur de la mort et le desir de se sauver, a mieux parlé, selon la nature, que Racine, dont Iphigénie semble trop résignée. L'observation est bonne de soi ; mais ce que le père Brumoy n'a pas vu, c'est que l'Iphigénie moderne est la *fille chrétienne*. Son père et le ciel ont parlé, il ne reste plus qu'à obéir. Racine n'a donné ce courage à son héroïne, que par l'impulsion secrète d'une institution religieuse qui a changé le fond des idées et de la morale. Ici le christianisme va plus loin que la nature, et par conséquent est plus d'accord avec la belle poésie, qui agrandit les objets et aime un peu l'exagération. La fille d'Agamemnon étouffant tout-à-coup sa passion et l'amour de la vie, intéresse bien davantage qu'Iphigénie pleurant son trépas. Ce ne sont pas toujours les choses purement naturelles qui touchent ; il est naturel de craindre la mort, et cependant une victime qui se lamente, sèche les pleurs qu'on versoit pour elle. Le cœur humain veut plus qu'il ne peut ; il veut sur-tout admirer : il a en soi-même un élan vers une beauté inconnue, pour laquelle il fut créé dans son origine.

La religion chrétienne est si heureusement formée, qu'elle est elle-même une véritable poésie, puisqu'elle place les caractères dans le beau idéal : c'est ce que prouvent les martyrs chez nos peintres, les chevaliers chez nos poëtes, etc. Quant à la peinture du vice, elle peut avoir, dans le christianisme, la même vigueur que celle de

Partie II.
Poétique du Christianisme.

Livre II.
Poésie, dans ses rapports avec les hommes.
Caracteres.

N..

la vertu ; puisqu'il est vrai que le crime augmente en raison du plus grand nombre de liens que le coupable a rompus. Ainsi les muses, qui haïssent le genre médiocre et tempéré, doivent s'accommoder infiniment d'une religion qui montre toujours ses personnages au-dessus, ou au-dessous de l'homme.

Pour achever le cercle des caractères *naturels*, il faudroit parler de l'amitié fraternelle ; mais tout ce que nous avons dit du *fils* et de *la fille*, s'applique également à deux *frères*, ou à un *frère* et à une *sœur*. Au reste, c'est dans l'Ecriture qu'on trouve l'histoire de Caïn et d'Abel, cette grande et première tragédie qu'ait vue le monde, et nous parlerons ailleurs de Joseph et de ses frères.

Enfin, le christianisme n'enlevant rien au poëte des caractères *naturels*, tels que pouvoit les représenter l'antiquité, et lui offrant de plus son *influence* dans ces mêmes caractères, augmente nécessairement la *puissance*, puisqu'il augmente le *moyen*, et multiplie les *beautés* dramatiques, en multipliant les *sources* dont elles émanent.

CHAPITRE IX.

Caractères sociaux.

Le Prêtre.

Ces caractères que nous avons nommés *sociaux*, se réduisent à deux pour le poëte, le *prêtre* et le *guerrier*.

Si nous n'avions pas consacré à l'histoire du clergé et de ses bienfaits la quatrième partie de notre ouvrage, il nous seroit aisé de faire voir à présent, combien le caractère du prêtre, dans notre religion, offre plus de variété et de grandeur que le caractère du prêtre dans le polythéisme. Quels beaux tableaux à tracer depuis le pasteur du hameau, jusqu'au Pontife qui ceint la triple couronne pastorale; depuis le curé de ville, jusqu'à l'anachorète du rocher; depuis le Chartreux et le Trapiste, jusqu'au docte Bénédictin ; depuis le missionnaire, et cette foule de religieux consacrés à tous les maux de l'humanité, jusqu'au prophète inspiré de l'antique Sion ! Les vierges ne sont pas moins nombreuses : ces filles hospitalières, qui consument leur jeunesse et leurs grâces au service de nos douleurs ; ces habitantes du cloître qui élèvent, à l'abri des autels, les épouses futures des hommes, en se félicitant de porter elles-mêmes les chaînes du plus doux des époux; toute cette innocente famille sourit agréablement aux Neuf Sœurs de la fable. Dans l'antiquité, tout se réduisoit, pour le poëte, à un grand-prêtre, à un devin, à une vestale, à une sibylle; encore ces personnages n'étoient mêlés qu'accidentellement au sujet, tandis que le prêtre chrétien peut jouer un des rôles le plus important de l'épopée.

M. de la Harpe a montré dans Mélanie, ce que peut devenir le caractère d'un simple curé, traité par un habile écrivain. Shakespeare, Richardson, Goldsmit, ont mis le prêtre en scène avec plus ou moins de bonheur. Quant aux pompes extérieures, quelle religion en offrit jamais d'aussi magnifiques que les nôtres? La Fête-Dieu, Noël, Pâques, toute la Semaine sainte, la fête des Morts, les Funérailles, la Messe, et mille autres cérémonies, fournissent un vaste sujet de descriptions superbes ou touchantes (1). Certes les muses modernes qui se plaignent du christianisme, ne connoissent pas toutes ses richesses. Le Tasse a décrit une procession dans la Jérusalem, et c'est un des plus beaux tableaux de son poëme. Enfin, le sacrifice antique n'est pas même banni du sujet chrétien; car il n'y a rien de plus facile, au moyen d'un épisode, d'une comparaison ou d'un souvenir, de rappeler un sacrifice de l'ancienne loi.

(1) Nous parlerons de toutes ces fêtes dans la partie *du Culte.*

CHAPITRE X.

Suite du Prêtre.

La Sibylle. — Joad.

Parallèle de Virgile et de Racine.

Énée va consulter la sibylle : arrêté au soupirail de l'antre, il attend les paroles de la prophétesse.

. . . . *Quum virgo, poscere fata,* etc.

« Alors la vierge : le Dieu ! voilà le Dieu ! Elle dit, etc.

Énée la soulage par une prière ; la sibylle lutte encore ; enfin le dieu la dompte : les cent portes de l'antre s'ouvrent en mugissant, et ces paroles nagent dans les airs :

O tandem magnis pelagi defuncte periclis ! etc.

« Ils ne sont plus les périls de la mer, mais quel
» danger sur la terre ! etc. »

Quelle fougue, lorsque le dieu commence

à agiter la sibylle ! Remarquez la rapidité de ces tours : *deus, ecce deus*. Elle touche, elle saisit l'Esprit, elle en est surprise : *le dieu ! voilà le dieu !* c'est son cri. Ces expressions, *non vultus, non color unus*, peignent excellemment le trouble de la prophétesse. Les tours *négatifs* sont particuliers à Virgile, et l'on peut remarquer, en général, qu'ils sont fort multipliés chez les écrivains d'un génie mélancolique. Ne seroit-ce point que les ames tendres et tristes, sont naturellement portées à se plaindre, à desirer, à douter, à s'exprimer avec une sorte de timidité, et que la plainte, le desir, le doute et la timidité, sont des *privations* de quelque chose ? L'homme sensible ne dit pas avec assurance, *je connois les maux ;* mais il dit comme Didon, *non ignara mali*. Enfin, les images favorites des poëtes mélancoliques, sont presque toutes empruntées d'objets *négatifs*, tels que le silence des nuits, l'ombre des bois, la solitude des montagnes, la paix des tombeaux, qui ne sont que l'absence du bruit, de la lumière, des hommes, et des inquiétudes de la vie (1).

Quelle que soit la beauté des vers de Virgile, la poésie chrétienne nous offre encore quelque chose de très-supérieur. Le grand-

―――――

(1) Ainsi Euryale en parlant de sa mère, dit :

. . . . . *Genitrix.* . . . .
. . . . . . *Quam miseram tenuit* non *Ilia tellus*
Mecum excedentem, non *mœnia regis Acestæ.*

« Ma mère infortunée qui a suivi mes pas, et que
» n'ont pu retenir, *ni* les rivages de la patrie, *ni* les
» murs du roi d'Aceste. »

Il ajoute un instant après :

. . . . *Nequeam lacrymas perferre parentis.*

« Je *ne* pourrois résister aux larmes de ma mère. »
Volcens va percer Euriale ; Nisus s'écrie :

. . . . *Me, me* (*adsum qui feci*) . . .
. . . . . . *Mea fraus omnis* : Nihil *iste* nec *ausus,*
Nec *potuit* . . . .

« Moi, moi. Le crime est à moi ; *rien* à lui : il
» *n'a* osé, *ni* pu le commettre ! » Le mouvement qui termine cet admirable épisode est aussi de nature négative.

prêtre des Hébreux, prêt à couronner Joas, est saisi de l'esprit divin dans le temple de Jérusalem.

> Voilà donc quels vengeurs s'arment pour ta querelle,
> Des prêtres, des enfans, ô sagesse éternelle !
> Mais, si tu les soutiens, qui peut les ébranler?
> Du tombeau, quand tu veux, tu sais nous rappeler;
> Tu frappes et guéris, tu perds et ressuscites.
> Ils ne s'assurent point en leurs propres mérites,
> Mais en ton nom sur eux invoqué tant de fois,
> En tes sermens jurés au plus saint de leurs rois,
> En ce temple où tu fais ta demeure sacrée,
> Et qui doit du soleil égaler la durée.
> Mais d'où vient que mon cœur frémit d'un saint effroi ?
> Est-ce l'esprit divin qui s'empare de moi ?
> C'est lui-même : il m'échauffe ; il parle ; mes yeux s'ouvrent,
> Et les siècles obscurs devant moi se découvrent.
> . . . .
> Cieux, écoutez ma voix ; Terre, prête l'oreille :
> Ne dis plus, ô Jacob, que ton Seigneur sommeille.
> Pécheurs, disparoissez ; le Seigneur se réveille.
> . . . .
> Comment en un plomb vil l'or pur s'est-il changé ?...
> Quel est dans le lieu saint ce pontife égorgé ?...
> Pleure, Jérusalem, pleure, cité perfide,
> Des prophètes divins malheureuse homicide ;
> De son amour pour toi ton Dieu s'est dépouillé ;
> Ton encens à ses yeux est un encens souillé...
> Où menez-vous ces enfans et ces femmes ?
> Le Seigneur a détruit la reine des cités :

O..

Partie II.

Poétique du Christianisme.

―――

Livre II.

Poésie, dans ses rapports avec les hommes.

Caractères.

Ses prêtres sont captifs, ses rois sont rejetés :
Dieu ne veut plus qu'on vienne à ses solemnités.
Temple, renverse-toi; cèdres, jetez des flammes.
   Jérusalem, objet de ma douleur,
Quelle main en un jour t'a ravi tous tes charmes ?
Qui changera mes yeux en deux sources de larmes,
   Pour pleurer ton malheur.

Il n'est pas besoin de commentaire.

Puisque Virgile et Racine reviennent si souvent dans notre critique, tâchons de nous faire une idée juste de leurs talens et de leur génie. Ces deux grands poëtes ont tant de ressemblance entre eux, qu'ils pourroient tromper jusqu'aux yeux de la Muse, comme ces deux jumeaux de l'Enéide, qui causoient de douces méprises à leur mère.

Tous deux polissent laborieusement leurs ouvrages, tous deux sont pleins de goût, tous deux hardis et pourtant naturels dans l'expression, tous deux timides dans les caractères d'hommes, tous deux parfaits dans les caractères de femmes, tous deux sublimes dans la peinture des passions; et comme s'ils s'étoient suivis pas à pas, Racine a fait entendre dans Esther, je ne sais quelle fraîche mélodie, je ne sais quelle voix de quinze années, dont Virgile a pareillement rempli sa seconde églogue ; mais toutefois avec la différence qui se trouve entre la voix de la jeune fille, et celle de l'adolescent, entre les soupirs de l'innocence, et ceux d'un honteux amour.

Voilà peut-être en quoi Virgile et Racine se ressemblent ; voici peut-être en quoi ils diffèrent.

Le second est, en général, supérieur au premier, dans l'invention des caractères : Agamemnon, Achille, Oreste, Mithridate, Acomat, sont fort au-dessus de tous les héros de l'Enéide. Enée et Turnus ne sont beaux que dans deux ou trois morceaux ; Mezance seul est fièrement dessiné.

Cependant, dans les peintures douces et tendres, Virgile retrouve son génie : Evandre, ce vieux roi d'Arcadie, vivant sous le chaume, et défendu par deux chiens de bergers, au même lieu où les Césars, entourés des gardes prétoriennes, doivent un jour habiter leur palais, le jeune Pallas, le beau Lausus, fils vertueux d'un père criminel, enfin, Nisus et Euryale sont des personnages tout divins.

Dans les caractères de femmes, Racine reprend la supériorité ; Agrippine est plus ambitieuse qu'Amate, et Phèdre plus passionnée que Didon.

Nous ne parlons point d'Athalie, parce que Racine, dans cette pièce, ne peut être comparé à personne : c'est l'œuvre le plus parfait du génie inspiré par la religion.

Mais, d'un autre côté, Virgile a l'avantage sur Racine ; il est plus rêveur et plus mélancolique. Ce n'est pas que l'auteur de Phèdre n'eût été capable de trouver cette mélodie des soupirs ; le rôle d'Andromaque, Bérénice toute entière, quelques stances des cantiques imités de l'Ecriture, plusieurs strophes des chœurs d'Esther et d'Athalie, montrent ce qu'il auroit pu faire dans ce genre. Mais il vécut trop à la ville, et pas assez dans la solitude : la cour de Louis XIV, en épurant son goût, et en lui donnant la majesté des formes, lui fut peut-être nuisible sous d'autres rapports ; elle l'éloigna trop des champs et de la nature.

Nous avons déja remarqué (1) qu'une des premières causes de la mélancolie de Virgile, fut sans doute le sentiment des malheurs qu'il éprouva dans sa jeunesse. Chassé du toit paternel, il garda toujours le souvenir de sa Mantoue : mais ce n'étoit plus le Romain de la République, aimant son pays, à la manière dure et âpre des Brutus; c'étoit le Romain de la monarchie d'Auguste, le rival d'Homère, et le nourrisson des Muses.

Virgile cultiva ce germe de tristesse, en vivant seul au milieu des bois. Peut-être faut-il encore ajouter à cela des accidens particuliers. Nos défauts moraux ou physiques influent beaucoup sur notre humeur, et forment souvent la raison secrète de la teinte dominante de notre caractère. Virgile avoit une difficulté de prononciation (2); il étoit foible de corps, rustique d'ap-

---

(1) Part. I.re, liv. V, avant-dernier chapitre.
(2) *Sermone tardissimum, ac poenè indocto similem.... Facie rusticanâ*, etc.

parence. Il semble avoir eu dans sa jeunesse des passions vives, auxquelles ces imperfections naturelles purent mettre des obstacles. Ainsi, des chagrins de famille, le goût des champs, un amour-propre en souffrance, et des passions non satisfaites, s'unirent pour lui donner cette rêverie qui nous charme dans ses écrits.

On ne trouve point dans Racine le *Diis aliter visum*, le *Dulces moriens reminiscitur Argos*, le *Disce puer virtutem ex me — fortunam ex aliis*, le *Lyrnessi domus alta : sola Laurente sepulchrum*. Il n'est peut-être pas inutile d'observer que ces mots pleins de mélancolie se trouvent presque tous dans les six derniers livres de l'Enéide, ainsi que les épisodes d'Evandre et de Pallas, de Mézance et de Lausus, de Nysus et d'Euryale. Il semble qu'en approchant du tombeau, le Cygne de Mantoue mît dans ses accens quelque chose de plus céleste, comme ces cygnes de l'Eurotas, consacrés aux Muses, qui, près d'expirer, avoient, selon Pythagore, une vue intérieure de l'Olympe.

Virgile est l'ami du solitaire, le compagnon des heures secrètes de la vie. Racine est peut-être au-dessus du poëte latin, parce qu'il a fait Athalie ; mais le dernier a quelque chose qui remue plus doucement le cœur ; on admire plus l'un, on aime plus l'autre ; le premier a des douleurs trop royales ; le second parle davantage à tous les rangs de la société : en parcourant les tableaux des vicissitudes humaines, tracés par Racine, on croit errer dans les parcs abandonnés de Versailles ; ils sont vastes et tristes, mais à travers la solitude croissante, on distingue la main régulière des arts, et les vestiges des grandeurs :

> Je ne vois que des tours que la cendre a couvertes,
> Un fleuve teint de sang, des campagnes désertes.

Les tableaux de Virgile, sans être moins nobles, ne sont pas bornés à de certaines perspectives de la vie, ils représentent toute la nature ; ce sont les solitudes des forêts, l'aspect des montagnes, les rivages de la mer, où des femmes exilées *regardent, en pleurant, l'immensité des flots :*

> *Cunctæque profundum
> Pontum adspectabant flentes.*

CHAPITRE XI.

Le Guerrier.

Définition du beau idéal.

Les siècles héroïques sont favorables à la poésie, parce qu'ils ont cette vieillesse et cette incertitude de tradition, que demandent les Muses, naturellement un peu menteuses. Nous voyons chaque jour se passer sous nos yeux des choses extraordinaires, sans y prendre aucun intérêt; mais nous aimons à entendre raconter des faits obscurs, qui sont déjà loin de nous. C'est qu'au fond, les plus grands événemens de la terre sont fort petits en eux-mêmes : notre ame, qui sent ce vice des affaires humaines, et qui tend sans cesse à l'immensité, tâche de ne les voir que dans le vague, pour les agrandir.

Or, l'esprit des siècles héroïques se forme du mélange d'un état civil encore grossier, et d'un état religieux porté à son plus haut point d'influence.

La barbarie et le polythéisme ont produit les héros d'Homère ; la barbarie et le christianisme ont enfanté les chevaliers du Tasse.

Qui, des *héros* ou des *chevaliers*, méritent la préférence, soit en morale, soit en poésie ? c'est ce qu'il convient d'examiner.

En faisant abstraction du génie particulier des deux poëtes, et ne comparant qu'homme à homme, il nous semble que les personnages de la Jérusalem sont fort supérieurs à ceux de l'Iliade.

Eh ! quelle différence entre des chevaliers si francs, si désintéressés, si humains, et des guerriers perfides, avares, atroces, insultant aux cadavres de leurs ennemis : poétiques enfin par leurs vices, comme les premiers le sont par leurs vertus !

Si par héroïsme, on entend un effort dirigé contre les passions, en faveur de la vertu, c'est, sans doute, Godefroi et non

P..

pas Agamemnon qui est le véritable héros. Or, nous demandons pourquoi le Tasse, en peignant les chevaliers, a tracé le modèle du parfait guerrier, tandis qu'Homère, en représentant les hommes des temps héroïques, n'a fait que des espèces de monstres? C'est que le christianisme a fourni, dès sa naissance, le *beau idéal moral*, ou *le beau idéal des caractères*, et que le polythéisme n'a pu donner ce grand avantage au chantre d'Ilion. Nous arrêterons un peu le lecteur sur ce sujet; il importe trop au fond de notre ouvrage, pour hésiter à le mettre dans tout son jour.

Il y a deux sortes de *beau idéal*, le beau idéal *moral*, et le beau idéal *physique* : l'un et l'autre sont nés de la société.

Les hommes très-près de la nature, tels que les sauvages, ne les connoissent pas ; ils se contentent, dans leurs chansons, de rendre fidèlement ce qu'ils voient. Comme ils vivent au milieu des déserts, leurs tableaux sont nobles et simples ; vous n'y trouvez point de mauvais goût; mais aussi ils sont monotones, et les sentimens qu'ils expriment, ne vont pas jusqu'à l'héroïsme.

Le siècle d'Homère s'éloignoit déja de ces premiers temps. Qu'un sauvage perce un chevreuil de ses flèches; qu'il le dépouille au milieu de toutes les forêts; qu'il étende la victime sur les charbons d'un chêne embrâsé : tout est poétique dans cette action. Mais dans la tente d'Achille, il y a déja des *bassins*, des *broches*, des *vases*; quelques détails de plus, et Homère tomboit dans la bassesse des descriptions, ou bien il entroit dans la route du beau idéal, en commençant à *cacher*.

Ainsi, à mesure que la société multiplia les besoins de la vie, les poëtes apprirent qu'il ne falloit plus, comme par le passé, peindre tout aux yeux, mais voiler certaines parties du tableau.

Ce premier pas fait, ils virent encore qu'il falloit *choisir*; ensuite, que la chose choisie étoit susceptible d'une forme plus belle ou d'un plus bel effet dans telle ou telle position.

Toujours *cachant* et *choisissant*, *retranchant* ou *ajoutant*, ils se trouvèrent peu-à-peu dans des formes qui n'étoient plus naturelles, mais qui étoient plus parfaites que nature ; les artistes appellèrent ces formes, *le beau idéal*.

On peut donc définir *le beau idéal*, l'art *de choisir et de cacher*.

Cette définition s'applique également au beau idéal *moral* et au beau idéal *physique*. Celui-ci se forme, en cachant avec adresse la partie infirme des objets, l'autre en dérobant à la vue certains côtés foibles de l'ame: *l'ame* a ses besoins honteux, et ses bassesses comme le corps.

Et nous ne pouvons nous empêcher de remarquer, qu'il n'y a que l'homme qui soit susceptible d'être représenté plus parfait que nature, et comme approchant de la Divinité. On ne s'avise pas de peindre le *beau idéal* d'un cheval, d'un aigle, d'un lion. Ceci nous fait entrevoir une preuve merveilleuse de la grandeur de nos fins et de l'immortalité de notre ame.

La société où la morale atteignit le plutôt tout son développement, dut atteindre le plus vîte au *beau idéal moral*, ou, ce qui revient au même, *au beau idéal des caractères;* or, c'est ce qui distingue éminemment les sociétés formées dans la religion chrétienne. Il est étrange, et cependant rigoureusement vrai, que tandis que nos pères étoient des barbares pour tout le reste, la morale, au moyen de l'Evangile, s'étoit élevée chez eux à son dernier point de perfection; de sorte que l'on vit des hommes (si nous osons nous exprimer ainsi) à-la-fois sauvages par le corps, et civilisés par l'ame.

C'est ce qui fait la beauté des temps chevaleresques, et leur donne la supériorité, tant sur les siècles héroïques, que sur les siècles tout-à-fait modernes.

Car si vous entreprenez de peindre les premiers âges de la Grèce; autant la simplicité des mœurs vous offrira des choses agréables, autant les caractères vous choqueront : le polythéisme ne fournit rien pour corriger la nature sauvage, et l'insuffisance des vertus primitives.

Si, au contraire, vous chantez l'âge moderne, vous serez obligé de bannir toute vérité de votre ouvrage, et de vous jeter à-la-fois dans le beau idéal *moral*, et dans le beau idéal *physique*. Trop loin de la nature et de la religion sous tous les rapports, on ne peut représenter fidèlement, ni l'intérieur de nos ménages, ni moins encore le fond de nos cœurs.

La chevalerie seule offre le beau mélange de la *vérité* et de la *fiction*.

D'une part, vous pouvez offrir le tableau des mœurs dans toute sa naïveté : un vieux château, une grande salle, un large foyer, des tournois, des joûtes, des chasses, le son du cor et le bruit des armes, n'ont rien qui heurte le goût, rien qu'on doive ou *choisir* ou *cacher*.

Et d'un autre côté, le poëte chrétien, plus heureux qu'Homère, n'est point forcé de ternir sa peinture, en y plaçant l'homme barbare ou l'homme *naturel*;

le christianisme lui donne le parfait héros.

Ainsi, tandis qu'il est dans la nature relativement aux objets physiques, il est au-dessus de cette nature, par rapport aux objets moraux.

Or, le *vrai* et l'*idéal* sont les deux grandes sources de tout intérêt poétique, le *touchant* et le *merveilleux*.

CHAPITRE XII.

Suite du Guerrier.

Montrons à présent que ces vertus des chevaliers, qui élèvent leur caractère jusqu'au *beau idéal*, sont des vertus véritablement chrétiennes.

Si elles n'étoient que de simples vertus morales, imaginées par le poëte, elles seroient sans mouvement et sans ressort. On en peut juger par Enée, dont Virgile a fait un héros philosophe.

Les vertus purement morales sont froides par essence : ce n'est pas quelque chose d'ajouté à l'ame, c'est quelque chose de retranché ; c'est l'absence du vice, plutôt que la présence de la vertu.

Les vertus religieuses ont des ailes, elles sont passionnées. Non contentes de s'abstenir du mal, elles veulent faire le bien : elles ont l'activité de l'amour, et se tiennent dans une région supérieure, et un peu exagérée. Telles étoient les vertus des chevaliers.

La foi ou la fidélité étoit leur première vertu ; la fidélité est pareillement la première vertu du christianisme.

Le chevalier ne mentoit jamais. — Voilà le chrétien.

Le chevalier étoit pauvre, et le plus désintéressé des hommes. — Voilà le disciple de l'évangile.

Le chevalier s'en alloit à travers le monde, secourant la veuve et l'orphelin. — Voilà la charité de Jésus-Christ.

Le chevalier étoit tendre et délicat. Qui lui auroit donné cette douceur, si ce n'étoit une religion humaine, qui porte toujours au respect pour la foiblesse ? Avec quelle bénignité Jésus-Christ lui-même ne parle-t-il pas aux femmes dans l'évangile !

Agamemnon déclare brutalement qu'il aime autant Briséïs que son épouse, parce qu'elle fait d'aussi beaux ouvrages.

Un chevalier ne parle pas ainsi.

Enfin le christianisme a produit la bravoure des héros modernes, si supérieure à celle des héros antiques.

La véritable religion enseigne à tout homme que ce n'est pas par la force du corps qu'on se doit mesurer, mais par la grandeur de l'ame. Delà, le plus foible des chevaliers ne sait ce que c'est que trembler devant un ennemi ; et, quoique certain de recevoir la mort, il n'a pas même la pensée de la fuite.

Cette haute valeur est devenue si commune, que le moindre de nos fantassins est plus courageux que les Ajax, qui fuyoient devant Hector, qui fuyoit à son tour devant Achille. Quant à la clémence du chevalier chrétien envers les vaincus, qui peut nier qu'elle découle du christianisme ?

Les poëtes modernes ont tiré une foule de traits nouveaux du caractère chevaleresque. Dans la *tragédie*, il suffit de nommer Tancrède, Nemours, Couci, et ce Nérestan, qui apporte la rançon de ses frères d'armes, au moment où on ne l'attendoit plus, et se vient rendre prisonnier, parce qu'il ne se peut racheter lui-même. Les belles mœurs chrétiennes ! Et qu'on ne dise pas que c'est une pure invention poétique; il y a cent exemples de chrétiens, qui se sont remis entre les mains des infidèles, ou pour délivrer d'autres chrétiens, ou parce qu'ils ne pouvoient payer l'argent qu'ils avoient promis.

Quant à l'*Épopée*, comme ils sont aimables tous ces chevaliers de la Jérusalem, ce Renaud si brillant, ce Tancrède si généreux, ce vieux Raymond de Toulouse, toujours abattu et toujours relevé ! On est avec eux sous les murs de Solyme ; on croit entendre le jeune Bouillon s'écrier au sujet d'Armide : « Que dira-t-on à la cour de » France, quand on saura que nous avons » refusé notre bras à la beauté ? » Pour juger en un moment de la différence immense, qui se trouve entre les héros d'Homère et ceux du Tasse, il suffit de jeter les yeux sur le camp de Godefroi et sur les remparts de Jérusalem. D'un côté sont les *chevaliers*, et de l'autre, les *héros antiques*. Soliman même n'a tant d'éclat, que parce que le poëte lui a donné quelques traits de la générosité du chevalier : ainsi le principal héros infidèle emprunte lui-même sa majesté du christianisme.

Mais c'est dans Godefroi qu'il faut admirer le chef-d'œuvre du caractère héroïque. Si Énée veut échapper à la séduction d'une femme, il tient les yeux baissés, *immota tenebat lumina* ; il cache son trouble ; il répond des choses vagues : « Reine, je ne » nie point tes bontés, je me souviendrai » d'Élise, » *meminisse Elisae*.

Ce n'est pas de cet air que le capitaine chrétien écoute les adresses d'Armide : il résiste, car il connoît trop les fragiles appas de ce monde ; il continue son vol vers le ciel, *comme l'oiseau rassasié qui ne s'abat point, où une nourriture trompeuse l'appelle.*

> Qual saturo angel, che non si cali,
> Ove il cibo mostrando, altri l'invita.

Faut-il combattre, délibérer, appaiser une sédition ? Bouillon est par-tout grand, par-tout auguste. Ulysse frappe Thersite de son sceptre (σκήπτρῳ δὲ μετάφρενον, ἠδὲ ᾖ ὤμω πλῆξει), et arrête les Grecs, prêts à rentrer dans leurs vaisseaux : mœurs naïves et pittoresques. Mais voyez Godefroi se montrant seul à un camp furieux, qui l'accuse d'avoir fait assassiner un héros ! Quelle beauté noble et touchante dans la prière du vieux capitaine, plein de la conscience de sa vertu ! et comme cette prière fait ensuite éclater l'intrépidité du général, qui, désarmé et tête nue, se présente à une soldatesque effrénée !

Au combat, une sainte et majestueuse

valeur, inconnue aux guerriers d'Homère et de Virgile, anime le guerrier chrétien. Enée, couvert de ses armes divines, et debout sur la poupe de sa galère, qui approche du rivage Rutule, est dans une belle attitude épique ; Agamemnon semblable au Jupiter foudroyant, présente une image pleine de grandeur : mais Godefroi n'est inférieur ni au père des Césars, ni au chef des Atrides, dans le dernier chant de la Jérusalem.

Le soleil vient de se lever ; les armées sont en présence, *comme deux antiques forêts :* les bannières se déroulent aux vents ; les plumes flottent sur les casques ; les habits, les franges, les harnois, les armes, les couleurs, l'or et le fer, étincellent aux premiers feux de la lumière. Monté sur un coursier rapide, Godefroi parcourt les rangs de son armée ; il parle, et son discours est un modèle d'éloquence guerrière. Sa tête rayonne, son visage brille d'un éclat inconnu ; l'ange de la victoire le couvre invisiblement de ses ailes. Bientôt il se fait un profond silence ; les légions se prosternent en adorant celui qui fit tomber Goliath, par la main d'un jeune berger. Soudain les trompettes éclatent, les soldats chrétiens se relèvent, et, pleins de la fureur du Dieu des armées, se précipitent sur les bataillons ennemis.

SECONDE PARTIE.

POÉTIQUE DU CHRISTIANISME.

LIVRE TROISIÈME.

SUITE DE LA POÉSIE, DANS SES RAPPORTS AVEC LES HOMMES.

PASSIONS.

CHAPITRE PREMIER.

Que le christianisme a changé les rapports des passions, en changeant les bases du vice et de la vertu.

De l'examen des *caractères*, nous venons à celui des *passions*. On sent bien qu'en traitant des premiers, il nous a été impossible de ne pas toucher un peu aux secondes; mais ici, nous nous proposons de parler plus amplement.

S'il existoit une religion dont la qualité essentielle fût de poser une barrière aux passions de l'homme, elle augmenteroit nécessairement le jeu de ces passions dans le Drame et dans l'Epopée; elle seroit, par sa nature même, plus favorable à la peinture des sentimens, que toute autre institution religieuse, qui, ne connoissant point des délits du cœur, n'agiroit sur nous que par des scènes extérieures. Or, c'est ici le grand avantage de la religion chrétienne sur les cultes de l'antiquité : c'est un vent céleste qui enfle les voiles de la vertu, et multiplie les orages de la conscience autour du vice.

Toutes les bases de la morale ont changé parmi les hommes, du moins parmi les hommes chrétiens, depuis la prédication de l'Evangile. Chez les anciens, par exemple, l'humilité passoit pour bassesse, et l'orgueil pour grandeur : chez les chrétiens, au contraire, l'orgueil est le premier des vices, et l'humilité l'une des premières vertus. Cette seule transmutation de principes, montre la nature humaine sous un jour tout nouveau, et nous devons découvrir dans les passions, des nuances que les anciens n'y voyoient pas.

Donc, pour nous, la racine du mal est la *vanité*, et la racine du bien la *charité*; de sorte que les passions vicieuses sont toujours un composé d'orgueil, et les passions vertueuses un composé d'amour.

Faites l'application de ce principe, vous en reconnoîtrez la justesse. Pourquoi toutes les passions qui tiennent au courage, sont-elles plus belles chez les modernes que chez les anciens ? pourquoi avons-nous donné d'autres proportions à la valeur, et transformé un mouvement brutal en une vertu ? C'est par le mélange de la vertu chrétienne, directement opposée à ce mouvement, l'*humilité*. De ce mélange est née la *magnanimité* ou la *générosité poétique*, sorte de passion (car les chevaliers l'ont poussée jusques-là) totalement inconnue des anciens.

E..

Un de nos plus doux sentimens, et peut-être le seul qui appartienne absolument à l'ame (car tous les autres ont quelque mélange des sens dans leur nature ou dans leur but), c'est l'amitié. Et combien le christianisme n'a-t-il point encore augmenté les charmes de cette passion céleste, en lui donnant pour fondement la *charité?* Jésus-Christ dormit dans le sein de Jean, et sur la croix, avant d'expirer, l'amitié l'entendit prononcer ce mot digne d'un Dieu : *mater, ecce filius tuus; discipule, ecce mater tua; mère, voilà ton fils; disciple, voilà ta mère.*

Le christianisme qui a révélé notre double nature et montré toutes les contradictions de notre être; qui a fait voir le haut et le bas de notre cœur; qui lui-même est plein de contrastes comme nous, en nous présentant un homme-dieu, un enfant maître des mondes, le créateur de l'univers sortant du sein d'une créature; le christianisme, disons-nous, vu sous ce jour des contrastes, est encore, par excellence, la religion de l'amitié. Ce sentiment se fortifie autant par les oppositions que par les ressemblances. Pour que deux hommes soient parfaits amis, ils doivent s'attirer et se repousser sans cesse par quelqu'endroit : il faut qu'ils aient des génies d'une même force, mais d'une différente espèce ; des opinions opposées, des principes semblables ; des haines et des amours diverses, mais au fond la même sensibilité ; des humeurs tranchantes, et pourtant des goûts pareils ; en un mot, de grands contrastes de caractères, et de grandes harmonies de cœur.

Cette douce chaleur, que la *charité* répand dans les passions vertueuses, leur donne un caractère divin. Chez les hommes de l'antiquité, l'avenir des sentimens ne passoit pas le tombeau, où il venoit faire naufrage. Amis, frères, époux, tous se quittoient aux portes de la mort, et sentoient que leur séparation étoit éternelle ; le comble de leur félicité se réduisoit à mêler leurs cendres ensemble : mais combien elle devoit être douloureuse, une urne qui ne renfermoit que des souvenirs ! Le polythéisme avoit établi l'homme dans les régions du passé; le christianisme l'a placé dans les champs de l'espérance. La jouissance des sentimens honnêtes sur la terre, n'est que l'avant-goût des délices dont nous serons comblés. Le principe de nos amitiés n'est point dans ce monde : deux êtres qui s'aiment ici-bas sont seulement dans la route du Ciel, où ils arriveront ensemble, si la vertu les dirige. De manière que cette forte expression des poëtes, *exhaler son ame dans celle de son ami*, est littéralement vraie pour deux chrétiens. En se dépouillant de leurs corps, ils ne font que se dégager d'un obstacle qui s'opposoit à leur union intime, et leurs ames vont se confondre dans le sein de l'Eternel.

Ainsi le christianisme, en nous découvrant les bases sur lesquelles reposent les passions des hommes, n'a pas désenchanté la vie; bien supérieur en cela à cette fausse philosophie, qui cherche trop à pénétrer la nature de l'homme, et à trouver le fond par-tout. La religion chrétienne n'a soulevé des plis du voile que ce qui est nécessaire pour nous laisser voir notre route ; mais sur les choses inutiles à nos fins, elle a répandu le doute et les ombres. Il ne faut pas toujours laisser tomber la sonde dans les abymes du cœur : les vérités qu'il contient sont du nombre de celles qui demandent le demi-jour et la perspective. C'est une grande imprudence que d'appliquer sans cesse son jugement à la partie aimante de son être, de porter l'esprit raisonneur dans les passions. Cette curiosité conduit peu-à-peu à douter de toutes les choses généreuses ; elle dessèche la sensibilité, et tue, pour ainsi dire, l'ame : les mystères du cœur sont comme ceux de l'antique Egypte ; tout profane qui cherche à les découvrir, sans y être initié par la religion, est subitement frappé de mort.

CHAPITRE II.

Amour passionné.

Didon.

Ce que nous appelons proprement amour parmi nous, est un sentiment dont la haute antiquité a ignoré jusqu'au nom. Ce n'est que dans les siècles modernes qu'on a vu former ce mélange des sens et de l'ame, cette espèce d'amour, dont l'amitié est la partie morale. C'est encore au christianisme que l'on doit ce sentiment perfectionné; c'est lui, qui tendant sans cesse à épurer le cœur, est parvenu à jeter de la spiritualité jusques dans le penchant qui en paroissoit le moins susceptible. Voilà donc un nouveau moyen de situations poétiques, que cette religion si dénigrée a fourni aux auteurs même qui l'insultent; on peut voir dans une foule de romans, les beautés qu'on a tirées de cette passion demi-chrétienne. Le caractère de Clémentine, par exemple, est un chef-d'œuvre, dont l'antiquité n'offre point de modèle. Mais pénétrons dans ce sujet, considérons d'abord l'*amour passionné*; nous verrons ensuite l'*amour champêtre*.

Cette sorte d'amour n'est ni aussi saint que la piété conjugale, ni aussi gracieux que le sentiment des bergers; mais plus poignant que l'un et l'autre, il dévaste les ames où il règne. Ne s'appuyant point sur la gravité du mariage, ou sur l'innocence des mœurs champêtres, et ne mêlant aucun autre prestige au sien, il est à soi-même sa propre illusion, sa propre folie, sa propre substance. Ignorée de l'artisan trop occupé, et du laboureur trop simple, cette passion n'existe que dans ces rangs de la société, où l'oisiveté nous laisse surchargés de tout le poids de notre cœur, avec son immense amour-propre, et ses éternelles inquiétudes.

Il est si vrai que le christianisme jette une éclatante lumière dans l'abyme de nos passions, que ce sont les orateurs de l'église qui ont peint les désordres du cœur humain

PARTIE II.
Poétique du Christianisme.

LIVRE III.
Suite de la poésie, dans ses rapports avec les hommes.
Passions.

avec le plus de force et de vivacité. Quel tableau Bourdaloue ne fait-il point de l'ambition ! Comme Massillon a pénétré dans les replis de nos ames et exposé au grand jour nos penchans, et nos vices ! « C'est le carac-
» tère de cette passion, (dit cet homme
» éloquent en parlant de l'amour) de remplir
» le cœur tout entier, etc. : on ne peut plus
» s'occuper que d'elle ; on en est possédé,
» enivré ; on la retrouve par-tout ; tout en
» retrace les funestes images ; tout en ré-
» veille les injustes desirs ; le monde, la
» solitude, la présence, l'éloignement, les
» objets les plus indifférens, les occupations
» les plus sérieuses, le temple saint lui-
» même, les autels sacrés, les mystères
» terribles en rappellent le souvenir (1).

» C'est un désordre, s'écrie le même
» orateur dans la *Pécheresse* (2), d'aimer
» pour lui-même ce qui ne peut être ni
» notre bonheur, ni notre perfection, ni par

(1) Massillon, l'*Enfant prodigue*, Ire partie, tome II.

(2) Première partie.

« conséquent notre repos : car aimer, c'est
» chercher la félicité dans ce qu'on aime ;
» c'est vouloir trouver dans l'objet aimé
» tout ce qui manque à notre cœur; c'est
» l'appeler au secours de ce vide affreux
» que nous sentons en nous-mêmes, et nous
» flatter qu'il sera capable de le remplir :
» c'est le regarder comme la ressource de
» tous nos besoins, le remède de tous nos
» maux, l'auteur de tous nos biens..... (1)
» Mais cet amour des créatures est suivi
» des plus cruelles incertitudes : on doute
» toujours si l'on est aimé comme l'on aime :
» on est ingénieux à se rendre malheureux,
» et à former à soi-même des craintes, des
» soupçons, des jalousies; plus on est de
» bonne-foi, plus on souffre; on est le
» martyr de ses propres défiances, vous le
» savez, et ce n'est pas à moi à venir vous
» parler ici le langage de vos passions in-
» sensées (2). »

(1) *Id. ibid.* seconde partie.
(2) Seconde partie.

S..

Cette grande maladie de l'ame se déclare avec fureur, aussitôt que se montre l'objet qui doit en développer le germe. Didon s'occupe encore des travaux de sa cité naissante : la tempête se lève ; un héros sort de ses flancs. La reine se trouble, un *feu secret* coule dans ses veines ; les imprudences commencent ; les plaisirs suivent ; le désenchantement et le remords viennent après eux. Bientôt Didon est abandonnée ; elle regarde avec horreur autour d'elle, et ne voit que des abymes. Comment s'est-il évanoui, cet édifice de bonheur, dont une imagination exaltée avoit été l'amoureux architecte, semblable à ces palais de nuages que dore quelques instans un soleil prêt à s'éteindre ? Didon vole, cherche, appelle Enée :

Dissimulare etiam sperasti, etc.

Perfide ! espérois-tu me cacher tes desseins et échapper clandestinement de cette terre ? Ni notre amour, ni cette main que j'ai t'ai donnée, ni Didon prête à étaler de cruelles funérailles, ne peuvent arrêter tes pas ? etc., etc.

Quel trouble, quelle passion, quelle vérité, dans l'éloquence de cette femme trahie ! les sentimens se pressent tellement dans son cœur, qu'elle les produit en désordre, incohérens et séparés, tels qu'ils s'accumulent sur ses lèvres. Remarquez les autorités qu'elle emploie dans ses prières. Est-ce au nom des dieux, au nom d'un vain sceptre qu'elle parle ? Non ! elle ne fait pas même valoir *Didon dédaignée ;* mais, plus humble et plus amante, elle n'implore le fils de Vénus que par des larmes, que par la propre main du perfide. Si elle y joint le souvenir de l'amour, ce n'est encore qu'en l'étendant sur Enée : par *notre hymen, par notre union commencée,* dit-elle, *per connubia nostra, per inceptos hymenaeos.* Elle atteste aussi les lieux témoins de son bonheur ; car c'est une coutume des malheureux d'associer à leurs sentimens les objets qui les environnent. Abandonnés des hommes, ils cherchent à se créer des appuis, en animant de leur douleur les êtres insensibles autour d'eux. Ce toit, ce foyer hospitalier, où naguères elle accueillit l'ingrat, sont donc les vrais dieux pour Didon. Ensuite, avec l'adresse d'une femme, et d'une femme amoureuse, elle rappelle tour-à-tour le souvenir de Pygmalion et celui de Iarbe, afin de réveiller ou la générosité, ou la jalousie du héros Troyen. Bientôt, pour dernier trait de passion et de misère, la superbe souveraine de Carthage va jusqu'à souhaiter qu'un *petit Enée, Parvulus Æneas* (1), reste dans sa cour, pour consoler sa douleur, même en portant témoignage à sa honte. Elle s'imagine que tant de larmes, tant d'imprécations, tant de prières, sont des raisons auxquelles Enée ne pourra pas résister ; car dans ces momens de folie, les passions, incapables de plaider leur cause,

(1) Le vieux *Lois des Masures*, *Tournisien*, qui nous a laissé les quatre premiers livres de l'Enéide en *carmes françois*, a traduit ainsi ce morceau :

. . . . . Si d'un petit Enée,
Avec ses yeux, m'étoit faveur donnée,
Qui seulement te ressemblât de vis,
Point ne serois du tout, à mon avis,
Prinse, et de toi laissée entièrement.

croient faire usage de tous leurs moyens, lorsqu'elles ne font entendre que tous leurs accens.

CHAPITRE III.

Suite du Précédent.

La Phèdre de Racine.

Nous pourrions nous contenter d'opposer à Didon la Phèdre de Racine. Plus passionnée que la reine de Carthage, elle n'est en effet qu'une *épouse chrétienne*. La crainte des flammes vengeresses et de l'éternité formidable de notre enfer, perce à travers tout le rôle de cette femme criminelle (1), et sur-tout dans la fameuse scène de jalousie, qui, comme on le sait, est de l'invention du poëte moderne. L'inceste n'étoit pas une chose si rare et si monstrueuse chez les anciens, pour exciter de pareilles

(1) Cette crainte du Tartare est foiblement indiquée dans Euripide.

frayeurs dans le cœur du coupable. Sophocle fait mourir Jocaste, il est vrai, au moment où elle apprend son crime, mais Euripide la fait vivre long-temps après. Si nous en croyons Tertullien, les malheurs d'OEdipe (1) n'excitoient chez les Macédoniens que les plaisanteries des spectateurs. Virgile ne place pas Phèdre aux enfers, mais seulement dans ces bocages de myrthes, dans ces *champs des pleurs, lugentes campi,* où vont errant ces amantes, *qui, même dans la mort, n'ont pas perdu leurs soucis.*

Curæ non ipsa in morte relinquunt (2).

Aussi, la Phèdre d'Euripide, comme celle de Sénèque, craint-elle plus Thésée que le Tartare. Ni l'une, ni l'autre ne parle comme la Phèdre de Racine.

Moi jalouse ! et Thésée est celui que j'implore !
Mon époux est vivant; et moi je brûle encore !
Pour qui ? quel est le cœur où prétendent mes vœux ?
Chaque mot, sur mon front, fait dresser mes cheveux,

(1) Tertul. Apolog.
(2) AEneid. lib. VI, v. 444.

Mes crimes désormais ont comblé la mesure :
Je respire à-la-fois l'inceste et l'imposture ;
Mes homicides mains, promptes à me venger.
Dans le sang innocent brûlent de se plonger.
Misérable ! et je vis ! et je soutiens la vue
De ce sacré soleil dont je suis descendue !
J'ai pour aïeul le père et le maître des dieux ;
Le ciel, tout l'univers est plein de mes aïeux :
Où me cacher ? Fuyons dans la nuit infernale.
Mais que dis-je ! mon père y tient l'urne fatale ;
Le sort, dit-on, l'a mise en ses sévères mains :
Minos juge aux Enfers tous les pâles humains.
Ah ! combien frémira son ombre épouvantée,
Lorsqu'il verra sa fille à ses yeux présentée,
Contrainte d'avouer tant de forfaits divers,
Et des crimes peut-être inconnus aux Enfers !
Que diras-tu, mon père, à ce spectacle horrible ?
Je crois voir de ta main tomber l'urne terrible ;
Je crois te voir, cherchant un supplice nouveau,
Toi-même, de ton sang, devenir le bourreau.
Pardonne. Un dieu cruel a perdu ta famille :
Reconnois sa vengeance aux fureurs de ta fille.
Hélas ! du crime affreux dont la honte me suit,
Jamais mon triste cœur n'a recueilli le fruit.

Cet incomparable morceau offre une gradation de sentimens, une science de la tristesse, des angoisses et des transports de l'ame, dont les anciens n'ont jamais approché. Chez eux on trouve, pour ainsi dire, des fragmens de sentimens, mais rarement un sentiment complet ; ici, c'est tout le cœur ;

C'est Vénus toute entière à sa proie attachée !

Et le cri le plus énergique que la passion ait jamais fait entendre, est peut-être celui-ci :

Hélas ! du crime affreux dont la honte me suit,
Jamais mon triste cœur n'a recueilli le fruit.

Il y a là dedans un mélange des sens et de l'ame, de désespoir et de fureur amoureuse, qui passe toute expression. Cette femme, qui se *consoleroit d'une éternité de souffrances*, si elle avoit joui *d'un seul instant de bonheur;* cette femme n'est pas dans le *caractère antique;* c'est la *chrétienne réprouvée,* c'est la pécheresse tombée vivante entre les mains de Dieu ; son mot est le mot du damné.

CHAPITRE IV.

Suite des Précédens.

Julie d'Etange. Clémentine.

Tout-a-coup nous changeons de couleurs; et l'amour passionné, terrible dans la Phèdre *chrétienne,* ne fait plus entendre chez la *dévote* Julie que de mélodieux soupirs : c'est une voix troublée qui sort d'un sanctuaire de paix; c'est un cri d'amour que prolonge, en l'adoucissant, l'écho religieux des tabernacles.

Le pays des chimères est en ce monde le seul digne d'être habité; et tel est le néant des choses humaines, qu'hors l'être existant par lui-même, il n'y a rien de beau que ce qui n'est pas . . . .
. . . .
une langueur secrète s'insinue au fond de mon cœur; je le sens vide et gonflé, comme vous disiez autrefois du vôtre; l'attachement que j'ai pour tout ce qui m'est cher ne suffit pas pour l'occuper, il lui reste une force inutile dont il ne sait que faire; cette peine est bizarre, j'en conviens; mais elle n'est pas

T..

moins réelle. Mon ami, je suis trop heureuse, le bonheur m'ennuie. . . . .
. . . .

Ne trouvant donc rien ici-bas qui lui suffise, mon ame avide cherche ailleurs de quoi la remplir ; en s'élevant à la source du sentiment et de l'être, elle y perd sa sécheresse et sa langueur : elle y renaît, elle s'y ranime, elle y trouve un nouveau ressort, elle y puise une nouvelle vie ; elle y prend une autre existence qui ne tient point aux passions du corps, ou plutôt elle n'est plus en moi-même, elle est toute dans l'être immense qu'elle contemple ; et dégagée un moment de ses entraves, elle se console d'y rentrer, par cet essai d'un état plus sublime qu'elle espère être un jour le sien. . . . .
. . . .

En songeant à tous les bienfaits de la providence, j'ai honte d'être sensible à de si foibles chagrins, et d'oublier de si grandes graces. . . . .
Quand la tristesse m'y suit malgré moi (*dans son oratoire*), quelques pleurs versés devant celui qui console soulagent mon cœur à l'instant. Mes réflexions ne sont jamais amères, ni douloureuses, mon repentir même est exempt d'alarmes ; mes fautes me donnent moins d'effroi que de honte. J'ai des regrets et non des remords.

Le Dieu que je sers est un Dieu clément, un

père : ce qui me touche, c'est sa bonté; elle efface à mes yeux tous ses autres attributs; elle est le seul que je conçois. Sa puissance m'étonne, son immensité me confond, sa justice.... Il a fait l'homme foible; puisqu'il est juste, il est clément. Le Dieu vengeur est le Dieu des méchans. Je ne puis ni le craindre pour moi, ni l'implorer contre un autre. O Dieu de paix, Dieu de bonté ! c'est toi que j'adore : c'est de toi, je le sens, que je suis l'ouvrage; et j'espère te retrouver au jugement dernier tel que tu parles à mon cœur durant ma vie.

Comme l'amour et la religion sont heureusement mêlés dans ce tableau ! Ce style, ces sentimens n'ont point de modèle dans l'antiquité (1). Il faudroit être bien insensé pour repousser un culte qui fait sortir du cœur des voix si tendres, et qui a, pour ainsi dire, ajouté de nouvelles cordes à l'ame.

Voulez-vous un autre exemple de ce

(1) Il y a toutefois dans ce morceau un mélange très-vicieux d'expression purement métaphysique, et de langage naturel. *Dieu*, le *Tout-Puissant*, le *Seigneur*, vaudroient beaucoup mieux que la *source de l'Etre*, etc.

nouveau langage des passions, inconnu sous le polythéisme ? Ecoutez parler Clémentine : ses accens sont peut-être encore plus naturels, plus touchans, et plus sublimement naïfs que ceux de Julie : « Je » consens, monsieur, du fond de mon » cœur (c'est très-sérieusement comme » vous voyez) que vous n'ayez que de la » haine, du mépris, de l'horreur pour la » malheureuse Clémentine ; mais je vous » conjure, pour l'intérêt de votre ame » immortelle, de vous attacher à la véri- » table église. Eh bien ! monsieur, que me » répondez-vous, en suivant de son char- » mant visage, le mien que je tenois encore » tourné; car je ne me sentois pas la force » de la regarder)? Dites, monsieur, que vous » y consentez, je vous ai toujours cru le » cœur honnête et sensible. Dites qu'il se » rend à la vérité, ce n'est pas pour moi » que je vous sollicite, je vous ai déclaré » que je prends le mépris pour mon par- » tage. Il ne sera pas dit que vous vous » serez rendu aux instances d'une femme.

» Non, monsieur, votre seule conscience
» en aura l'honneur. Je ne vous cacherai
» point ce que je médite pour moi-même.
» Je demeurerai dans une paix profonde ;
» (elle se leva ici avec un air de dignité,
» que l'esprit de religion sembloit encore
» augmenter), et lorsque l'ange de la mort
» paroîtra, je lui tendrai la main. Appro-
» che, lui dirai-je, ô toi, ministre de la
» paix ! je te suis au rivage où je brûle
» d'arriver ; et j'y vais retenir une place
» pour l'homme à qui je ne la souhaite pas
» de long-temps ; mais auprès duquel je
» veux être éternellement assise. »

Ah ! le christianisme est sur-tout un vrai baume pour nos blessures, quand les passions, d'abord soulevées dans notre sein, commencent à s'appaiser, ou par l'infortune, ou par la durée. Il endort la douleur, il fortifie la résolution chancelante, il prévient les rechûtes, en combattant, dans une ame à peine guérie, le dangereux pouvoir des souvenirs : il nous environne de paix, de parfums, de lumière ; il rétablit pour nous cette harmonie des choses célestes, que Pythagore entendoit dans le silence de ses passions. Comme il promet toujours une récompense pour un sacrifice, on croit ne rien lui céder en lui cédant tout; comme il offre à chaque pas un objet plus beau à nos desirs, il satisfait à l'inconstance naturelle de nos cœurs : on est toujours avec lui dans les extases d'un amour qui commence, et cet amour a cela d'ineffable, que ces mystères sont ceux de l'innocence et de la pureté.

CHAPITRE V.

Suite des Précédens.

Héloïse et Abeilard.

Julie a été ramenée à la religion par des malheurs ordinaires : elle est restée dans le monde, et contrainte de lui cacher une passion devenue criminelle, elle se réfugie en secret auprès de Dieu; sûre de trouver dans ce père indulgent une pitié que lui refuseroient les hommes. Elle se plaît à se confesser au tribunal suprême, parce que lui seul la peut absoudre, et peut-être aussi (reste involontaire de foiblesse!) parce que c'est toujours parler de son amour.

Si nous trouvons tant de charmes à révéler nos peines à quelqu'homme supérieur, à quelque conscience tranquille qui nous fortifie, et nous fasse participer au calme dont elle jouit; quelles délices n'est-ce pas, que d'oser parler de passions à l'Etre impassible, que nos confidences ne peuvent troubler, et de foiblesse à l'Etre tout-puissant, qui peut nous donner un peu de sa force? On conçoit les transports de ces hommes saints, qui, retirés sur le sommet des montagnes, mettoient toute leur vie au pied de Dieu, à force d'amour perçoient les voûtes de l'éternité, et parvenoient à contempler la lumière primitive. Julie, sans le savoir, approche de sa fin, et les ombres du tombeau, qui commencent à s'entr'ouvrir pour elle, laissent éclater à ses yeux un rayon de l'Excellence divine : la voix de cette

PARTIE II.
Poétique du Christianisme.

LIVRE III.
Suite de la poésie, dans ses rapports avec les hommes.
Passions.

femme mourante est douce et triste; ce sont les derniers bruits du vent qui va quitter la forêt, derniers murmures d'une mer qui déserte ses rivages.

La voix d'Héloïse a plus de force. Femme d'Abeilard, elle vit, et elle vit pour Dieu. Ses malheurs ont été aussi imprévus que terribles. Précipitée du monde au désert, elle est entrée soudaine et avec tous ses feux, dans les glaces monastiques. La religion et l'amour exercent à-la-fois leur empire sur son cœur: c'est la nature rebelle, saisie toute vivante par la grâce, et qui se débat vainement dans les embrassemens du Ciel. Donnez Racine pour interprète à Héloïse, et le tableau de ses souffrances va mille fois effacer celui des malheurs de Didon, par l'effet tragique, le lieu de la scène, et je ne sais quoi de formidable, que le christianisme imprime aux objets où il mêle sa grandeur.

Hélas! tels sont les lieux où, captive, enchaînée,
Je traîne dans les pleurs ma vie infortunée;
Cependant, Abeilard, dans cet affreux séjour,

Mon cœur s'enivre encor du poison de l'amour.
Je n'y dois mes vertus qu'à ta funeste absence,
Et j'ai maudit cent fois ma pénible innocence.
. . . .
O funeste ascendant ! ô joug impérieux !
Quels sont donc mes devoirs, et qui suis-je en ces lieux ?
Perfide ! de quel nom veux-tu que l'on te nomme ?
Toi, l'épouse d'un Dieu, tu brûles pour un homme ?
Dieu cruel, prends pitié du trouble où tu me vois,
A mes sens mutinés ose imposer tes loix.
. . . .
Le pourras-tu, grand Dieu ! mon désespoir, mes larmes,
Contre un cher ennemi te demandent des armes ;
Et cependant, livrée à de contraires vœux,
Je crains plus tes bienfaits que l'excès de mes feux (1).

Il étoit impossible que l'antiquité fournît une pareille scène, parce qu'elle n'avoit pas une pareille religion. On aura beau supposer une vestale grecque ou romaine, jamais on n'établira ce combat entre la chair et l'esprit, qui fait tout le merveilleux de la position d'Héloïse, et qui appartient au dogme et à la morale du christianisme. Souvenez-vous que vous voyez ici réunie la plus fougueuse des passions, et une

(1) Colard. *Ep. d'Hél.*

religion menaçante qui n'entre jamais en traité avec les appétits du corps. Héloïse aime, Héloïse brûle ; mais là s'élèvent des murs glacés ; là tout s'éteint sous des marbres insensibles ; là des flammes éternelles, ou des récompenses sans fin, attendent sa chûte ou son triomphe. Il n'y a point d'accommodement à espérer ; la créature et le créateur ne peuvent habiter ensemble dans la même ame. Didon ne perd qu'un amant ingrat. Oh ! qu'Héloïse est travaillée d'un tout autre soin ! Il faut qu'elle choisisse entre Dieu et un amant fidèle, dont elle a causé les malheurs ! Et qu'elle ne croie pas pouvoir détourner secrètement au profit d'Abeilard, la moindre partie de son cœur : le Dieu de Sinaï est un Dieu jaloux, un Dieu qui veut être aimé de préférence ; il punit jusqu'à l'ombre d'une pensée, jusqu'au songe qui s'adresse à d'autre qu'à lui.

Nous nous permettrons de relever ici une erreur de M. Colardeau, parce qu'elle tient à l'esprit de son siècle, et qu'elle tend à jeter un grand jour sur le sujet que nous

DU CHRISTIANISME.

traitons. Son épître d'Héloïse a une teinte philosophique, qui n'est point dans l'original de Pope. Après le morceau que nous avons cité, on lit ces vers :

> Chères sœurs, de mes fers, compagnes innocentes,
> Sous ces portiques saints, colombes gémissantes,
> Vous qui ne connoissez que ces *foibles* vertus
> Que la religion donne.... et que je n'ai plus;
> Vous qui, dans les *langueurs d'un esprit monastique,*
> Ignorez de l'amour l'empire tyrannique;
> Vous enfin, qui n'ayant que Dieu seul pour amant,
> Aimez par *habitude* et non par sentiment :
> Que vos cœurs sont heureux, puisqu'ils sont insensibles !
> Tous vos jours sont sereins, toutes vos nuits paisibles.
> Le cri des passions n'en trouble point le cours.
> Ah ! qu'Héloïse envie et vos nuits et vos jours !

Ces vers, qui d'ailleurs ne manquent ni d'abandon, ni de mollesse, ne se trouvent point dans l'auteur anglois. On en découvre à peine quelques traces dans ce passage, que nous traduisons mot à mot :

« Heureuse la vierge sans taches qui oublie le monde, et que le monde oublie ! L'éternelle joie de son ame est de sentir que toutes ses prières sont exaucées, tous ses vœux résignés. Le travail et le repos partagent également ses jours; son sommeil facile cède sans effort aux pleurs et aux veilles. Ses desirs sont réglés, ses goûts toujours les mêmes; elle s'enchante par ses larmes, et ses soupirs sont pour le Ciel. La grace répand autour d'elle ses rayons les plus sereins : des anges lui *soufflent* (1) tout bas les plus beaux songes. Pour elle, l'époux prépare l'anneau nuptial; pour elle, de blanches vestales entonnent des chants d'hyménée : c'est pour elle que fleurit la rose d'Eden, qui ne se fane jamais, et que les séraphins répandent les parfums de leurs ailes. Elle meurt enfin au son des harpes célestes, et s'évanouit dans les visions d'un jour éternel.

Nous sommes encore à comprendre, comment un *poëte* a pu se tromper, au point de substituer à cette charmante description, un méchant lieu commun sur les *langueurs monastiques*. Qui ne sent combien elle est belle, combien elle est dramatique cette opposition que Pope a voulu faire entre les chagrins et l'amour d'Héloïse, et le calme et la chasteté de la vie religieuse? Qui ne sent combien cette transition repose agréablement l'ame agitée par les passions,

(1) L'*anglois*, PROMPT.

et quel nouveau prix elle donne ensuite aux mouvemens renaissans de ces mêmes passions? Si la philosophie est bonne à quelque chose, ce n'est sûrement pas à la peinture des troubles du cœur, puisqu'elle est directement inventée pour les appaiser. Héloïse, philosophant sur les *foibles* vertus de la religion, ne parle ni comme la vérité, ni comme son siècle, ni comme la femme, ni comme l'amour : on ne voit que le poëte, et, ce qui est pis encore, l'âge des sophistes et de la déclamation.

C'est ainsi que l'esprit irréligieux détruit par-tout la vérité, et gâte les mouvemens de la nature. Pope, qui touchoit à de meilleurs temps, n'est pas tombé dans la faute de M. Colardeau. Il conservoit la bonne tradition du siècle de Louis XIV, dont le siècle de la reine Anne ne fut qu'une espèce de prolongement ou de reflet. Revenons vîte aux idées religieuses, si nous attachons quelque prix aux œuvres du génie : la religion est la vraie philosophie des beaux arts, parce qu'elle ne sépare point, comme la sagesse humaine, la poésie de la morale, et la tendresse de la vertu.

Au reste, il y auroit d'autres observations intéressantes à faire sur Héloïse, par rapport à la maison solitaire où la scène se trouve placée. Ces cloîtres, ces voûtes, ces tombeaux, ces mœurs austères, en contraste avec l'amour, en doivent augmenter la force et la mélancolie. Autre est de consumer promptement sa vie sur un bûcher, comme la reine de Carthage ; autre, de se brûler avec lenteur, comme Héloïse, sur l'autel de la religion. Mais comme dans la suite, nous parlerons beaucoup des monastères, nous sommes forcés, pour éviter les répétitions, de nous arrêter ici.

CHAPITRE VI.

AMOUR CHAMPÊTRE.

Le Cyclope et Galathée.

Nous prendrons pour objet de comparaison chez les anciens, dans les amours champêtres, l'idylle du Cyclope et de Galathée. Ce petit poëme est un des chefs-d'œuvre de Théocrite ; la *Magicienne* lui est supérieure par l'ardeur de la passion, mais elle est moins pastorale.

Le Cyclope, assis sur un rocher, au bord des mers de Sicile, chante ainsi ses déplaisirs, en promenant ses yeux sur les flots.

Ωλευκα Γαλαθεια, etc. (1). . . . . . .

Charmante Galathée, pourquoi repousser les soins d'un amant, toi dont le visage est blanc comme la pâte de lait que le jonc presse de sa fragile dentelle ; toi, qui es plus tendre que l'agneau, plus voluptueuse

(1) Theoc. idyl. op. poet. græc. min. pag. 1710, v. 19 et seq.

que la génisse, plus fraîche que la grape, non encore amollie par les feux du jour ? Tu te glisses sur ces rivages, lorsque le doux sommeil m'enchaîne ; tu fuis, lorsque le doux sommeil me fuit : tu me redoutes, comme l'agneau craint le loup blanchi par les ans. Je n'ai cessé de t'adorer, depuis le jour que tu vins avec ma mère ravir les jeunes hyacinthes à la montagne : c'étoit moi qui te traçois le chemin. Depuis ce moment, après ce moment, et encore aujourd'hui, vivre sans toi m'est impossible. Et cependant te soucies-tu de ma peine ? Au nom de Jupiter, te soucies-tu de ma peine ?.... Mais tout hideux que je suis, j'ai pourtant mille brebis dont ma main presse les riches mamelles, et dont je bois le lait écumant. L'été, l'automne et l'hiver trouvent toujours des fromages dans ma grotte ; mes réseaux en sont toujours pleins. Nul Cyclope ne pourroit aussi bien que moi te chanter sur la flûte, ô vierge nouvelle ! Nul ne sauroit avec autant d'art, la nuit, durant les orages, célébrer tous tes attraits.

Pour toi, je nourris onze biches, qui sont prêtes à donner leurs faons. J'élève aussi quatre oursins, enlevés à leurs mères sauvages : viens, tu posséderas toutes ces richesses. Laisse la mer se briser follement sur ses grèves ; tes nuits seront plus heureuses, si tu les passes à mes côtés, dans mon antre. Des lauriers et des cyprès alongés y murmurent ; le lierre noir et la vigne chargée de grappes, en tapissent l'enfoncement obscur : tout auprès coule une onde fraîche ; source que l'Etna blanchi verse de ses sommets de neiges, et de ses flancs couverts de brunes forêts. Quoi ! préférerois-tu encore les mers et leurs mille vagues ? Si ma poitrine hérissée blesse ta vue, j'ai du bois de chêne, et des restes de feux épandus sous la cendre ; brûle même (tout me sera doux de ta main), brûle, si tu le veux, mon œil unique, cet œil qui m'est plus cher que la vie. Hélas ! que ma mère ne m'a-t-elle donné, comme au poisson, des rames légères pour fendre les ondes ! Oh ! comme je descendrois vers ma Galathée ! comme je baiserois sa main, si elle me refusoit ses lèvres ! Oui, je te porterois ou des lys blancs, ou de tendres pavots à feuilles de pourpre : les premiers croissent en été, et les autres fleurissent en hiver ; ainsi je ne pourrois te les offrir en même temps. . . . .

C'étoit de la sorte que Polyphême appliquoit sur la blessure de son cœur le dyctame immortel des Muses, soulageant ainsi plus doucement sa vie, que par tout ce qui s'achète au poids de l'or.

Cette idylle respire une passion délicieuse. Le poëte ne pouvoit faire un choix de mots plus délicats, ni plus harmonieux. Le dialecte dorique ajoute encore à ces vers un ton de simplicité qu'on ne peut faire passer dans notre langue. Par le jeu d'une multitude d'A, et d'une prononciation large et ouverte, on croiroit sentir le calme des tableaux de la nature, et entendre le parler naïf d'un pasteur (1).

(1) On peut remarquer que la première voyelle de l'alphabet se trouve dans presque tous les mots qui peignent les scènes de la campagne, comme dans *charrue, vache, cheval, labourage, vallée, montagne, arbre, pâturage, laitage,* etc., et dans les épithètes, qui ordinairement accompagnent ces noms, tels que *pesante, champêtre, laborieux, grasse, agreste, frais, délectable,* etc. Cette observation tombe avec la même justesse sur tous les idiômes connus. La lettre *A* ayant été découverte la première, comme étant la première émission naturelle de la voix, les hommes, alors pasteurs, l'ont employée dans tous les mots qui composoient le simple dictionnaire de leur vie. L'égalité de leurs mœurs, et le peu de variété de leurs idées nécessairement teintes des images des champs, devoient aussi rappeler le retour des mêmes sons dans le langage. Le son de l'*A* convient au calme d'un cœur champêtre et à la paix des tableaux rustiques. L'accent d'une ame passionnée est aigu,

Observez ensuite le naturel des plaintes du Cyclope. Polyphême parle du cœur, et l'on ne se doute pas un moment que ses soupirs ne sont que l'imitation d'un poëte. Avec quelle naïveté passionnée le malheureux amant ne fait-il point la peinture de sa propre laideur? Il n'y a pas jusqu'à cet œil effroyable, dont Théocrite n'ait su tirer le trait le plus touchant : tant est vraie la remarque de ce Despréaux, qui eut du génie à force d'avoir de la raison :

> D'un pinceau délicat l'artifice agréable,
> Du plus affreux objet, fait un objet aimable.

sifflant, précipité ; l'*A* est trop long pour elle ; il faut une bouche pastorale, qui puisse prendre le temps de le prononcer avec lenteur. Mais toutefois il entre fort bien encore dans les plaintes, dans les larmes amoureuses, et dans les naïfs *hélas* d'un chevrier. Enfin, la nature fait entendre cette lettre rurale dans ses bruits, et une oreille attentive peut la reconnoître diversement accentuée, dans les murmures de certains ombrages, comme dans celui du tremble et du lierre, dans la première voix, ou dans la finale du bêlement des troupeaux, et, la nuit, dans les aboiemens du chien rustique.

On sait que les modernes, et sur-tout les François, ont peu réussi dans le genre pastoral (1). Cependant M. Bernardin de Saint-Pierre nous semble avoir surpassé les Bucoliastes de l'Italie et de la Grèce. Son roman, ou plutôt son poëme de *Paul et Virginie,* est du petit nombre de ces livres, qui deviennent assez antiques en peu d'années, pour qu'on ose les citer, sans craindre de compromettre son jugement.

(1) La révolution nous a enlevé un homme qui promettoit un rare talent dans l'églogue, c'etoit M. André Chénier (*). Nous avons vu de lui un recueil d'idylles manuscrites, où l'on trouve des choses dignes de Théocrite. Cela explique le mot de cet infortuné jeune homme sur l'échafaud ; il disoit, en se frappant le front : *mourir ! j'avois quelque chose là !* C'étoit la Muse qui lui révéloit son talent au moment de la mort.

(*) *Voyez* la note C à la fin du volume.

CHAPITRE VII.

Suite du précédent.

Paul et Virginie (1).

Le vieillard, assis sur la montagne, fait l'histoire des deux familles exilées ; il raconte les travaux, les amours, les jeux, les soucis de leur vie :

Paul et Virginie n'avoient ni horloges, ni almanachs, ni livres de chronologie, d'histoire et de philosophie. Les périodes de leur vie se régloient sur celles de la nature. Ils connoissoient les heures du jour, par l'ombre des arbres ; les saisons, par les temps où ils donnent leurs fleurs ou leurs fruits ; et les années, par le nombre de leurs récoltes. Ces douces images répandoient les plus grands charmes dans leurs conversations. « Il est temps de dîner, disoit Virginie à la famille, les ombres des bananiers sont à leurs pieds, » ou bien, « la nuit s'approche,

---

(1) Il eût peut-être été plus exact de comparer *Daphnis et Chloé*, à Paul et Virginie ; mais ce roman est trop libre pour être cité.

les tamarins ferment leurs feuilles. » — Quand viendrez-vous nous voir? lui disoient quelques amis du voisinage. — Aux cannes de sucre, répondoit Virginie. —Votre visite nous sera encore plus douce et plus agréable, reprenoient ces jeunes filles. » Quand on l'interrogeoit sur son âge et sur celui de Paul : « Mon frère, disoit-elle, est de l'âge du grand cocotier de la fontaine, et moi de celui du plus petit. Les manguiers ont donné douze fois leurs fruits, et les orangers vingt-quatre fois leurs fleurs, depuis que je suis au monde. » Leur vie sembloit attachée à celle des arbres, comme celle des faunes et des dryades. Ils ne connoissoient d'autres époques historiques, que celles de la vie de leurs mères, d'autre chronologie que celle de leurs vergers, et d'autre philosophie que de faire du bien à tout le monde, et de se résigner à la volonté de Dieu. . .

. . . .

Quelquefois seul avec elle (*Virginie*), il (*Paul*) lui disoit au retour de ses travaux : « Lorsque je suis fatigué, ta vue me délasse; quand du haut de la montagne, je t'apperçois au fond de ce vallon, tu me parois, au milieu de nos vergers, comme un bouton de rose . . . .
Quoique je te perds de vue à travers les arbres, je je n'ai pas besoin de te voir pour te retrouver : quelque chose de toi que je ne puis dire, reste pour moi

dans l'air où tu passes, sur l'herbe où tu t'assieds.
. . . .
Dis-moi par quel charme tu as pu m'enchanter. Est-ce par ton esprit? Mais nos mères en ont plus que nous deux. Est-ce par tes caresses? Mais elles m'embrassent plus souvent que toi. Je crois que c'est par ta bonté . . . .
Tiens, ma bien-aimée, prends cette branche fleurie de citronier, que j'ai cueillie dans la forêt. Tu la mettras la nuit près de ton lit. Mange ce rayon de miel, je l'ai pris pour toi au haut d'un rocher; mais auparavant repose-toi sur mon sein, et je serai délassé.

Virginie lui répondoit: « O mon frère ! les rayons du soleil au matin, au haut de ces rochers, me donnent moins de joie que ta présence. . . . . . .
. . . .
Tu me demandes pourquoi tu m'aimes. Mais tout ce qui a été élevé ensemble, s'aime. Vois nos oiseaux, élevés dans les mêmes nids, ils s'aiment comme nous; ils sont toujours ensemble comme nous. Ecoute comme ils s'appellent et se répondent d'un arbre à un autre. De même, quand l'écho me fait entendre les airs que tu joues sur ta flûte, j'en répète les paroles au fond de ce vallon . . . .
Je prie Dieu tous les jours, pour ma mère, pour la tienne, pour toi, pour nos pauvres serviteurs; mais

quand je prononce ton nom, il me semble que ma dévotion augmente. Je demande si instamment à Dieu qu'il ne t'arrive pas de mal ! Pourquoi vas-tu si loin et si haut me chercher des fruits et des fleurs? N'en avons-nous pas assez dans le jardin ! Comme te voilà fatigué ! Tu es tout en nage, » et avec son petit mouchoir blanc, elle lui essuyoit le front et les joues, et elle lui donnoit plusieurs baisers.

Ce qu'il nous importe d'examiner dans cette peinture, ce n'est pas pourquoi elle est supérieure au tableau de Galathée (supériorité trop évidente pour n'être pas reconnue de tout le monde), mais pourquoi elle doit son excellence à la religion, et en un mot, comment elle est chrétienne.

Il est certain que le charme de Paul et Virginie consiste en une certaine morale mélancolique, qui brille dans tout l'ouvrage, et qu'on pourroit comparer à cet uniforme éclat, que la lune répand sur une solitude parée de fleurs. Or, quiconque a médité l'évangile, doit convenir que ses préceptes divins ont précisément ce caractère triste et tendre. M. Bernardin de Saint-Pierre, qui, dans ses *Etudes de la Nature*, cherche à justifier les voies de Dieu, et à prouver la beauté de la religion, a dû nourrir son génie de la lecture des livres saints. Son églogue n'est si touchante, que parce qu'elle représente deux petites familles chrétiennes exilées, vivant sous les yeux du Seigneur, entre sa parole dans la Bible, et ses ouvrages dans le désert. Joignez-y l'indigence et ces infortunes de l'ame, dont la religion est le seul remède, et vous aurez tout le sujet. Les personnages sont aussi simples que l'intrigue : ce sont deux beaux enfans, dont on apperçoit le berceau et la tombe, deux fidèles esclaves, et deux pieuses maîtresses. Ces honnêtes gens ont un historien tout-à-fait digne de leur vie : un vieillard demeuré seul dans la montagne, et qui survit à tout ce qu'il aima, raconte à un voyageur les malheurs de ses amis sur les débris de leurs cabanes.

Ajoutons que ces australes bucoliques, sont pleines du souvenir des Ecritures. Là

Y..

c'est Ruth, là Séphora, ici Eden et nos premiers pères : ces sacrées réminiscences vieillissent les mœurs du tableau, en y jetant les antiques couleurs et les vieux costumes du primitif Orient. La messe, les prières, les sacremens, les cérémonies de l'Eglise, que l'auteur rappelle à tous momens, répandent aussi leurs spirituelles beautés sur l'ouvrage. Le songe mystérieux de madame de Latour, n'est-il pas essentiellement lié à ce que nos dogmes religieux ont de plus grand et de plus attendrissant ? On reconnoît encore le chrétien dans ces préceptes de résignation à la volonté de Dieu, d'obéissance à ses parens, de charité envers les pauvres, d'exactitude dans les devoirs de la religion ; en un mot, dans toute cette douce théologie, que respire le poëme de M. Bernardin de Saint-Pierre. Il y a plus ; c'est en effet la religion qui détermine la catastrophe : Virginie meurt pour conserver une des premières vertus recommandées par le christianisme. Il eût été absurde de faire mourir une

Grecque pour ne vouloir pas dépouiller ses vêtemens. Mais l'amante de Paul est une vierge *chrétienne*, et le dénouement, ridicule sous une croyance moins pure, devient ici sublime.

Enfin, cette pastorale ne ressemble, ni aux idylles de Théocrite, ni aux églogues de Virgile, ni tout-à-fait aux grandes scènes rustiques d'Hésiode, d'Homère et de la Bible ; mais elle rappelle quelque chose d'ineffable, comme la parabole du *bon Pasteur*, et l'on sent qu'il n'y a qu'un chrétien qui ait pu soupirer les évangéliques amours de Paul et de Virginie.

On nous fera peut-être une objection ; on dira que ce n'est pas le charme emprunté des livres saints, qui donne à M. Bernardin de Saint-Pierre la supériorité sur Théocrite, mais son talent pour peindre la nature. Eh! bien, nous répondons qu'il doit encore ce talent ou du moins le développement de ce talent, au christianisme ; puisque c'est cette religion, qui, chassant de petites divinités des bois et des ondes, lui a permis de représenter les déserts dans toute leur majesté. C'est ce que nous essayerons de prouver quand nous traiterons de la Mythologie ; à présent nous allons continuer notre examen des passions.

CHAPITRE VIII.

La Religion chrétienne considérée elle-même comme passion.

Non contente d'augmenter le jeu des passions dans le Drame et dans l'Epopée, la religion chrétienne est elle-même une sorte de passion qui a ses transports, ses ardeurs, ses soupirs, ses joies, ses larmes, ses amours du monde et du désert. Nous savons que le siècle appelle cela le *fanatisme ;* nous pourrions lui répondre par ces paroles de M. Rousseau, qui sont très-remarquables dans la bouche d'un philosophe : « Le fanatisme, quoique » *sanguinaire et cruel* (1), est pourtant

(1) La *philosophie* l'est-elle moins ?

« une passion grande et forte, qui élève le
« cœur de l'homme, et qui lui fait mépriser
« la mort, qui lui donne un ressort prodi-
« gieux, et qu'il ne faut que mieux diriger
« pour en tirer les plus sublimes vertus ;
« au lieu que l'*irréligion*, et en général
« l'esprit *raisonneur et philosophique*,
« attache à la vie, effémine, avilit les
« ames, concentre toutes les passions dans
« la bassesse de l'intérêt particulier, dans
« l'abjection du moi humain, et sappe
« ainsi à petit bruit les vrais fondemens
« de toute société ; car ce que les intérêts
« particuliers ont de commun est si peu de
« chose, qu'il ne balancera jamais ce qu'ils
« ont d'opposé (1). »

Mais ce n'est pas encore là la question ; il ne s'agit à présent que d'effets dramatiques. Or, le christianisme, considéré lui-même comme passion, fournit des trésors immenses au poëte. Cette passion religieuse est d'autant plus énergique, qu'elle est en

---

(1) Note de l'*Emile*, tom. III, p. 193, liv. IV.

contradiction avec toutes les autres, et que pour subsister, il faut qu'elle les dévore. Comme toutes les grandes affections, elle est profondément mélancolique ; elle nous traîne à l'ombre des cloîtres et sur les montagnes. La beauté que le chrétien adore n'est pas une beauté périssable ; c'est cette éternelle beauté, pour qui les disciples de Platon se hâtoient de quitter la terre. Elle ne se montre à ses amans ici-bas que voilée ; elle s'enveloppe dans les replis de l'univers, comme dans un manteau ; car si un seul de ses regards tomboit directement sur le cœur de l'homme, il ne pourroit le soutenir, il se fendroit de délices.

Pour arriver à la jouissance de cette beauté suprême, les chrétiens prennent une autre route que les philosophes d'Athènes : ils restent dans ce monde, afin de multiplier les sacrifices, et de se rendre plus dignes, par une longue purification, de l'objet de tous leurs desirs.

Quiconque, selon l'expression des Pères, n'eut avec son corps que le moins de commerce possible, et descendit vierge au tombeau ; celui-là, délivré de ses craintes et de ses doutes, s'envole au lieu de vie, où il contemple à jamais dans des extases interminables, ce qui est vrai, toujours le même, et au-dessus de l'opinion. Que de glorieux martyrs, cette espérance de posséder Dieu n'a-t-elle point faits ? Quelle solitude n'a point entendu les soupirs des illustres rivaux, qui se disputoient entre eux l'objet des adorations des Séraphins et des Anges ? Ici, c'est un Antoine qui élève un autel au désert, et qui, pendant quarante ans, s'immole, inconnu de tous les hommes ; là, c'est un saint Jérôme, qui quitte Rome, traverse les mers, et va, comme Elie, chercher une retraite au bord du Jourdain. L'enfer ne l'y laisse pas tranquille, et la grande figure de Rome, avec tous ses charmes, lui apparoît dans les forêts pour le tourmenter. Il soutient des assauts terribles ; il combat corps à corps avec ses passions. Ses armes sont les pleurs, les jeûnes, l'étude, la pénitence, et sur-tout l'amour. Il se précipite aux pieds de la beauté divine; il lui demande de le soutenir. Quelquefois, comme un forçat condamné aux travaux les plus pénibles, il charge ses épaules d'un fardeau de sable brûlant, pour dompter une chair révoltée, et éteindre dans les sueurs les infidèles desirs qui s'adressent à la créature.

Massillon, peignant cet amour sublime, s'écrie : « Le Seigneur tout seul (1) lui
» paroît bon, véritable, fidèle, constant
» dans ses promesses, aimable dans ses
» ménagemens, magnifique dans ses dons,
» réel dans sa tendresse, indulgent même
» dans sa colère ; seul assez grand pour
» remplir toute l'immensité de notre cœur;
» seul assez puissant pour en satisfaire tous
» les desirs; seul assez généreux pour en
» adoucir toutes les peines ; seul immortel,
» et qu'on aimera toujours ; enfin le seul
» qu'on ne se repent jamais, que d'avoir
» aimé trop tard. »

(1) Le jeudi de la Passion, *la Pécheresse*, première partie.

DU CHRISTIANISME. 179

L'auteur de l'Imitation de Jésus-Christ a recueilli chez saint Augustin, et dans les autres Pères, tout ce que le langage de l'amour divin a de plus mystique et de plus brûlant (1).

« Certes l'amour est une grande chose ; l'amour est un bien admirable, puisque lui seul rend léger tout ce qui est pesant, et qu'il souffre avec une égale tranquillité les divers accidens de cette vie : il porte sans peine ce qui est pénible, et il rend doux et agréable ce qui est amer.

» L'amour de Dieu est généreux ; il pousse les ames à de grandes actions, et les excite à desirer ce qui est de plus parfait.

» L'amour tend toujours en haut, et il ne souffre point d'être retenu par les choses basses.

» L'amour veut être libre et dégagé de toutes les affections de la terre, de peur que sa lumière intérieure ne se trouve offusquée, et qu'il ne se trouve ou em-

---

(1) *Imitation de Jésus-Christ*, liv. III, ch. 5.

» barrassé dans les biens, ou abattu par
» les maux du monde.

» Il n'y a rien ni dans le ciel, ni sur la
» terre, qui soit ou plus doux, ou plus
» fort, ou plus élevé, ou plus étendu, ou
» plus agréable, ou plus plein, ou meil-
» leur que l'amour, parce que l'amour
» est né de Dieu, et que s'élevant au-dessus
» de toutes les créatures, il ne peut se
» reposer qu'en Dieu.

» Celui qui aime est toujours dans la
» joie; il court, il vole, il est libre, et rien
» ne le retient : il donne tout pour tous, et
» possède tout en tous, parce qu'il se repose
» dans ce bien unique et souverain, qui est
» au-dessus de tout, et d'où découlent et
» procèdent tous les biens.

» Il ne s'arrête jamais aux dons qu'on
» lui fait ; mais il s'élève de tout son cœur
» vers celui qui les lui donne.

» Il n'y a que celui qui aime qui puisse
» comprendre les cris de l'amour, et ces
» paroles de feu, qu'une ame vivement
» touchée de Dieu lui adresse, lorsqu'elle

» lui dit, vous êtes mon Dieu ; vous êtes
» mon amour, vous êtes tout à moi, et je
» suis toute à vous.

» Etendez mon cœur, afin qu'il vous
» aime davantage, et que j'apprenne, par
» un goût intérieur et spirituel, combien il
» est doux de vous aimer et de nager,
» et comme se perdre dans cet océan de
» votre amour.

» Celui qui aime généreusement, ajoute
» l'auteur de l'*Imitation*, demeure ferme
» dans les tentations, et il ne se laisse point
» surprendre aux persuasions artificieuses
» de son ennemi. »

Et c'est cette passion chrétienne, c'est cette querelle immense entre les amours de la terre et les amours du ciel, que Corneille a peinte dans cette fameuse scène de Polyeucte (car ce grand homme, moins délicat que les esprits du jour, n'a pas trouvé le christianisme au-dessous de son génie.)

POLYEUCTE.

. . . .
. . . .

Si mourir pour son prince est un illustre sort,
Quand on meurt pour son Dieu, quelle sera la mort ?

PAULINE.

Quel Dieu !

POLYEUCTE.

Tout beau, Pauline, il entend vos paroles ;
Et ce n'est pas un Dieu comme vos dieux frivoles,
Insensibles et sourds, impuissans, mutilés,
De bois, de marbre ou d'or, comme vous le voulez :
C'est le Dieu des chrétiens, c'est le mien, c'est le vôtre,
Et la terre et le ciel n'en connoissent point d'autre.

PAULINE.

Adorez-le dans l'ame et n'en témoignez rien.

POLYEUCTE.

Que je sois tout ensemble idolâtre et chrétien !

PAULINE.

Ne feignez qu'un moment, laissez partir Sévère ;
Et donnez lieu d'agir aux bontés de mon père.

POLYEUCTE.

Les bontés de mon Dieu sont bien plus à chérir.
Il m'ôte des dangers que j'aurois pu courir ;
Et sans me laisser lieu de tourner en arrière,
Sa faveur me couronne, entrant dans la carrière ;
Du premier coup de vent il me conduit au port,
Et sortant du baptême, il m'envoie à la mort.
Si vous pouviez comprendre et le peu qu'est la vie,
Et de quelles douceurs cette mort est suivie.

. . . .

Seigneur, de vos bontés il faut que je l'obtienne,
Elle a trop de vertus pour n'être pas chrétienne.
Avec trop de mérite il vous plut la former,
Pour ne vous pas connoître et ne vous pas aimer,
Pour vivre des enfers esclave infortunée,
Et sous leur triste joug mourir comme elle est née.

PAULINE.

Que dis-tu, malheureux ! qu'oses-tu souhaiter ?

POLYEUCTE.

Ce que de tout mon sang je voudrois acheter.

PAULINE.

Que plutôt !

POLYEUCTE.

C'est en vain qu'on se met en défense,
Ce Dieu touche les cœurs, lorsque moins on y pense.
Ce bienheureux moment n'est pas encor venu,
Il viendra; mais le temps ne m'en est pas connu.

PAULINE.

Quittez cette chimère, et m'aimez.

POLYEUCTE.

Je vous aime,
Beaucoup moins que mon Dieu, mais bien plus que moi-même.

PAULINE.

Au nom de cet amour, ne m'abandonnez pas.

POLYEUCTE.

Au nom de cet amour, daignez suivre mes pas.

PAULINE.

C'est peu de me quitter, tu veux donc me séduire?

POLYEUCTE.

C'est peu d'aller au ciel, je veux vous y conduire.

PAULINE.

Imaginations !

POLYEUCTE.

Célestes vérités !

PAULINE.

Étrange aveuglement !

POLYEUCTE.

Éternelles clartés !

PAULINE.

Tu préfères la mort à l'amour de Pauline.

POLYEUCTE.

Vous préférez le monde à la bonté divine, etc. etc.

Voilà ces admirables dialogues, à la manière de Corneille, où la franchise de la répartie, la rapidité du tour, la chaleur du trait et la hauteur des sentimens ne manquent jamais de ravir les spectateurs. Comme Polyeucte est sublime dans cette scène ! Quelle grandeur d'ame, quel divin enthousiasme, quelle dignité ! La gravité et la noblesse du caractère chrétien sont marquées jusque dans ces *vous* opposés aux *tu* de la fille de Félix : cela seul met déja tout un monde entre le martyr Polyeucte, et la payenne Pauline.

Enfin Corneille a déployé toute la puissance de la passion chrétienne, dans *ce dialogue admirable et toujours applaudi,* comme parle M. de Voltaire :

Félix propose à Polyeucte de sacrifier aux faux Dieux ; Polyeucte le refuse.

FÉLIX.

Enfin, ma bonté cède à ma juste fureur ;
Adore-les, ou meurs.

POLYEUCTE.

Je suis chrétien.

FÉLIX.

Impie,
Adore-les, te dis-je, ou renonce à la vie.

POLYEUCTE.

Je suis chrétien.

FÉLIX.

Tu l'es ? O cœur trop obstiné !
Soldats, exécutez l'ordre que j'ai donné.

PAULINE.

Où le conduisez-vous?

FÉLIX.

A la mort.

POLYEUCTE.

A la gloire (1).

Ce mot, *je suis chrétien*, deux fois répété, égale les plus beaux mots des *Horaces*. Corneille, qui se connoissoit si bien en sublime, a senti jusqu'où l'amour pour la religion étoit susceptible de s'elever: car le chrétien aime Dieu comme la souveraine beauté, et le Ciel comme sa patrie.

Qu'on prenne maintenant le polythéisme; qu'on essaie de donner à un idolâtre quelque chose de l'enthousiasme de Polyeucte. Sera-ce pour une déesse impudique qu'il se passionnera, ou pour un Dieu abominable qu'il courra à la mort? Les religions qui peuvent inspirer quelque ardeur, sont celles qui se rapprochent plus ou moins du dogme de l'unité d'un Dieu; autrement, le cœur

(1) Acte V, Scène III.

et l'esprit, partagés entre une multitude de divinités, ne peuvent aimer fortement ni les unes, ni les autres. Il ne peut, en outre, y avoir d'amour durable que pour la vertu : la passion dominante de l'homme sera toujours la vérité ; quand il aime l'erreur, c'est que cette erreur, au moment qu'il y croit, est pour lui comme une chose vraie. Nous ne chérissons pas le mensonge, bien que nous y tombions sans cesse : cette foiblesse ne nous vient que de notre dégradation originelle ; nous avons perdu la puissance en conservant le desir, et notre cœur cherche encore la lumière, que nos yeux n'ont plus la force de supporter.

La religion chrétienne, en nous rouvrant, par la morale et le sang du Fils de l'Homme, les routes éclatantes que la mort avoit couvertes de ses ombres, nous a rappelés à nos primitives amours. Héritier des bénédictions de Jacob, le chrétien brûle d'entrer dans cette Sion céleste, vers qui montent tous ses soupirs. Et c'est cette grande passion que nos poëtes peuvent chanter à l'exemple de Corneille ; source nouvelle de beautés, que les anciens temps n'ont point connue, et que n'auraient pas négligée les Sophocle et les Euripide.

CHAPITRE IX.

Du vague des Passions.

Il reste à parler d'un état de l'ame, qui, ce nous semble, n'a pas encore été bien observé; c'est celui qui précède le développement des grandes passions, lorsque toutes les facultés, jeunes, actives, entières, mais renfermées, ne se sont exercées que sur elles-mêmes, sans but et sans objet. Plus les peuples avancent en civilisation, plus cet état du *vague* des passions augmente; car il arrive alors une chose fort triste, le grand nombre d'exemples qu'on a sous les yeux, la multitude de livres qui traitent de l'homme et de ses sentimens, rendent habile sans expérience. On est détrompé sans avoir joui; il reste encore des desirs, et l'on n'a plus d'illusions. L'imagination est riche, abondante et merveilleuse, l'existence pauvre, sèche et désenchantée. On habite, avec un cœur plein, un monde vide ; et sans avoir usé de rien, on est désabusé de tout.

L'amertume que cet état d'ame répand sur la vie est incroyable ; le cœur se retourne et se replie en cent manières, pour employer des forces qu'il sent lui être inutiles. Les anciens ont peu connu cette inquiétude secrète, cette aigreur des passions étouffées qui fermentent toutes ensemble : une grande existence politique, les jeux du gymnase et du champ de Mars, les affaires du forum et de la place publique, remplissoient tous leurs momens, et ne laissoient aucune place aux ennuis du cœur.

D'une autre part, ils n'étoient pas enclins aux exagérations, aux espérances, aux craintes sans objet, à la mobilité des idées et des sentimens, à la perpétuelle inconstance, qui n'est qu'un dégoût constant ; dispositions que nous acquérons dans la société intime des femmes. Les femmes, indépendamment de la passion directe qu'elles font naître chez les peuples modernes, influent encore sur tous les autres sentimens. Elles ont dans leur existence un certain abandon qu'elles font passer dans la nôtre; elles rendent notre caractère d'homme moins décidé; et nos passions, amollies par le mélange des leurs, prennent à-la-fois quelque chose d'incertain et de tendre.

Enfin, les Grecs et les Romains, n'étendant guères leurs regards au-delà de la vie, et ne soupçonnant point des plaisirs plus parfaits que ceux de ce monde, n'étoient point portés, comme nous, aux rêveries et aux desirs par le caractère de leur religion. C'est dans le génie du christianisme, qu'il faut sur-tout chercher la raison de ce *vague* des sentimens répandu chez les hommes modernes. Formée pour nos misères et pour nos besoins, la religion chrétienne nous offre sans cesse le double tableau des chagrins de la terre et des joies célestes, et par ce moyen elle fait dans le cœur une source de maux présens et d'espérances lointaines, d'où découlent d'inépuisables rêveries. Le chrétien se regarde toujours comme un voyageur qui passe ici-bas dans une vallée de larmes, et qui ne se repose qu'au tombeau. Le monde n'est point l'objet de ses vœux, car il sait que l'*homme vit peu de jours*, et que cet objet lui échapperoit vîte.

Les persécutions qu'éprouvèrent les premiers fidèles, augmentèrent en eux ce dégoût des choses de la vie. L'invasion des barbares y mit le comble, et l'esprit humain en reçut une impression de tristesse, et peut-être même une légère teinte de misanthropie, qui ne s'est jamais bien effacée. De toutes parts s'élevèrent des couvens, où se retirèrent des malheureux trompés par le monde, ou des ames qui aimoient mieux ignorer certains sentimens de la vie, que de s'exposer à les voir cruellement trahis. Une prodigieuse mélancolie fut le fruit de cette vie monastique; et ce sentiment, qui est d'une nature un peu confuse,

Partie II.
Poétique du Christianisme.

Livre III.
Suite de la poésie, dans ses rapports avec les hommes.
Passions.

en se mêlant à tous les autres, leur imprima son caractère d'incertitude. Mais en même temps, par un effet bien remarquable, le vague même où la mélancolie plonge les sentimens, est ce qui la fait renaître ; car elle s'engendre au milieu des passions, lorsque ces passions, sans objet, se consument d'elles-mêmes dans un cœur solitaire.

Il suffiroit de joindre quelques infortunes à cet état indéterminé des passions, pour qu'il pût servir de fond à un drame admirable. Il est étonnant que les écrivains modernes n'aient pas encore songé à peindre cette singulière position de l'ame. Puisque nous manquons d'exemples, nous seroit-il permis de donner aux lecteurs un épisode extrait, comme *Atala*, de nos anciens *Natchez* ? C'est la vie de ce jeune *René*, à qui *Chactas* a raconté son histoire. Ce n'est pour ainsi dire, qu'*une pensée* ; c'est la peinture du *vague des passions*, sans aucun mélange d'aventures, hors un grand malheur envoyé pour punir René et pour effrayer les jeunes hommes qui, livrés à d'inutiles rêveries, se dérobent criminellement aux charges de la société. Cet épisode sert encore à prouver la nécessité des abris du cloître pour certaines calamités de la vie, auxquelles il ne resteroit que le désespoir et la mort, si elles étoient privées des retraites de la religion. Ainsi le double but de notre ouvrage, qui est de faire voir comment le génie du christianisme a modifié les arts, la morale, l'esprit, le caractère et les *passions* même des peuples modernes, et de montrer quelle prévoyante sagesse a dirigé les institutions chrétiennes; ce double but, disons-nous, se trouve également rempli dans l'histoire de *René*.

SECONDE PARTIE.

POÉTIQUE DU CHRISTIANISME.

LIVRE QUATRIÈME.

SUITE DE LA POÉSIE, DANS SES RAPPORTS AVEC LES HOMMES.

Suite des PASSIONS.

RENÉ.

EN arrivant chez les Natchez, René (1) avoit été obligé de prendre une épouse, pour se conformer aux mœurs des Indiens; mais il ne vivoit point avec elle. Un penchant mélancolique l'entraînoit au fond

---

(1) *Voyez* Atala, à la fin du troisième tome.

des bois ; il y passoit seul des journées entières, et sembloit sauvage parmi des sauvages. Hors Chactas, son père adoptif, et le père Souël, missionnaire au fort Rosalie (1), il avoit renoncé au commerce des hommes. Ces deux vieillards avoient pris beaucoup d'empire sur son cœur ; le premier par une indulgence toute aimable ; l'autre, au contraire, par une extrême sévérité. Depuis la chasse du castor, où le Sachem aveugle avoit raconté ses aventures à René, celui-ci n'avoit jamais voulu parler des siennes. Cependant Chactas et le missionnaire desiroient vivement de savoir, quel malheur avoit pu conduire un Européen bien né, à l'étrange résolution de s'ensevelir dans les déserts de la Louisiane. René avoit toujours donné pour motifs de ses refus, le peu d'intérêt de son histoire, qui se bornoit, disoit-il, à celle de ses pensées et de ses sentimens. « Quant à l'événement » qui m'a déterminé à passer en Amérique,

---

(1) Colonie française au Natchez.

« ajoutoit-il, je dois l'ensevelir dans un éternel oubli. »

Quelques années s'écoulèrent de la sorte, sans que les deux vieillards pussent lui arracher son secret. Une lettre qu'il reçut d'Europe, par le bureau des missions étrangères, redoubla tellement sa tristesse, qu'il fuyoit jusqu'à ses vieux amis. Ils n'en furent que plus ardens à le presser de leur ouvrir son cœur ; ils y mirent tant de discrétion, de douceur et d'autorité, qu'il fut enfin obligé de les satisfaire. Il prit donc jour avec eux, pour leur raconter, non les aventures de sa vie, puisqu'il n'en avoit point éprouvé, mais les sentimens secrets de son ame.

Le 21 de ce mois, que les sauvages appellent *la lune des fleurs*, René se rendit à la cabane de Chactas. Il donna le bras au Sachem aveugle, et le conduisit sous un sassafras, au bord du Meschacebé. Le père Souël ne tarda pas d'arriver au rendez-vous. L'aurore se levoit : à quelque distance dans la plaine, on appercevoit le village des Natchez, avec son bocage de mûriers et ses cabanes, qui ressemblent à des ruches d'abeilles. La colonie française, et le fort Rosalie, se montroient sur la droite, au bord du fleuve. Des tentes, des maisons à moitié bâties, des forteresses commencées, des défrichemens couverts de Nègres, des groupes de Blancs et d'Indiens, présentoient dans ce petit espace, le contraste des mœurs sociales et des mœurs sauvages. Au fond de la perspective, vers l'orient, le soleil commençoit à paroître entre les sommets brisés des Apalaches, qui se dessinoient comme des caractères d'azur, dans les hauteurs dorées du ciel, à l'occident. Le Meschascebé rouloit ses ondes dans un silence magnifique, et formoit la bordure du tableau avec une inconcevable grandeur.

Le jeune homme et le missionnaire admirèrent quelque temps cette belle scène, en plaignant l'aveugle Sachem, qui ne pouvoit plus en jouir : ensuite le père Souël et Chactas s'assirent sur le gazon, au pied de l'arbre ; René prit sa place au milieu d'eux, et après un moment de recueillement et de silence, il parla de la sorte à ses vieux amis.

« Je ne puis, en commençant mon récit, me défendre d'un mouvement de honte. La paix de vos cœurs, respectables vieillards, et le calme de la nature autour de moi me font rougir du trouble et de l'agitation de mon ame.

» Combien vous aurez pitié de moi ! que mes éternelles inquiétudes vous paroîtront misérables ! Vous qui avez épuisé tous les chagrins de la vie, que penserez-vous d'un jeune homme sans force et sans vertu, qui trouve en lui-même son tourment, et ne peut guères se plaindre que des maux qu'il se fait à lui-même ? Hélas ! ne le condamnez pas, il a été trop puni.

» J'ai coûté la vie à ma mère en venant au monde ; j'ai été tiré de son sein avec le fer. J'avois un frère que mon père bénit, parce qu'il voyoit en lui son fils aîné. Pour moi, livré de bonne heure à des mains étrangères, je fus élevé loin du toit paternel.

» Mon humeur étoit impétueuse, mon caractère inégal ; tour-à-tour bruyant et joyeux, silencieux et triste ; tantôt rassemblant autour de moi mes jeunes compagnons, puis les abandonnant tout-à-coup, pour suivre à l'écart des jeux solitaires.

» Chaque automne, je revenois au château paternel, situé au milieu des forêts, près d'un lac, dans une province reculée.

» Timide et contraint devant mon père, je ne trouvois l'aise et le contentement qu'auprès de ma sœur Amélie. Une douce conformité d'humeur et de goûts m'unissoit étroitement à cette sœur ; elle étoit un peu plus âgée que moi. Nous aimions à gravir les côteaux ensemble, à voguer sur le lac, à parcourir les bois à la chûte des feuilles ; promenades dont le souvenir remplit encore mon ame de délices. O illusions de l'enfance et de la patrie, ne perdez-vous jamais vos douceurs ?

» Tantôt nous marchions tout pensifs, prêtant l'oreille au silence de l'automne, ou au bruit des feuilles séchées, que nous traînions tristement sous nos pas ; tantôt nous murmurions quelques vers où nous cherchions à peindre la nature. Jeune, je cultivois les muses ; il n'y a rien de plus poétique, dans la fraîcheur de ses passions, qu'un cœur de seize années : le matin de la vie est comme le matin du jour, plein de pureté, d'images et d'harmonies.

» Les dimanches et les jours de fête, j'ai souvent entendu, dans le grand bois, à travers les arbres, les sons de la cloche lointaine qui appeloit au temple l'homme des champs. Appuyé contre le tronc d'un ormeau, j'écoutois en silence le pieux murmure. Chaque frémissement de l'airain portoit à mon ame naïve, l'innocence des mœurs champêtres, le calme de la solitude, le charme de la religion, et la délectable mélancolie des souvenirs de ma première enfance. Oh ! quel cœur si mal fait n'a tressailli au bruit des cloches de son lieu natal, de ces cloches qui frémirent de joie sur son berceau, qui annoncèrent son avénement à la vie, qui marquèrent le premier battement de son cœur, qui publièrent dans tous les lieux d'alentour, la sainte allégresse de son père, les douleurs, et les joies encore plus ineffables de sa mère ! Tout se trouve dans les réminiscences enchantées que donne le bruit de la cloche natale ; philosophie, piété, tendresse, et le berceau et la tombe, et le passé et l'avenir.

» Il est vrai qu'Amélie et moi nous jouissions plus que personne de ces idées rêveuses, car nous avions tous les deux un peu de tristesse au fond du cœur : nous tenions cela de Dieu ou de notre mère.

» Cependant mon père fut atteint d'une maladie, qui le conduisit en peu de jours au tombeau. Il expira dans mes bras, et j'appris à connoître la mort sur les lèvres de celui qui m'avoit donné la vie. Cette impression fut grande, elle dure encore. C'est la première fois que l'immortalité de l'ame s'est présentée clairement à mes yeux. Je ne pus croire que ce corps inanimé étoit en moi l'auteur de la pensée ; je sentis qu'elle me devoit venir d'une autre source, et dans une sainte douleur, qui approchoit de la joie, j'espérai me rejoindre un jour à l'esprit de mon père.

» Un autre phénomène me confirma dans cette haute idée. Les traits paternels avoient pris au cercueil quelque chose de sublime. Pourquoi cet étonnant mystère ne seroit-il pas l'indice de notre immortalité ? Pourquoi la mort, qui sait tout, n'auroit-elle pas gravé sur le front de sa victime les secrets d'un autre univers ? Enfin, pourquoi n'y auroit-il pas dans la tombe quelque grande vision de l'éternité ?

» Amélie accablée de douleur, étoit retirée au fond d'une tour, d'où elle entendit retentir, sous les voûtes du château gothique, le chant des prêtres du convoi, et les sons de la cloche funèbre. J'accompagnai mon père à son dernier asyle ; la terre se referma sur sa dépouille ; l'éternité et l'oubli le pressèrent de tout leur poids ; le soir même l'indifférent passoit sur sa tombe :

hors pour sa fille et pour son fils, c'étoit déja comme s'il n'avoit jamais été.

» Il fallut quitter le toit paternel, désormais l'héritage de mon frère : je me retirai avec Amélie chez de vieux parens.

» Arrêté à l'entrée des voies trompeuses de la vie, je les considérois l'une après l'autre, sans oser m'y engager. Amélie m'entretenoit souvent du bonheur de la vie religieuse ; elle me disoit que j'étois le seul lien qui la retînt au monde, et ses yeux s'attachoient sur moi avec tristesse. Ces conversations me touchoient ; j'allois promener mes rêveries dans un monastère, non loin de mon nouveau séjour; un moment même j'eus la tentation d'y cacher ma vie : heureux ceux qui ont fini leur voyage, sans avoir quitté le port, et qui n'ont point, comme moi, traîné d'inutiles jours sur la terre !

» Les Européens, incessamment agités, sont obligés de se bâtir des solitudes. Plus notre cœur est tumultueux et bruyant, plus le calme et le silence des déserts nous attirent. Ces hospices de mon pays, ouverts aux malheureux et aux foibles, sont souvent cachés dans des vallons, qui portent au cœur le vague sentiment de l'infortune, et l'espérance d'un abri : quelquefois aussi on les découvre sur de hauts sites, où l'ame religieuse, comme une plante aromatique des montagnes, semble s'élever vers le ciel, pour lui offrir ses parfums.

» Je vois encore le mélange majestueux des eaux et des bois de cette antique abbaye, où je pensai dérober ma vie aux caprices du sort; j'erre encore au déclin du jour dans ces cloîtres retentissans et solitaires ! Lorsque la lune éclairoit à demi les piliers des arcades, et dessinoit leur ombre sur le mur opposé, je m'arrêtois à contempler la croix, qui marquoit le champ de la mort, et les longues herbes qui croissoient entre les pierres des tombes. O hommes ! qui ayant vécu loin du monde, aviez passé du silence de la vie au silence de la mort, de quelle philosophie mélancolique vos tombeaux ne remplissoient-ils point mon cœur !

» Soit inconstance naturelle, soit préjugé contre la vie monastique, je changeai mes desseins ; je me résolus de voyager. Je dis adieu à ma sœur ; elle me serra dans ses bras avec un mouvement qui ressembloit à de la joie, comme si elle eût été heureuse de me quitter : je ne pus me défendre d'une réflexion amère, sur l'inconséquence des amitiés humaines.

» Cependant, plein d'ardeur, je m'élançai seul sur cet orageux océan du monde, dont je ne connoissois ni les ports, ni les écueils. Je visitai d'abord les peuples qui ne sont plus ; je m'en allai, m'asseyant sur les débris de Rome et de la Grèce ; pays de forte et d'ingénieuse mémoire, où les palais des rois sont ensevelis dans la poudre, et leurs mausolées cachés sous les ronces. Force de la nature, et foiblesse de l'homme ! un brin d'herbe perce souvent le marbre le plus dur de ces tombeaux, que tous ces morts, si puissans, ne soulèveront jamais ! Quelquefois une haute colonne se montroit seule debout dans un désert, comme une grande pensée s'élève, par intervalles, dans une ame que le temps et le malheur ont dévastée.

» Je méditai sur ces monumens dans tous les accidens, et à toutes les heures de la journée. Tantôt ce même soleil, qui avoit vu jeter les fondemens de ces cités, se couchoit majestueusement, à mes yeux, sur leurs ruines; tantôt la lune se levant dans un ciel pur, entre deux urnes cinéraires à moitié brisées, me montroit tous les pâles tombeaux; et souvent aux rayons de cet astre, qui alimente les rêveries, j'ai cru voir le génie des souvenirs, assis pensivement à mes côtés.

» Mais enfin je me lassai de fouiller dans des monumens, où je ne remuois trop souvent qu'une poussière criminelle.

» Des songes des races évanouies, je revins aux illusions des races vivantes. Comme je me promenois un jour dans une grande cité, en passant derrière un palais, dans une cour retirée et déserte, j'apperçus une statue, qui indiquoit du doigt un lieu fameux par un sacrifice (1). Je fus frappé du silence qui régnoit dans ces lieux, et que ne troubloient point les plaintes du vent, qui gémissoit autour du marbre tragique. Seulement quelques manœuvres étoient assis avec indifférence au pied de la statue, ou tailloient des pierres en sifflant. Je leur demandai ce que signifioit ce monument; les uns purent à peine me le dire, les autres ignoroient jusqu'à la grande catastrophe qu'il retraçoit. Rien ne m'a plus donné la juste mesure des événemens de la vie, et du peu que nous sommes. Que sont devenus ces personnages qui firent tant de bruit ? Le temps a fait un pas, et la face de la terre a été renouvelée.

» Je recherchai sur-tout dans mes voyages les artistes et ces hommes divins qui chantent les Dieux sur la lyre, et la félicité des peuples, qui honorent les loix, la religion et les tombeaux.

» Ces chantres sont de race divine, ils

(1) A Londres, derrière Withall, la statue de Charles II.

possèdent le seul talent incontestable dont le ciel ait fait présent à la terre. Leur vie est à-la-fois naïve et sublime : ils célèbrent les Dieux avec une bouche d'or, et sont les plus simples des hommes; ils causent comme des immortels ou comme de petits enfans; ils expliquent les loix de l'univers, et ne peuvent comprendre les affaires les plus innocentes de la vie; ils ont des idées merveilleuses de la mort, et meurent, sans s'en appercevoir, comme des nouveaux-nés.

» Sur les monts de la Calédonie, le dernier Barde qu'on ait ouï dans ces déserts, me chanta les poëmes dont un ancien héros consoloit sa vieillesse solitaire. Nous étions assis sur quatre pierres rongées de mousse; un torrent couloit à nos pieds; le chevreuil paissoit à quelque distance sur la tour en ruine, et le vent du désert siffloit sur les bruyères de Cona. Maintenant la religion chrétienne, fille aussi des hautes montagnes, a placé des croix sur les monumens des héros de Morven, et touché la harpe de David, au bord du même torrent où

Ossian fit gémir la sienne : aussi tranquille que les divinités de Selma étoient guerrières, elle garde des troupeaux où Fingal livroit des combats, et elle a répandu des anges de paix, dans les nuages qu'habitoient des fantômes homicides.

» L'ancienne et riante Italie m'offrit la foule de ses chefs-d'œuvres. Avec quelle sainte et poétique horreur, j'errois dans ces vastes édifices consacrés par les arts à la religion ! Quel labyrinthe de colonnes ! quelle succession d'arches et de voûtes ! qu'ils sont beaux, ces bruits qu'on entend autour des dômes, semblables aux rumeurs de la mer, aux murmures des vents dans les forêts, ou plutôt à la voix de Dieu dans son temple ! L'architecte bâtit, pour ainsi dire, les idées du poëte, et les fait toucher aux sens, comme l'autre à l'ame.

» Cependant qu'avois-je appris jusqu'alors avec tant de fatigue ? Rien de certain parmi les anciens, rien de beau parmi les modernes. Le passé et le présent sont deux statues incomplètes : l'une a été retirée toute mutilée du débri des âges; l'autre n'a pas encore reçu sa perfection de l'avenir.

» Mais peut-être, mes vieux amis, et vous sur-tout, sage habitant du désert, êtes-vous étonnés que dans ce récit de mes voyages, je ne vous aie pas une seule fois entretenu des monumens de la nature ?

» Un jour j'étois monté au sommet de l'Etna, volcan qui brûle au milieu d'une île. Je vis le soleil se lever dans l'immensité de l'horizon au-dessous de moi, la Sicile resserrée comme un point à mes pieds, et la mer déroulée au loin dans les espaces. Dans cette vue perpendiculaire du tableau, à peine discernois-je les fleuves, comme des lignes géographiques tracées sur une carte; mais tandis que d'un côté mon œil appercevoit tous ces objets, de l'autre il plongeoit dans le cratère même de l'Etna, dont je découvrois les entrailles brûlantes, entre les bouffées d'une noire vapeur.

» Un jeune homme plein de passions, assis sur la bouche d'un volcan, et pleurant sur les mortels infortunés dont il voyoit à ses pieds les étroites demeures, n'est, sans doute, vertueux vieillards, qu'un objet digne de votre pitié; mais quoi que vous puissiez penser de René, ce tableau vous offre une vive image de son caractère et de sa triste existence : c'est ainsi que toute ma vie j'ai eu devant les yeux une création à-la-fois immense et imperceptible, et un abyme ouvert à mes côtés. »

En prononçant ces derniers mots, René se tut, et tomba tout-à-coup dans la rêverie. Le père Souël étoit dans un profond étonnement, et le vieux Sachem aveugle, qui n'entendoit plus parler le jeune homme, ne savoit que penser de ce silence.

Cependant René avoit les yeux attachés sur un groupe d'Indiens qui passoient gaiement dans la plaine ; bientôt sa physionomie s'attendrit, des larmes coulent de ses yeux, il s'écrie :

« Heureux sauvages, oh ! que ne puis-je jouir de la paix qui vous accompagne toujours ! Tandis qu'avec si peu de fruits, je parcourois tant de contrées, vous, assis tranquillement sous un chêne, vous laissiez couler vos jours sans les compter. Votre raison n'étoit que vos besoins, et vous arriviez, mieux que moi, au résultat de la philosophie, comme l'enfant, entre les jeux et le sommeil. Si cette légère mélancolie, qui s'engendre de l'excès du bonheur, atteignoit quelquefois votre ame ; bientôt vous sortiez de ce trouble passager, et votre regard levé vers le Ciel, cherchoit avec attendrissement ce je ne sais quoi inconnu, qui prend pitié du pauvre sauvage ! »

Ici la voix de René expira de nouveau, et le jeune homme pencha la tête dans sa poitrine. Chactas, étendant son bras dans l'ombre, et prenant le bras de son fils, lui cria d'un ton ému : mon fils ! mon cher fils !

A ces accens, le frère d'Amélie revenant à lui, et rougissant de son trouble, pria son père de lui pardonner.

Le vieux sauvage, avec une douceur parfaite, lui répondit : « Mon jeune ami, » les mouvemens d'un cœur comme le tien » ne sauroient être égaux; tâche seulement » de modérer cette ardeur de caractère qui » t'a déja fait tant de mal. Si tu souffres » plus qu'un autre des choses de la vie, il » ne faut pas t'en étonner; une grande ame » doit contenir plus de douleurs qu'une » petite. Continue ton récit. Tu nous as » fait parcourir l'Europe, hâte-toi de nous » faire connoître ta patrie. Tu sais que j'ai » vu la France, et quels liens m'y ont at- » taché; j'aimerai à entendre parler de ce » grand Chef (1), qui n'est plus, et dont » j'ai visité la superbe cabane. Mon cher » enfant, je ne vis plus que par la mémoire: » un vieillard, avec ses souvenirs, ressem- » ble au chêne décrépit de nos bois; ce chêne » ne se pare plus de son propre feuillage, » mais il couvre quelquefois sa nudité, » des plantes étrangères qui ont végété » sur ses antiques rameaux. »

(1) Louis XIV.

Le frère d'Amélie, calmé par ces paroles paisibles, reprit ainsi l'histoire secrète de son cœur.

« Hélas ! mon père, je ne pourrai t'entretenir de ce grand siècle dont je n'ai vu que la fin dans mon enfance, et qui n'étoit plus lorsque je rentrai dans ma patrie. Jamais une métamorphose plus étonnante et plus soudaine ne s'est opérée chez un peuple. De la hauteur du génie, du respect pour la religion, de la gravité des mœurs, tout étoit subitement descendu à la souplesse de l'esprit, à l'impiété, à la corruption.

» J'avois donc vainement espéré retrouver dans mon pays de quoi calmer cette vague inquiétude, cette ardeur de desir qui m'avoit suivi par-tout : l'étude du monde ne m'avoit rien appris, et pourtant je n'avois plus la douceur de l'ignorance.

» Ma sœur, par une conduite inexplicable, sembloit se plaire à augmenter mon ennui. Elle avoit quitté Paris quelques jours avant mon arrivée ; je lui écrivis que je comptois aller la rejoindre ; elle me répondit en hâte pour me détourner de ce projet, sous prétexte qu'elle étoit incertaine du lieu où l'appelleroient ses affaires. Quelles tristes réflexions ne fis-je point alors sur l'amitié que la présence attiédit, que l'absence efface, qui ne résiste point au malheur, et encore moins à la prospérité !

» Je me trouvai donc plus isolé dans ma patrie, que je ne l'avois été dans une terre étrangère. Je voulus me jeter pendant quelque temps dans un monde qui ne me disoit rien et qui ne m'entendoit pas. Mon ame, qu'aucune passion n'avoit encore usée, cherchoit un objet auquel elle pût s'attacher ; je m'apperçus bientôt que je donnois plus que je ne recevois. Ce n'étoit ni un langage élevé, ni un sentiment profond qu'on demandoit de moi. Je n'étois occupé qu'à rapetisser ma vie, pour la mettre au niveau de la société. Traité par-tout d'esprit romanesque, honteux du rôle que je jouois, dégoûté de plus en plus des choses et des hommes, je pris le parti de me retirer dans un faubourg, où je vécus totalement ignoré.

» Je trouvai d'abord assez de plaisir dans cette vie obscure et indépendante. Inconnu, je me mêlois à la foule, vaste désert d'hommes !

» Souvent assis dans une église peu fréquentée, j'ai passé des heures entières en méditation. Je voyois de pauvres femmes venir se prosterner devant le Très-Haut ! ou des pécheurs s'agenouiller au tribunal de la pénitence. Nul ne sortoit de ces lieux sans un visage plus serein; et les sourdes clameurs qu'on entendoit au dehors, sembloient être les flots des passions et les orages du monde, qui venoient expirer au pied du temple du Seigneur. Grand Dieu, qui vis en secret couler mes larmes dans ces retraites sacrées ! tu sais combien de fois je me jetai à tes pieds, pour te supplier de me décharger du poids de l'existence, ou de changer en moi le vieil homme ! Ah ! qui n'a senti quelquefois le besoin de se régénérer, de se rajeunir aux eaux du torrent, de retremper son ame à la fontaine de vie ? Qui ne se trouve quelquefois accablé du fardeau de sa propre corruption, et incapable de rien faire de grand, de noble, de juste ?

» Quand le soir étoit venu, reprenant le chemin de ma retraite, je m'arrêtois sur les ponts, pour voir se coucher le soleil. L'astre, enflammant les vapeurs de la cité, sembloit osciller lentement dans un fluide d'or, comme le pendule de la grande horloge des siècles. Je me retirois ensuite à travers un labyrinthe de rues solitaires, où divers objets s'offroient à ma rêverie, à mesure que la nuit descendoit. En regardant toutes les lumières qui brilloient dans la demeure des hommes, je me transportois, en imagination, au milieu des scènes de douleur et de joie qu'elles éclairoient; je songeois que sous tant de toits habités, je n'avois pas un ami. Mais au milieu de mes réflexions, l'heure venoit frapper à coups mesurés à l'horloge d'une cathédrale gothique; elle alloit se répétant sur tous les tons et à toutes les distances d'église en église : hélas ! chaque heure dans la société ouvre un tombeau, et fait couler des larmes.

» Cette vie, qui m'avoit d'abord enchanté, ne tarda pas à me devenir insupportable. Je me fatiguai de la répétition des mêmes scènes et des mêmes idées. Je me mis à sonder mon cœur, à me demander ce que je desirois. Je ne le savois pas, mais je crus tout-à-coup que les bois me seroient délicieux. Me voilà soudain résolu d'achever, dans un exil champêtre, une carrière à peine commencée, et dans laquelle j'avois déja dévoré des siècles.

» J'embrassai ce projet avec la même rapidité, que je mets à tous mes desseins; je partis pour m'ensevelir dans une chaumière, avec la même ardeur qui m'avoit fait partir autrefois pour faire le tour du monde.

» On m'accuse d'avoir des goûts inconstans, de ne pouvoir jouir long-temps de la même chimère, d'être la proie d'une imagination avide, qui se hâte d'arriver au fond de mes plaisirs, comme si elle étoit accablée de leur courte durée ; on m'accuse de passer toujours le but que je puis atteindre : hélas ! je cherche seulement un bien inconnu, dont le vague instinct me poursuit. Est-ce ma faute, si je trouve par-tout les bornes, si ce qui est fini n'a pour moi aucune valeur ? Cependant je sens que j'aime la monotonie des sentimens de la vie ; et si j'avois encore la folie de croire au bonheur, je le chercherois dans l'habitude.

» La solitude absolue, le spectacle inspirant de la nature, me plongèrent bientôt dans un état presqu'impossible à décrire. Sans parens, sans amis, pour ainsi dire seul sur la terre, n'ayant point encore aimé, mais cherchant à aimer, j'étois accablé d'une surabondance de vie. Quelquefois je rougissois subitement, et je sentois couler dans mon cœur, comme des ruisseaux d'une lave ardente ; quelquefois je poussois des cris involontaires, et la nuit étoit également troublée de mes songes et de mes veilles. Il me manquoit quelque chose pour remplir l'abyme de mon existence : je descendois dans la vallée, je m'élevois sur la montagne, appelant de toute la force de mes desirs l'idéal objet d'une flamme future ; je l'embrassois dans les vents, je le saisissois dans les gémissemens du fleuve ; tout étoit ce fantôme imaginaire, et les astres dans les cieux, et le principe même de vie dans l'univers.

» Toutefois cet état de calme et de trouble, d'indigence et de richesse, n'étoit pas sans quelques charmes : j'aimois les rêveries dans lesquelles il me plongeoit, même en usant les ressorts de ma vie.

» Un jour je m'étois amusé à effeuiller une branche de saule sur un ruisseau, et à attacher une idée à chaque feuille que le courant entraînoit. Un prince qui craint de perdre sa couronne par une révolution subite, ne ressent pas des angoisses plus vives que n'étoient les miennes, à chaque accident qui menaçoit les débris de mon rameau. O foiblesse des mortels ! ô enfance du cœur humain qui ne vieillit jamais ! voilà donc jusqu'à quel degré de puérilité notre superbe raison peut descendre ! Et encore est-il vrai que bien des hommes attachent leur destinée, à des choses aussi fragiles que mes feuilles de saule.

» Mais comment exprimer cette foule de sensations fugitives, que j'éprouvois dans mes promenades ? Les sons que rendent les passions dans le vague d'un cœur solitaire, ressemblent au murmure que les vents et les eaux font entendre dans le silence d'un désert : on en jouit, mais on ne peut les peindre.

» L'automne me surprit au milieu de ces incertitudes : j'entrai avec ravissement dans les sombres mois des tempêtes. Tantôt j'aurois voulu être un de ces anciens guerriers errant au milieu des vents, des nuages et des fantômes ; tantôt j'enviois jusqu'au sort du pâtre que je voyois réchauffer ses mains à l'humble feu de broussailles, qu'il avoit allumé au coin d'un bois. J'écoutois ses chants mélancoliques, qui me rappeloient que dans tout pays, le chant naturel de l'homme est triste, lors même qu'il exprime le bonheur. Notre cœur est un instrument incomplet, une lyre où il manque des cordes, et où nous sommes forcés de rendre les accens de la joie, sur le ton consacré aux soupirs.

» Le jour je m'égarois sur de grandes bruyères, qui se terminoient à des forêts. Qu'il falloit peu de choses à ma rêverie ! une feuille séchée que le vent chassoit devant moi, une cabane dont la fumée s'élevoit dans la cîme dépouillée des arbres, la mousse qui trembloit au souffle du nord sur le tronc d'un vieux chêne, une roche écartée, un étang désert où le jonc flétri murmuroit ! Le clocher champêtre s'élevant au loin dans une vallée solitaire, a souvent attiré mes regards ; souvent j'ai suivi des yeux les oiseaux de passage qui voloient au-dessus de ma tête. Je me figurois les bords ignorés, les climats lointains où ils se rendent ; j'aurois voulu être sur leurs ailes : un secret instinct me tourmentoit ;

je sentois que je n'étois moi-même qu'un voyageur ; mais une voix du ciel sembloit me dire : « Homme, la saison de ta migra-
» tion n'est pas encore venue ; attends
» que le vent de la mort se lève, alors tu
» déploieras ton vol vers ces régions incon-
» nues, que ton cœur demande.

» Levez-vous vîte, orages desirés, qui devez emporter René dans les espaces d'une autre vie ! Ainsi disant, je marchois à grands pas, le visage enflammé, le vent sifflant dans ma chevelure, ne sentant ni pluie ni frimat ; enchanté, tourmenté, et comme possédé par le démon de mon cœur.

» La nuit, quand l'aquilon ébranloit ma chaumière, que les pluies tomboient en torrent sur mon toit ; qu'à travers ma fenêtre je voyois la lune sillonner les nuages amoncelés, comme un pâle vaisseau qui laboure les vagues ; il me sembloit que la vie redoubloit au fond de mon cœur, que j'aurois eu la puissance de créer des mondes. Ah ! si j'avois pu faire partager à un autre les transports que j'éprouvois ! ô Dieu ! si tu m'avois donné une femme selon mes desirs ; si, comme à notre premier père, tu m'eusses amené par la main une Eve tirée de moi-même.... Beauté céleste, je me serois prosterné devant toi ; puis te prenant dans mes bras, j'aurois prié l'Eternel de te donner les restes de ma vie.

» Hélas ! j'étois seul, seul sur la terre ! Une langueur secrète s'emparoit de mon corps. Ce dégoût de la vie que j'avois ressenti dès ma plus tendre jeunesse, revenoit avec une force nouvelle. Bientôt mon cœur ne fournit plus d'aliment à ma pensée, et je ne m'appercevois de mon existence, que par un profond sentiment de mal-aise et d'ennui.

» Je luttai quelque temps contre mon mal, mais avec indifférence et sans avoir la ferme résolution de le vaincre. Enfin, ne pouvant trouver de remède à cette étrange blessure de mon cœur, qui n'étoit nulle part et qui étoit par-tout, je résolus de quitter la vie.

» Prêtre du Très-Haut, qui m'entendez, pardonnez à un malheureux que le ciel avoit presque privé de la raison. J'étois plein de religion, et je raisonnois en impie ; mon cœur aimoit Dieu, et mon esprit le méconnoissoit : ma conduite, mes discours, mes sentimens, mes pensées, n'étoient que contradiction, ténèbres et mensonges. Ah! l'homme sait-il bien toujours ce qu'il veut ? est-il toujours sûr de ce qu'il pense ?

» Tout m'échappoit à-la-fois, l'amitié, le monde et la retraite. J'avois essayé de tout, et tout m'avoit été fatal. Repoussé par la société, abandonné d'Amélie, quand la solitude vint à me manquer à son tour, que me restoit-il? C'étoit-là la dernière planche sur laquelle j'avois espéré de me sauver, et je la sentois encore s'enfoncer dans l'abyme !

» Décidé que j'étois à me débarrasser du poids de la vie, je résolus de mettre toute ma raison dans cet acte insensé. Rien ne me pressoit ; je ne fixai point le moment du départ, afin de savourer à longs traits les derniers momens de l'existence, et de recueillir toutes mes forces à l'exemple d'un ancien, pour sentir mon ame s'échapper.

» Il me devenoit nécessaire de prendre des arrangemens concernant ma fortune, et je fus obligé d'écrire à Amélie. Il m'échappa quelques plaintes sur son oubli, et je laissai sans doute percer l'attendrissement, qui surmontoit peu-à-peu mon cœur. Je croyois pourtant avoir bien dissimulé mon secret ; mais ma sœur, accoutumée à lire dans les replis de mon ame, le devina sans peine ; elle fut alarmée du ton de contrainte qui régnoit dans ma lettre, et de mes questions sur des affaires dont je ne m'étois jamais occupé. Au lieu de me répondre, elle me vint tout-à-coup surprendre dans ma solitude.

» Pour bien sentir, ô vieillards, quelle dut être dans la suite l'amertume de ma douleur, et quels furent mes premiers transports en revoyant Amélie, il faut vous figurer que c'étoit la seule personne au monde que j'eusse aimée ; que tous mes sentimens se venoient confondre en elle, avec la douceur des souvenirs de mon enfance. Je reçus donc Amélie dans une sorte d'extase de cœur : il y avoit si long-temps que je n'avois trouvé quelqu'un qui m'entendît, et devant qui je pusse ouvrir mon ame !

» Amélie se jetant dans mes bras, me dit toute en larmes : « Ingrat, tu veux mourir » pendant que ta sœur existe ! Tu soup-» çonnes son cœur ! Ne t'explique point, » ne t'excuse point, je sais tout ; j'ai tout » compris, comme si j'avois été avec toi : » est-ce moi que l'on trompe ? moi, qui ai » vu naître les premiers sentimens de ta » vie ? Voilà ton malheureux caractère, » tes dégoûts, tes injustices. Jure, tandis » que je te presse sur mon cœur, jure que » c'est la dernière fois que tu te livreras à » tes folies ; fais le serment de ne jamais » attenter à tes jours. »

» En prononçant ces mots, Amélie me regardoit avec compassion et tendresse, et couvroit mon front de ses baisers ; c'étoit presqu'une mère, c'étoit quelque chose de plus tendre. Hélas ! mon cœur se rouvrit à toutes les joies ; comme un enfant, je ne demandois qu'à être consolé ; je cédai à l'empire d'Amélie ; elle exigea un serment solemnel, je le fis sans hésiter ; ne soupçonnant même pas que désormais je pusse être malheureux.

» Nous fûmes plus d'un mois à nous accoutumer à l'enchantement d'être ensemble. Quand le matin, au lieu de me trouver seul, j'entendois la voix de ma sœur, j'éprouvois un tressaillement de joie et de bonheur. Amélie avoit reçu de la nature quelque chose de tout divin : son ame avoit les mêmes graces innocentes que son corps ; la douceur de ses sentimens étoit infinie ; il n'y avoit rien que de suave et d'un peu rêveur dans son esprit : on eût dit que son cœur, sa pensée et sa voix soupiroient comme de concert ; elle tenoit de la femme la timidité et l'amour, et de l'ange la pureté et la mélodie.

» Mais le moment étoit venu où j'allois expier les inconséquences de ma vie. J'avois été dans mon délire jusqu'à desirer d'éprouver un malheur, pour avoir du moins un objet réel de souffrance ; épouvantable souhait que Dieu dans sa colère ne manque jamais d'exaucer.

» Mais que vais-je vous révéler, ô mes sages amis ! voyez les pleurs qui coulent de mes yeux ; puis-je même...... Il y a quelques jours que rien n'auroit pu m'arracher ce secret... Mais à présent tout est fini !

» Cependant, augustes vieillards, que cette histoire soit à jamais ensevelie dans le silence. Souvenez-vous qu'elle n'a été racontée que sous l'arbre du désert.

» L'hiver finissoit, lorsque je m'apperçus qu'Amélie perdoit à son tour le repos et la santé qu'elle commençoit à me rendre. Elle maigrissoit, ses yeux se creusoient, sa démarche étoit languissante, et sa voix troublée. Un jour je la surpris toute en larmes, au pied d'un crucifix. La nuit, le jour, le monde, la solitude, mon absence, ma présence, tout l'alarmoit. D'involontaires soupirs venoient expirer sur ses lèvres ; tantôt elle soutenoit, sans se fatiguer, une longue course ; tantôt elle se traînoit à peine : elle prenoit et laissoit son ouvrage, ouvroit un livre, sans pouvoir lire, commençoit une phrase qu'elle n'achevoit pas, fondoit tout-à-coup en pleurs, et se retiroit pour prier.

» En vain je cherchois à découvrir son secret. Quand je l'interrogeois, en la pressant dans mes bras, elle me répondoit, avec un sourire, qu'elle étoit comme moi, qu'elle ne savoit pas ce qu'elle avoit.

» Trois mois se passèrent de la sorte, et son état devenoit pire chaque jour. Une correspondance mystérieuse me sembloit la source de ses larmes, car elle paroissoit ou plus tranquille, ou plus émue, selon les lettres qu'elle recevoit. Enfin, un matin, l'heure à laquelle nous déjeûnions ensemble étant passée, je montai à son appartement ; je frappai, on ne me répondit point; j'entrouvris la porte, il n'y avoit personne dans la chambre.

» J'apperçus sur la cheminée un paquet à mon adresse. Je le saisis en tremblant, je l'ouvris, et je lus cette lettre, que j'ai conservée, pour m'ôter à l'avenir tout mouvement de joie.

A RENÉ.

« Le Ciel m'est témoin, mon cher René,
» que je donnerois mille fois ma vie, pour
» vous épargner un moment de peine; mais,
» infortunée que je suis, je ne puis rien
» pour votre bonheur. Vous me pardon-
» nerez donc de m'être dérobée de chez
» vous, à votre insçu, comme une cou-
» pable; je n'aurois pu résister à vos
» prières, et cependant il falloit partir.
» Mon Dieu! ayez pitié de moi!

» Vous savez, mon frère, que j'ai tou-
» jours eu du penchant pour la vie reli-
» gieuse; il est temps que je mette à profit
» les avertissemens du Ciel. Pourquoi ai-je
» attendu si tard? Dieu me punit. J'étois
» restée pour vous dans le monde.... Par-

» donnez, je suis toute troublée par le
» chagrin que j'ai de vous quitter.

» C'est à présent, mon cher frère, que
» je sens bien la nécessité de ces asyles,
» contre lesquels je vous ai vu souvent
» vous élever. Il est des malheurs qui nous
» séparent pour toujours des hommes; que
» deviendroient de pauvres infortunées !....
» Je suis persuadée que vous-même, mon
» frère, vous trouveriez le repos dans ces
» retraites de la religion. La terre n'offre
» rien qui soit digne de vous.

» Je ne vous rappellerai point votre ser-
» ment, je connois la fidélité de votre
» parole; vous l'avez juré, vous vivrez
» pour moi. Y a-t-il rien de plus miséra-
» ble, que de songer sans cesse à quitter la
» vie? Pour un homme de votre caractère,
» il est si aisé de mourir ! croyez-en votre
» sœur, il est plus difficile de vivre.

» Mais, mon frère, sortez au plus vîte
» de la solitude, qui ne vous est pas bonne;
» cherchez quelqu'occupation. Je sais que
» vous riez amèrement de cette nécessité

» où l'on est en France de *prendre un état*;
» ne méprisez pas tant l'expérience et la
» sagesse de nos pères. Il vaut mieux, mon
» cher René, ressembler un peu plus au
» commun des hommes, et avoir un peu
» moins de malheur.

» Peut-être trouveriez-vous dans le ma-
» riage un soulagement à vos ennuis. Une
» femme, des enfans occuperoient vos
» jours. Et quelle est la femme qui ne cher-
» cheroit pas à vous rendre heureux !
» L'ardeur de votre ame, la beauté de votre
» génie, votre air noble et passionné, ce
» regard si fier et si tendre, tout vous
» assureroit de sa fidélité et de son amour.
» Ah ! avec quelles délices ne te presseroit-
» elle pas dans ses bras et sur son cœur !
» Comme tous ses regards, toutes ses pen-
» sées seroient attachés sur toi, pour pré-
» venir tes moindres desirs, pour soulager
» tes moindres peines ? Elle seroit tout
» amour, toute innocence devant toi ; tu
» croirois retrouver une sœur.

» Je pars pour le couvent de......

» ce monastère, bâti au bord de la mer, » convient à la situation de mon ame. » J'entendrai la nuit, du fond de ma cel- » lule, le murmure des flots qui baignent » les murs du couvent ; je songerai à ces » promenades que je faisois avec vous, au » milieu des bois, alors que nous croyions » retrouver le bruit des mers, dans la cime » agitée des pins. Aimable compagnon de » mon enfance, est-ce que je ne vous verrai » plus ? A peine plus âgée que vous, je » vous balançois dans votre berceau ; sou- » vent nous avons dormi ensemble. Ah ! si » un même tombeau nous réunissoit un » jour ! mais non ; je dois dormir seule sous » les marbres glacés de ce sanctuaire, où » reposent pour jamais ces filles qui n'ont » point aimé !

» Je ne sais si vous pourrez lire ces lignes » à moitié effacées par mes larmes. Après » tout, mon ami, un peu plutôt, un peu » plus tard, n'auroit-il pas fallu nous quit- » ter ? Qu'ai-je besoin de vous entretenir » de l'incertitude, et du peu de valeur de

» la vie ? Vous vous rappelez le jeune du
» T..... qui périt à l'île de France. Quand
» vous reçûtes sa dernière lettre, quelques
» mois après sa mort, sa dépouille terrestre
» n'existoit même plus, et l'instant où vous
» commenciez son deuil en Europe, étoit
» celui où l'on le finissoit aux Indes. Qu'est-
» ce donc que l'homme, dont la mémoire
» s'abolit si vîte, qu'une partie de ses amis
» ne peut apprendre sa mort, que l'autre
» n'en soit déja consolée ?.... Quoi ! cher
» et trop cher Réné ! mon souvenir s'effa-
» cera-t-il si promptement de ton cœur ?....
» O mon frère ! si je m'arrache à vous dans
» le temps, c'est pour n'être pas séparée
» de vous dans l'éternité. »

AMÉLIE.

P. S. « Je joins ici l'acte de la donation
» de ma fortune ; j'espère que vous ne
» refuserez pas cette petite marque de mon
» amitié. »

« La foudre qui fût tombée à mes pieds

ne m'eût pas causé plus d'effroi que cette lettre. Quel secret Amélie me cachoit-elle ? qui la forçoit si subitement à embrasser la vie réligieuse ? Ne m'avoit-elle rattaché à l'existence par le charme de l'amitié, que pour me délaisser tout-à-coup ? Oh ! pourquoi étoit-elle venue me détourner de mon dessein ! un froid mouvement de pitié l'avoit rappelée auprès de moi; mais bientôt fatiguée d'un triste devoir, elle se hâte de quitter un malheureux, qui n'avoit qu'elle sur la terre ; on croit avoir tout fait quand on a empêché un homme de mourir ! Telles étoient mes plaintes. Puis faisant un retour sur moi-même : « ingrate Amélie, disois-je ; si tu avois été dans ma place, si, comme moi, tu eusses été accablée du vide de tes jours, va, tu n'aurois pas été abandonnée par ton frère. »

« Cependant, quand je relisois la lettre, j'y trouvois je ne sais quoi de si triste et de si tendre, que tout mon cœur se fondoit. Tout-à-coup il me vint une idée qui me donna quelqu'espérance : je m'imaginai qu'Amélie avoit peut-être conçu une passion pour un homme d'un rang inférieur, et qu'elle n'osoit avouer, à cause de l'orgueil de notre famille. Ce soupçon sembla m'expliquer sa mélancolie, sa correspondance mystérieuse, et le ton passionné qui respiroit dans sa lettre. Je lui écrivis aussitôt pour lui faire les plus tendres reproches, pour la supplier de m'ouvrir son cœur, et de ne pas sacrifier le bonheur de sa vie à des parens qui lui étoient presque étrangers.

« Elle ne tarda pas à me répondre, elle me mandoit qu'elle étoit déterminée, qu'elle avoit obtenu les dispenses du noviciat, et qu'elle alloit prononcer immédiatement ses vœux. Elle ajoutoit, en finissant : « Je n'ai
» que trop négligé notre famille ; c'est
» vous que j'ai uniquement aimé : mon ami,
» Dieu n'approuve point ces préférences ;
» il m'en punit aujourd'hui. »

» Ce billet me donna un mouvement de rage ; je fus révolté de l'obstination d'Amélie, du mystère de ses paroles, et de son peu de confiance en mon amitié.

» Après avoir hésité un moment sur le parti que j'avois à prendre, je me résolus d'aller à B.... dans le dessein de retarder au moins le sacrifice, si je ne pouvois l'empêcher de s'accomplir.

» La terre où j'avois été élevé se trouvoit sur ma route. Quand j'apperçus du grand chemin ces bois où j'avois passé les seuls momens heureux de ma vie, je ne pus retenir mes larmes, et il me fut impossible de résister à la tentation de leur dire un dernier adieu. Je me détournai donc un moment pour accomplir ce sacré pélerinage.

» Mon frère aîné avoit vendu l'héritage paternel, et le nouveau propriétaire ne l'habitoit pas. J'arrivai au château par la longue avenue de sapins : je traversai à pied les cours désertes ; je m'arrêtai en silence à regarder les fenêtres fermées ou demi-brisées, le chardon qui croissoit au pied des murs, les feuilles qui jonchoient le seuil des portes, et ce perron solitaire, où j'avois vu si souvent mon père et ses

fidèles serviteurs. Les marches étoient déjà couvertes de mousse, le violier jaune croissoit entre leurs pierres déjointes et tremblantes : un gardien inconnu m'ouvrit brusquement les portes. Comme j'hésitois à franchir le seuil; cet homme s'écria : « Eh » bien ! allez-vous faire comme cette étran- » gère, qui vint ici il y a quelques jours : » quand ce fut pour entrer, elle devint » pâle et tremblante, et l'on fut obligé de la » reporter à sa voiture. » Il me fut aisé de reconnoître l'*étrangère* qui, ainsi que moi, étoit venue chercher dans ces lieux des pleurs et des souvenirs ! Couvrant mes yeux de mon mouchoir, j'entrai sous le toit de mes ancêtres. Je parcourus les appartemens sonores où l'on n'entendoit que le bruit de mes pas, et qui n'étoient éclairés que par la foible lumière, qui pénétroit entre les volets fermés. Je visitai la chambre où ma mère avoit perdu la vie en me mettant au monde, celle où se retiroit mon père, celle où j'avois dormi dans mon berceau, celle où l'amitié avoit reçu mes

PARTIE II.
Poétique du Christianisme.

LIVRE IV.
Suite de la poésie, dans ses rapports avec les hommes.

Suite des passions

premiers vœux dans le sein d'une sœur.....'
Par-tout les salles étoient détendues, et l'araignée filoit sa toile dans les couches abandonnées. Je sortis précipitamment de ces lieux, je m'en éloignai à grands pas, sans oser détourner la tête. Qu'ils sont doux, mais qu'ils sont rapides, les momens que les frères et les sœurs passent dans leurs jeunes années, réunis sous l'aile de leurs vieux parens ! La famille de l'homme n'est que d'un jour, le souffle de Dieu la disperse comme une fumée; à peine le fils connoît-il le père, le père le fils, le frère la sœur, la sœur le frère : le chêne voit germer ses glands autour de lui, ... il n'en est pas ainsi des enfans des hommes !

» En arrivant à B........ je me fis conduire au couvent ; je demandai à parler à ma sœur. On me dit qu'elle ne recevoit personne. Je lui écrivis ; elle me répondit, que sur le point de se consacrer à Dieu, il ne lui étoit pas permis de donner une seule pensée au monde ; que si je l'aimois, j'éviterois de l'accabler de ma douleur. Elle

ajoutoit : « Cependant si votre projet est
» de paroître à l'autel le jour de ma pro-
» fession, daignez m'y servir de père ; ce
» rôle est le seul digne de votre courage, le
» seul qui convienne à notre amitié et à
» mon repos. »

» Cette froide fermeté qu'on opposoit à toute l'ardeur de mon amitié, me jeta dans de violens transports. Tantôt j'étois près de retourner sur mes pas ; tantôt je voulois rester, uniquement pour troubler la pompe. L'enfer me suscitoit jusqu'à la pensée de me poignarder dans l'église, et de mêler mes derniers soupirs aux vœux qui m'arracheroient ma sœur. La supérieure du couvent me fit prévenir qu'on avoit préparé un banc dans le sanctuaire, et elle m'invitoit à me rendre à la cérémonie, qui devoit avoir lieu dès le lendemain.

» Au lever de l'aube, j'entendis le premier son des cloches, qui annonçoit le sacrifice. Vers dix heures, dans une sorte d'agonie, je me traînai au monastère.... Rien ne peut plus être tragique quand on a assisté à de pareils spectacles, ni rien douloureux quand on y a survécu.

» Un peuple immense remplissoit l'église : on me conduit au banc du sanctuaire ; je m'y précipite, sans presque savoir où j'étois, ni à quoi j'étois résolu. Déjà le prêtre attendoit à l'autel : tout-à-coup la grille mystérieuse s'ouvre, et Amélie s'avance, parée de toutes les pompes du monde. Elle étoit si belle, il y avoit sur son visage quelque chose de si divin, qu'elle excita un mouvement d'admiration et de surprise. Foudroyé par la glorieuse douleur de la sainte, abattu par les grandeurs de la religion, tous mes projets de violence s'évanouirent ; ma force m'abandonna, je me sentis lié par une main toute-puissante, et au lieu de blasphêmes et de menaces, je ne trouvai dans mon cœur que de profondes adorations, et les gémissemens de l'humilité.

» Amélie se plaça sous un dais qu'on avoit préparé pour elle. Le sacrifice commence à la lueur de cent flambeaux, au milieu des fleurs et des parfums, qui devoient rendre l'holocauste agréable. A l'offertoire, le prêtre se dépouille de ses ornemens, ne conserve qu'une tunique de lin, monte en chaire, et dans un discours simple et pathétique, peint le bonheur de la vie religieuse, les tribulations du monde, et la paix de la vierge qui se consacre au Seigneur. Quand il prononça ces mots : *Elle a paru comme l'encens qui se consume dans le feu*, un grand calme et des odeurs célestes semblèrent se répandre dans l'auditoire ; on se sentit comme à l'abri, sous les ailes de la colombe mystique, et l'on eût cru voir des anges descendre sur l'autel et remonter vers les cieux, avec des parfums et des couronnes.

» Le prêtre achève son discours, reprend ses vêtemens, continue le sacrifice. Amélie, soutenue de deux jeunes religieuses, se met à genoux sur la dernière marche de l'autel : on vient alors me chercher, pour remplir les fonctions paternelles. Au bruit de mes pas chancelans dans le sanctuaire,

Amélie fut près de défaillir : on me place à côté du prêtre, pour lui présenter les ciseaux. En ce moment je sentis renaître mes transports ; ma fureur alloit éclater, quand Amélie, rappelant son courage, me lança un regard où il y avoit tant de reproche et de douleur, que j'en fus atterré. La religion triomphe. Ma sœur profite de mon trouble : elle avance hardiment la tête. Sa superbe chevelure tombe de toutes parts sous le fer sacré ; une longue robe d'étamine remplace pour elle les ornemens du siècle, sans la rendre moins touchante ; les ennuis de son front se cachent sous un bandeau de lin ; et le voile mystérieux, double symbole de la virginité et de la religion, accompagne sa tête dépouillée : jamais elle n'avoit paru si belle ; l'œil de la pénitente étoit attaché sur la poussière du monde, et son ame étoit dans le ciel.

» Cependant Amélie n'avoit point encore prononcé ses vœux, et pour mourir au monde, il falloit qu'elle passât comme à travers le tombeau. Ma sœur se couche sur le marbre ; on étend sur elle un drap mortuaire : quatre flambleaux en marquent les quatre coins. Le prêtre, l'étole au cou, et le livre à la main, commence l'office des morts, que de jeunes vierges continuent. O joies de la religion, que vous êtes grandes, mais que vous êtes terribles ! On m'avoit contraint de me placer à genoux, près de ce lugubre appareil : tout-à-coup un murmure confus sort de dessous le voile sépulcral; je m'incline, et ces paroles épouvantables (que je fus le seul à entendre), viennent frapper mon oreille : « Dieu de » miséricorde, fais que je ne me relève » jamais de cette couche funèbre, et comble » de tes biens, un frère qui n'a point par-» tagé ma criminelle passion ! »

» A ces mots, échappés comme du creux du cercueil, l'affreuse vérité m'éclaire ; ma raison s'égare, je me laisse tomber sur le linceul de la mort, je presse ma sœur dans mes bras, je m'écrie : « Chaste épouse de » Jésus-Christ, reçois mes derniers embras-» semens, à travers les glaces du trépas et

» les profondeurs de l'éternité, qui te séparent déja de ton frère.

» Ce mouvement, ce cri, ces larmes, troublent toute la cérémonie : le prêtre s'interrompt, les religieuses effrayées ferment la grille, la foule s'agite et se presse vers l'autel ; on m'emporte sans connoissance. Ah ! que je sus peu de gré à ceux qui me rappellèrent au jour ; j'appris, en rouvrant les yeux, que le sacrifice étoit consommé, et que ma sœur avoit été saisie d'une fièvre ardente. Elle me faisoit prier de ne plus chercher à la voir.....O misère de ma vie ! une sœur craignoit de parler à un frère, et un frère auroit craint de faire entendre sa voix à une sœur ! Je sortis du monastère comme de ce lieu d'expiation, où des flammes nous préparent pour la vie céleste, et où l'on a tout perdu, comme aux enfers, hors l'espérance.

» On peut trouver des forces dans son ame contre un malheur personnel ; mais un malheur dont on est la cause involontaire, et qui frappe une victime innocente, est tout-à-fait insupportable. Eclairé sur les maux de ma sœur, je me figurois tout ce qu'elle avoit dû souffrir auprès de moi; victime d'autant plus malheureuse, que la pureté de ma tendresse devoit lui être à-la-fois odieuse et chère, et qu'appelée dans mes bras par un sentiment, elle en étoit repoussée par un autre.

» Que de combats dans son sein ! que d'efforts n'avoit-elle point faits ! Tantôt voulant s'éloigner de moi, et n'en ayant pas la force ; craignant pour ma vie, et tremblant pour elle et pour moi. Je me reprochois mes plus innocentes caresses, je me faisois horreur. En relisant la lettre de l'infortunée, (qui n'avoit plus de mystères !) je m'apperçus que ses lèvres humides y avoient laissé d'autres traces que celles de ses pleurs. Alors s'expliquèrent pour moi, plusieurs choses que je n'avois pu comprendre; ce mélange de joie et de tristesse qu'Amélie avoit fait paroître, lors de mon départ pour mes voyages, le soin qu'elle prit de m'éviter à mon retour, et cependant cette foiblesse, qui l'empêcha si long-temps d'entrer dans un monastère ; sans doute la fille malheureuse s'étoit flattée de guérir ! Ses projets de retraite, la dispense du noviciat, la disposition de ses biens en ma faveur, avoient apparemment produit cette correspondance secrète, qui servit à me tromper.

» O mes vieux amis, je sus alors ce que c'étoit que de verser des larmes, pour un mal qui n'étoit point imaginaire ! Mes passions, si long-temps indéterminées, se précipitèrent sur cette première proie avec fureur. Je trouvai même une sorte de satisfaction inattendue dans la plénitude de mon chagrin, et je m'apperçus, avec un secret mouvement de joie, que la douleur n'est pas une affection qu'on épuise comme le plaisir.

» J'avois voulu quitter la terre avant l'ordre du Tout-puissant ; c'étoit un grand crime; Dieu m'avoit envoyé Amélie à-la-fois pour me sauver et pour me punir : ainsi, toute pensée coupable, toute action criminelle entraîne après soi des désordres et des malheurs. Amélie me prioit de vivre, et je lui devois bien de ne pas aggraver ses maux. D'ailleurs (chose étrange!) je n'avois plus envie de mourir depuis que j'étois réellement malheureux. Mon chagrin étoit devenu une occupation qui remplissoit tous mes momens; tant mon cœur est naturellement pétri d'ennui et de misère !

» Je pris donc subitement une autre résolution ; je me déterminai à quitter l'Europe, et à passer en Amérique.

» On équipoit, dans ce moment même, au port de B...... une flotte pour la Louisiane; je m'arrangeai avec un des capitaines de vaisseaux; je fis savoir mon projet à Amélie, et je m'occupai de mon départ.

» Ma sœur avoit touché aux portes de la mort; mais Dieu, qui lui destinoit la première palme des vierges, ne voulut pas la rappeler si vîte à lui : son épreuve ici-bas fut prolongée. Descendue une seconde fois dans la pénible carrière de la vie, l'héroïne, courbée sous sa croix, s'avança courageusement à l'encontre des douleurs; ne voyant plus que le triomphe dans le combat, et

Partie II.
Poétique
du
Christianisme.

Livre IV.
*Suite
de la poésie,
dans
ses rapports
avec
les hommes.*

*Suite
des passions.*

dans l'excès des souffrances, l'excès de la gloire.

» La vente du peu de bien qui me restoit, et que je cédai à mon frère, les longs préparatifs d'un convoi, les vents contraires, me retinrent long-temps dans le port. J'allois chaque matin m'informer des nouvelles d'Amélie, et je revenois toujours avec de nouveaux motifs d'admiration et de larmes.

» J'errois sans cesse autour du monastère, bâti au bord de la mer. J'appercevois souvent, à une petite fenêtre grillée qui donnoit sur une plage déserte, une religieuse assise dans une attitude pensive; elle rêvoit à l'aspect de l'océan, où apparoissoit quelque vaisseau cinglant aux extrémités de la terre. Plusieurs fois, à la clarté de la lune, j'ai revu la même vestale aux barreaux de la même fenêtre; elle contemploit la mer, éclairée par l'astre de la nuit, et sembloit prêter l'oreille au bruit des vagues qui se brisoient tristement sur des grèves solitaires.

» Je crois encore l'entendre, pendant la nuit, la cloche qui appeloit les religieuses

aux veilles et aux prières. Tandis qu'elle tintoit avec lenteur, et que les vierges s'avançoient en silence à l'autel du Tout-Puissant, je courois au monastère : là, seul au pied des murs, dans les ténèbres, j'écoutois dans une sainte extase, les derniers sons des cantiques, qui se mêloient sous les voûtes du temple aux foibles bruissemens des flots lointains.

» Je ne sais comment toutes ces choses, qui auroient dû nourrir mes peines, en émoussoient au contraire l'aiguillon. Mes larmes avoient moins d'amertume, lorsque je les répandois sur les rochers et parmi les vents. Mon chagrin même, par sa nature extraordinaire, portoit avec lui quelque remède : on jouit de ce qui n'est pas commun, même quand cette chose est un malheur. J'en conçus presque l'espérance que ma sœur deviendroit à son tour moins misérable.

» Une lettre que je reçus d'elle vers ce temps-là, sembla me confirmer dans ces idées. Amélie se plaignoit tendrement de ma

douleur, et m'assuroit que le temps diminuoit la sienne. « Je ne désespère pas de
» mon bonheur, me disoit-elle : l'excès
» même du sacrifice, à présent que le sacri-
» fice est fait, sert à me rendre quelque
» paix. La simplicité de mes compagnes,
» la pureté de leurs vœux, la régularité de
» notre vie, tout répand du baume sur mes
» jours. Quand j'entends gronder les orages,
» et que l'oiseau de mer vient battre des
» ailes à ma fenêtre ; moi, pauvre colombe
» du ciel, je songe au bonheur que j'ai eu
» de trouver un abri contre la tempête. On
» respire ici quelque chose de divin, un
» air tranquille que ne trouble point le
» souffle des passions ; c'est ici la sainte
» montagne, le sommet élevé d'où l'on en-
» tend les derniers bruits de la terre, et les
» premiers concerts du ciel ; c'est ici que
» la religion trompe doucement une ame
» sensible. Aux plus violentes amours, elle
» substitue une sorte de chasteté brûlante,
» où l'amante et la vierge se trouvent unies :
» elle épure les soupirs ; elle allume une

» flamme incorruptible où brûloit une
» flamme mortelle; elle mêle divinement
» son calme et son innocence, à ce reste
» de confusion et de volupté d'un cœur
» qui cherche à se reposer, et d'une vie
» qui se retire. »

« Je ne sais ce que le ciel me réserve, et s'il a voulu m'avertir que les orages accompagneroient par-tout mes pas. L'ordre étoit donné pour le départ de la flotte, déja plusieurs vaisseaux avoient appareillé au baisser du soleil : je m'étois arrangé pour passer la dernière nuit à terre, afin d'écrire ma lettre d'adieux à Amélie. Vers minuit, tandis que je m'occupois de ce triste soin, et que je mouillois mon papier de mes larmes, tout-à-coup le bruit des vents vient frapper mon oreille. J'écoute, et au milieu de la tempête, je distingue les coups de canon d'alarme, mêlés au glas de la cloche monastique. Je vole sur le rivage où tout étoit désert, et où l'on n'entendoit que le rugissement des flots : je m'assieds sur un rocher. D'un côté s'étendent des vagues étincelantes ; de l'autre, les murs sombres du monastère montent en masse dans les cieux : une petite lumière apparoissoit à la fenêtre grillée. Etoit-ce toi, ô mon Amélie, qui, prosternée au pied du crucifix, priois le Dieu des orages d'épargner ton malheureux frère ?.... La tempête sur les flots, le calme dans ta retraite ; des hommes brisés sur des écueils, au pied de l'asyle que rien ne peut troubler ; l'infini de l'autre côté du mur d'une cellule, de même qu'il n'y a que la pierre du tombeau entre l'éternité et la vie ; les fanaux agités des vaisseaux, le phare immobile du couvent, humble, mais certain, et dirigeant sans périls la religieuse à une terre céleste ; l'incertitude des destinées du navigateur, la vestale ayant sous le même toit et son lit et son tombeau, et connoissant dans un seul jour tous les jours futurs de sa vie : d'une autre part, une ame telle que la tienne, ô Amélie, vaste, orageuse comme l'océan ; un naufrage plus affreux que celui du marinier...... Tout ce tableau est profondément gravé dans ma mémoire...... Soleil de ce ciel nouveau, maintenant témoin de mes larmes ! écho du rivage américain, qui répétez les accens de René ! ce fut le lendemain de cette nuit terrible, qu'appuyé sur le gaillard de mon vaisseau, je vis s'éloigner pour jamais ma terre natale ! je contemplai long-temps sur la côte les derniers balancemens des arbres de la patrie, et les faîtes du monastère, qui s'abaissoient à l'horizon. »

Comme René achevoit de raconter son histoire, il tira un papier de son sein, et le donna au père Soüel ; puis, se jetant dans les bras de Chactas, et étouffant ses sanglots, il laissa le temps au missionnaire de parcourir la lettre qu'il lui avoit remise.

Elle étoit de la Supérieure de...... Elle contenoit le récit des derniers momens de la *sœur Amélie de la Miséricorde*, morte victime de son zèle et de sa charité, en soignant ses compagnes attaquées d'une maladie contagieuse. Toute la communauté étoit inconsolable, et l'on y regardoit Amélie comme une sainte : la Supérieure ajoutoit que depuis trente ans qu'elle étoit à la tête de la maison, elle n'avoit jamais vu de religieuse d'une humeur aussi douce et aussi égale, ni qui fût plus contente d'avoir quitté les tribulations du monde.

Chactas pressoit René dans ses bras ; le vieillard pleuroit. « Mon enfant, dit-il à » son fils, je voudrois que le père Aubry » fût ici ; il tiroit du fond de son cœur je » ne sais quelle paix, qui, en les calmant, » ne sembloit cependant point étrangère » aux tempêtes ; c'étoit la lune dans une » nuit orageuse : les nuages errans ne peu- » vent l'emporter dans leur course ; pure » et inaltérable, elle s'avance tranquille » au-dessus d'eux. Hélas ! pour moi, tout » me trouble et m'entraîne ! »

Jusqu'alors le père Souël, sans proférer une parole, avoit écouté d'un air austère l'histoire de René. Il portoit en secret un cœur compatissant, mais il montroit au dehors un caractère inflexible ; la sensibilité du Sachem le fit sortir enfin de son silence :

« Rien, dit-il, au frère d'Amélie, rien
» ne mérite dans cette histoire la pitié
» qu'on vous montre ici. Je vois un jeune
» homme entêté de chimères, à qui tout
» déplaît, et qui s'est soustrait aux charges
» de la société pour se livrer à d'inutiles
» rêveries. On n'est point, monsieur, un
» homme supérieur, parce qu'on apperçoit
» le monde sous un jour odieux ; on ne
» hait les hommes et la vie, que faute de
» voir assez loin. Etendez un peu plus
» votre regard, et vous serez bientôt con-
» vaincu que tous ces maux dont vous vous
» plaignez, sont de purs néans. Mais quelle
» honte de ne pouvoir songer au seul mal-
» heur réel de votre vie, sans être forcé de
» rougir ! Toute la pureté, toute la vertu,
» toute la religion, toutes les couronnes
» d'une sainte, rendent à peine tolérable la
» seule idée de vos chagrins. Votre sœur a
» expié sa faute ; mais, s'il faut dire ici ma
» pensée, je crains que, par une épouvan-
» table justice, un aveu, sorti du sein de
» la tombe, n'ait à son tour troublé votre

» aîne. Que faites-vous seul au fond des » forêts, où vous consumez vos jours, » négligeant tous vos devoirs? Des saints, » me direz-vous, se sont ensevelis dans les » déserts? ils y étoient, avec leurs larmes, » et employoient à éteindre leurs passions » le temps que vous perdez peut-être à allu- » mer les vôtres. Jeune présomptueux, qui » avez cru que l'homme se peut suffire à lui- » même! La solitude est mauvaise à celui » qui n'y vit pas avec Dieu; elle redouble » les puissances de l'ame, en même temps » qu'elle leur ôte tout sujet pour s'exercer. » Quiconque a reçu des forces, doit les » consacrer au service de ses semblables : » s'il les laisse inutiles, il en est d'abord puni » par une secrète misère, et tôt ou tard le » ciel lui envoie un châtiment effroyable. »

Tout troublé par ces paroles, René releva du sein de Chactas sa tête humiliée : le Sachem aveugle se prit à sourire, et ce sourire de la bouche, qui ne se marioit plus à celui des yeux, avoit quelque chose de mystérieux et de céleste. « Mon fils,

« dit l'antique amant d'Atala, il nous parle
« sévèrement, il corrige et le vieillard et
« le jeune homme, et il a raison. Oui, il
« faut que tu renonces à cette vie extraor-
« dinaire, qui n'est pleine que de soucis ;
« il n'y a de bonheur que dans les voies
« communes.

« Un jour le Meschascebé, encore assez
« près de sa source, se lassa de n'être qu'un
« limpide ruisseau. Il demanda des neiges
« aux montagnes, des eaux aux torrens,
« des pluies aux tempêtes, et parvint à
« recueillir une onde immense. Bientôt il
« franchit ses rives, et désole ses bords
« charmans. L'orgueilleux ruisseau s'ap-
« plaudit d'abord de sa puissance ; mais
« voyant que tout devenoit désert sur son
« passage ; qu'il couloit, abandonné dans
« une grande solitude ; que ses eaux étoient
« toujours troublées ; il regretta l'hum-
« ble lit que lui avoit creusé la nature,
« la pureté de son premier cours, et les
« oiseaux, et les fleurs, et les arbres, et
« les petits ruisseaux, jadis aimables com-

» pagnons de son onde, aux sources de sa
» vie. »

Chactas cessa de parler, et l'on entendit la voix du *flammant*, qui, retiré dans les roseaux du Meschascebé, annonçoit un orage pour le milieu du jour. Les trois amis se levèrent pour retourner à leurs cabanes : René marchoit en silence entre le missionnaire, qui prioit Dieu, et le Sachem aveugle, qui cherchoit sa route. On dit que, pressé par les deux vieillards, il retourna chez son épouse, mais sans y trouver le bonheur. Il périt peu de temps après avec Chactas et le père Souël, dans le massacre des François et des Natchez à la Louisiane : on montre encore un rocher où il alloit s'asseoir au soleil couchant.

SECONDE PARTIE.

POÉTIQUE DU CHRISTIANISME.

LIVRE CINQUIÈME.

DU *MERVEILLEUX*, OU DE LA POÉSIE, DANS SES RAPPORTS AVEC LES ÊTRES SURNATURELS.

CHAPITRE PREMIER.

Que la mythologie rapetissoit la nature ; que les anciens n'avoient point de poésie proprement dite descriptive.

Nous avons donc fait voir, dans les livres précédens, que le christianisme, en se mêlant aux affections de l'ame, a multiplié les ressorts dramatiques. Encore une fois, le polythéisme ne s'occupoit point des vices et des vertus ; il étoit totalement séparé de la morale. Or voilà un côté immense, tout l'homme, que la religion chrétienne embrasse de plus que l'idolâtrie. Voyons maintenant si dans ce qu'on appelle le *merveilleux*, elle ne le dispute point en beauté à la mythologie même.

Nous ne nous dissimulons pas que nous avons à combattre ici un des plus anciens préjugés de l'école. Toutes les autorités sont contre nous, et l'on peut nous citer vingt vers de l'Art poétique, qui nous condamnent.

> Et quel objet enfin à présenter aux yeux, etc.
> C'est donc bien vainement que nos auteurs déçus, etc.

Quoi qu'il en soit, il n'est pas impossible de soutenir que la mythologie si vantée, loin d'embellir la nature, en détruit les véritables charmes, et nous croyons que plusieurs littérateurs distingués sont à présent de cet avis.

Le plus grand et le premier vice de la mythologie, étoit d'abord de rapetisser la nature et d'en bannir la vérité. Une preuve incontestable de ce fait, c'est que la poésie que nous appelons *descriptive*, a été inconnue de toute l'antiquité (*); les poëtes même qui ont chanté la nature, comme Hésiode, Théocrite et Virgile, n'en ont point fait de description dans le sens que nous attachons à ce mot. Ils nous ont sans doute laissé d'admirables peintures des travaux, des mœurs et du bonheur de la vie rustique; mais quant à ces tableaux des campagnes, des saisons, des accidens du ciel, qui ont enrichi la muse moderne, on en trouve à peine quelques traits dans leurs ecrits.

Il est vrai que ce peu de traits est excellent, comme le reste de leurs ouvrages. Quand Homère a décrit la grotte du Cyclope, il ne l'a pas tapissée de *lilas et de roses*; il y a planté, comme Théocrite,

PARTIE II.
Poétique du Christianisme.

LIVRE V.
Du *merveilleux*, ou de la poésie, dans ses rapports avec les êtres surnaturels.

(*) *Voyez* la note D à la fin du volume.

des lauriers et de longs pins. Dans les jardins d'Alcinoüs, il fait couler des fontaines et fleurir des arbres utiles; il parle ailleurs de la colline, *battue des vents et couverte de figuiers*, et il représente la fumée des palais de Circé, s'élevant au-dessus d'une forêt de chênes.

Virgile a mis la même vérité dans ses peintures. Il donne au pin l'épithète d'*harmonieux*, parce qu'en effet le pin a une sorte de doux gémissemens quand il est foiblement agité; les nuages, dans les Géorgiques, sont comparés à des flocons de laine roulés par les vents, et les hirondelles, dans l'Enéide, gazouillent sous le chaume du roi Évandre, ou rasent les portiques des palais. Horace, Tibulle, Properce, Ovide, ont aussi crayonné quelques ébauches de la nature; mais ce n'est jamais qu'un ombrage favorisé de Morphée, un vallon où Cythérée doit descendre, une fontaine où Bacchus repose dans le sein des Naïades.

L'âge philosophique de l'antiquité ne changea rien à cette manière. L'Olympe, auquel on ne croyoit plus, se réfugia chez les poëtes, qui protégèrent à leur tour les dieux qui les avoient protégés. Stace et Silius Italicus n'ont pas été plus loin qu'Homère et Virgile; Lucain seul avoit fait quelque progrès dans cette carrière, et l'on trouve dans la Pharsale la description d'une forêt et d'un désert, qui rappelle les couleurs modernes (1).

Enfin, les naturalistes furent aussi sobres que les poëtes, et suivirent à-peu-près la même progression. Ainsi Pline et Columéle qui vinrent les derniers, se sont plus attachés à décrire la nature qu'Aristote. Parmi les historiens et les philosophes, Xénophon, Tacite, Plutarque, Platon et Pline le jeune (2), se font remarquer par quelques beaux tableaux.

Partie II. Poétique du Christianisme.

Livre V. Du *merveilleux*, ou *de la poésie*, dans ses rapports avec les êtres surnaturels.

(1) Cette description est pleine d'enflure et de mauvais goût; mais il ne s'agit ici que du genre et non de l'exécution du morceau.

(2) Voyez dans Xénophon la retraite des Dix-mille

PARTIE II.
Poétique du Christianisme.

LIVRE V.
Du *merveilleux*, ou de la poésie, dans ses rapports avec les êtres surnaturels.

On ne peut guères supposer que des hommes, aussi sensibles que les anciens, eussent manqué d'yeux pour voir la nature, et de talent pour la peindre, si quelque cause puissante ne les avoit aveuglés. Or, cette cause étoit la mythologie, qui, peuplant l'univers d'élégans fantômes, ôtoit à la création, sa gravité, sa grandeur, sa solitude et sa mélancolie. Il a fallu que le christianisme vînt chasser tout ce peuple de faunes, de satyres et de nymphes, pour rendre aux grottes leur silence, et aux bois leur rêverie. Les déserts ont pris sous notre culte un caractère plus triste, plus vague, plus sublime ; le dôme des forêts s'est exhaussé, les fleuves ont brisé leurs petites urnes, pour ne plus verser que les eaux de l'abyme du sommet des mon-

---

et le Traité de la chasse; dans Tacite, la description du camp abandonné, où Varus fut massacré avec ses légions (*An. lib. I.*); dans Plutarque, la vie de Brutus et de Pompée ; dans Platon, l'ouverture du dialogue des loix ; dans Pline, la description de son jardin.

tagnes : le vrai Dieu, en rentrant dans ses œuvres, a donné son immensité à la nature.

Le spectacle de l'univers ne pouvoit faire sentir aux Grecs et aux Romains les émotions qu'ils portent à notre ame. Au lieu de ce soleil couchant, dont le rayon alongé tantôt illumine une forêt sombre, tantôt forme une tangente d'or sur l'arc roulant des mers; au lieu de ces beaux accidens de lumière qui nous retracent chaque matin le miracle de la création; les anciens ne voyoient partout qu'une uniforme machine d'opéra.

Si le poëte s'égaroit dans les vallées du Taigette, au bord du Sperchius, sur le Ménale aimé d'Orphée, ou dans les campagnes d'Elore, malgré la douceur de cette géographie hellénienne, il ne rencontroit que des faunes, il n'entendoit que des dryades : Priape étoit là sur un tronc d'olivier, et Vertumne avec les Zéphyrs, menoit des danses éternelles. Des Sylvains et des Naïades peuvent frapper agréablement l'imagination, pourvu qu'ils ne soient pas sans cesse reproduits; nous ne voulons point

. . . Chasser les Tritons de l'empire des eaux,
Oter à Pan sa flûte, aux Parques leurs ciseaux.

Mais enfin, qu'est-ce que tout cela laisse au fond de l'ame ? Qu'en résulte-t-il pour le cœur ? quel fruit peut en tirer la pensée ? Oh ! que le poëte chrétien est bien plus favorisé dans la solitude, où Dieu se promène avec lui ! Libre de ce troupeau de dieux ridicules, qui les bornoient de toutes parts, les bois se sont remplis d'une Divinité immense. Le don de prophétie et de sagesse, le mystère et la religion semblent résider éternellement dans leurs profondeurs sacrées.

Pénétrez dans ces forêts américaines aussi vieilles que le monde, quel profond silence dans ces retraites, quand les vents reposent ! quelles voix inconnues, quand les vents viennent à s'élever ! Etes-vous immobile, tout est muet; faites-vous un pas, tout soupire. La nuit s'approche, les ombres s'épaississent ; on entend des troupeaux de bêtes sauvages passer dans les ténèbres ; la terre murmure sous vos pas ; quelques coups de foudre font mugir les déserts : la forêt s'agite, les arbres tombent, un fleuve inconnu coule devant vous. La lune sort enfin de l'Orient ; à mesure que vous passez au pied des arbres, elle semble errer devant vous dans leur cime, et suivre tristement vos yeux. Le voyageur s'assied sur le tronc d'un chêne pour attendre le jour ; il regarde tour-à-tour l'astre des nuits, les ténèbres, le fleuve : il se sent inquiet, agité, et dans l'attente de quelque chose d'inconnu ; un plaisir inoui, une crainte extraordinaire font palpiter son sein, comme s'il alloit être admis à quelque secret de la Divinité : il est seul au fond des forêts, mais la pensée de l'homme est égale aux espaces de la nature, et toutes les solitudes de la terre sont moins vastes qu'une seule rêverie de son cœur.

Oui, quand l'homme renieroit la Divinité ; l'Être pensant, sans cortége et sans spectateur, seroit encore plus auguste au

Partie II.
Poétique du Christianisme.

Livre V.
Du merveilleux, ou de la poésie, dans ses rapports avec les êtres surnaturels.

milieu des mondes solitaires, que s'il y apparoissoit environné des petites déités de la fable. Le désert vide auroit encore quelques convenances avec l'étendue de ses idées, la tristesse des passions, et le dégoût même d'une vie sans illusion et sans espérance.

Il y a dans l'homme un instinct mélancolique, qui le met en rapport avec les scènes de la nature. Eh ! qui n'a passé des heures entières, assis sur le rivage d'un fleuve, à voir s'écouler les ondes ! qui ne s'est plu, au bord de la mer, à regarder blanchir l'écueil éloigné ! Il faut plaindre les anciens, qui n'avoient trouvé dans l'Océan que le palais de Neptune, et la grotte de Protée ; il étoit dur de ne voir que les aventures des Tritons et des Néréïdes dans cette immensité des mers, qui semble nous donner une mesure confuse de la grandeur de notre ame, et qui fait naître un vague desir de quitter la vie, pour embrasser la nature et nous confondre avec son auteur.

CHAPITRE II.

De l'Allégorie.

Mais quoi ! dira-t-on, ne trouvez-vous rien de beau dans les allégories antiques ? Il faut faire une distinction.

L'allégorie *morale*, comme celle des *prières* dans Homère, est belle en tout temps, en tout pays, en toute religion ; le christianisme ne l'a pas bannie. Nous pouvons, autant qu'il nous plaira, placer au pied du trône du Souverain Arbitre, les deux tonneaux du bien et du mal. Nous aurons même cet avantage, que notre Dieu n'agira pas injustement et au hasard, comme Jupiter : il répandra les flots de la douleur sur la tête des mortels, non par caprice, mais pour une fin à lui seul connue. Nous savons que notre bonheur ici-bas est coordonné à un bonheur général, dans une chaîne d'êtres et de mondes qui se dérobent à notre vue ; que l'homme, en harmonie avec les globes, marche d'un pas égal avec eux, à l'accomplissement d'une révolution, que Dieu couvre de son éternité.

Mais si l'allégorie *morale* est toujours existante pour nous, il n'en est pas ainsi de l'allégorie *physique*. Que Junon soit l'*air*, que Jupiter soit l'*éther*, et qu'ainsi, frère et sœur, ils soient encore époux et épouse, où est le charme, où est la grandeur de cette personnification? Il y a plus, cette sorte d'allégorie est contre les principes du goût, et même de la saine logique. On ne doit jamais personnifier qu'une *qualité* ou qu'une *affection* d'un être, et non pas cet *être lui-même ;* autrement ce n'est plus une véritable personnification, c'est seulement avoir fait changer de nom à l'objet. Je peux faire prendre la parole à une pierre; mais que gagnerai-je à appeler cette pierre d'un nom allégorique? Or l'ame, dont la nature est la vie, a essentiellement la faculté de produire; de sorte qu'un de ses vices, une de ses vertus, peuvent être

DU CHRISTIANISME. 273

considérés ou comme son *fils*, ou comme sa *fille*, puisqu'elle les a véritablement engendrés. Cette passion, active comme sa mère, peut, à son tour, croître, se développer, prendre des traits, devenir un être distinct. Mais l'*objet physique*, être passif de son essence, qui n'est susceptible, ni de plaisir, ni de douleur, qui n'a que des *accidens* et point de *passions*, et des accidens aussi morts que lui-même, ne présente rien qu'on puisse animer. Sera-ce la *dureté* du caillou, ou la *sève* du chêne, dont vous ferez un être allégorique ? Remarquez même que l'esprit est moins choqué de la création des *dryades*, des *naïades*, des *zéphyrs*, des *échos*, que de celle des nymphes attachées à des objets muets et immobiles : c'est qu'il y a dans les arbres, dans l'eau et dans l'air un mouvement et un bruit qui rappellent l'idée de la vie, et qui peuvent par conséquent fournir une allégorie, comme le *mouvement* de l'ame. Mais, au reste, cette sorte de *petite allégorie* matérielle, quoiqu'un peu moins mauvaise que

PARTIE II.
Poétique du Christianisme.

LIVRE V.
Du merveilleux, ou de la poésie, dans ses rapports avec les êtres surnaturels.

la *grande allégorie physique*, est toujours d'un genre médiocre, froid et incomplet; elle ressemble tout au plus aux fées des Arabes, et aux génies des Orientaux.

Quant à ces dieux vagues que les anciens plaçoient dans les bois déserts et sur les sites agrestes, ils étoient d'un bel effet sans doute; mais ils ne tenoient plus au système mythologique : l'esprit humain retomboit ici dans la religion naturelle. Ce que le voyageur tremblant adoroit en passant dans ces solitudes, étoit quelque chose d'*ignoré*, quelque chose dont il ne savoit point le nom, et qu'il appeloit la *Divinité du lieu*; quelquefois il lui donnoit le nom de Pan, et Pan étoit le *Dieu universel*. Ces grandes émotions qu'inspire la nature sauvage, n'ont point cessé d'exister, et les bois conservent encore pour nous leur formidable divinité.

Enfin, il est si vrai que *l'allégorie physique* ou *les dieux de la fable*, détruisoient les charmes de la nature, que les anciens n'ont point eu de vrais peintres de paysage (1), par la même raison qu'ils n'avoient point de poésie descriptive. Or, chez les autres peuples idolâtres, qui ont ignoré le système mythologique, cette poésie a plus ou moins été connue; c'est ce que prouvent les poëmes Sanscrit, les contes Arabes, les Edda, les chansons des Nègres et des Sauvages (*). Mais, comme les nations infidèles ont toujours mêlé leur fausse religion (et par conséquent leur mauvais goût) à leurs ouvrages, ce n'est que sous le christianisme qu'on a su peindre la nature dans sa vérité.

PARTIE II.
Poétique du Christianisme.

LIVRE V.
Du *merveilleux*, ou de la poésie, dans ses rapports avec les êtres surnaturels.

(1) Les faits sur lesquelles cette assertion est appuyée, sont développés dans la note B du troisième volume.

(*) *Voyez* la note E à la fin du volume.

CHAPITRE III.

Partie historique de la Poésie descriptive chez les modernes.

Les Apôtres avoient à peine commencé de prêcher l'Evangile au monde, qu'on vit naître la poésie descriptive. Tout rentra dans la vérité, *devant celui qui tient la place de la vérité sur la terre*, comme parle saint Augustin. La nature cessa de se faire entendre par l'organe mensonger des idoles; on connut ses fins, on sut qu'elle avoit été faite premièrement pour Dieu, et ensuite pour l'homme. En effet, elle ne dit jamais que deux choses : Dieu glorifié par ses œuvres, et les besoins de l'homme satisfaits.

Cette grande découverte fit changer de face à la création; par sa partie intellectuelle, c'est-à-dire, par cette pensée de Dieu qu'elle montre de toutes parts, l'ame reçut abondance de nourriture ; et par sa partie matérielle, le corps s'apperçut que tout avoit été formé pour lui. Dès-lors on entrevit des harmonies ineffables entre nous et les déserts. Les vains simulacres attachés aux êtres insensibles s'évanouirent, et les rochers furent bien plus réellement animés, les chênes rendirent des oracles bien plus certains, les vents et les ondes élevèrent des voix bien plus touchantes, quand l'homme eut puisé dans son propre cœur la vie, les oracles, et les voix de la nature.

Jusqu'à ce moment, la solitude avoit été regardée comme affreuse, mais les nouveaux chrétiens lui trouvèrent mille charmes. Les anachorètes écrivirent de la douceur du rocher et des délices de la contemplation : c'est le premier pas de la poésie descriptive. Les religieux qui publièrent la vie des premiers pères du désert, furent à leur tour obligés de faire le tableau des retraites où ces illustres inconnus avoient caché leur gloire. On voit encore dans les ouvrages des Jérôme et des Athanase (1), des descriptions de la nature, qui prouvent qu'ils savoient observer, et faire aimer ce qu'ils peignoient.

Ce nouveau genre, introduit par le christianisme dans la littérature, se développa rapidement. Il se répandit jusque dans le style historique, comme on le remarque dans la collection appelée la Byzantine, et sur-tout dans les histoires de Procope. Il se propagea de même, mais il se corrompit, parmi les romanciers grecs du Bas-Empire, et chez quelques poëtes latins, en occident (2).

Constantinople ayant passé sous le joug des Turcs, on vit se former en Italie une nouvelle poésie descriptive, composée des débris du génie Maure, Grec et Italien. Pétrarque, l'Arioste, et le Tasse l'élevèrent à un haut degré de perfection. Mais cette description brillante manque absolument

(1) Hieron. *in Vit. Paul.* Sanct. Athan. *in Vit. Anton.*

(2) Boëce, etc.

de vérité. Elle consiste en quelques épithètes répétées sans fin, et toujours appliquées de la même manière. Il fut impossible de sortir d'un *bois touffu*, d'un *antre frais*, ou des bords d'une *claire fontaine*. Tout se remplit de bocages d'*orangers*, de berceaux de *jasmins* et de buissons de *roses*.

Flore revint avec sa corbeille, et les éternels *Zéphyrs* ne manquèrent pas de l'accompagner : mais ils ne trouvèrent dans les bois ni les *Naïades*, ni les *Faunes*, et s'ils n'eussent rencontré les *Fées* et les *Géants* des Maures, ils couroient risque de se perdre dans cette immense solitude de la nature chrétienne. Quand l'esprit humain fait un pas, il faut que tout marche avec lui; tout change avec ses clartés ou ses ombres : ainsi il lui fait peine à présent d'admettre de petites divinités, là où il ne voit plus que de grands espaces. On aura beau placer l'amante de Titon sur un char, et la couvrir de fleurs et de rosée ; rien ne peut empêcher qu'elle ne paroisse disproportionnée, en promenant sa foible lumière, dans ces cieux infinis que le christianisme a déroulés : qu'elle laisse donc le soin d'éclairer le monde à celui qui l'a fait.

Cette poésie descriptive *italienne* passa en France, et fut favorablement accueillie des Ronsard, des Lemoine, des Coras, des Saint-Amand et de nos vieux romanciers. Mais les grands écrivains du siècle de Louis XIV, dégoûtés de ces peintures, où ils ne voyoient aucune vérité, les bannirent de leur prose et de leurs vers ; et c'est un des caractères distinctifs de leurs ouvrages, qu'on n'y trouve presqu'aucune trace de ce que nous appelons *poésie descriptive* (1).

Ainsi, repoussée en France, la muse des champs se réfugia en Angleterre, où Spenser, Waler et Milton l'avoient déja fait connoître. Elle y perdit par degré ses

(1) Il faut en excepter Fénélon, Lafontaine et Chaulieu. Racine le fils, père de cette nouvelle école poétique, dans laquelle M. l'abbé de Lille a excellé, peut être aussi regardé comme le fondateur de la poésie descriptive en France.

manières affectées, mais elle tomba dans un autre excès. En ne peignant plus que la vraie nature, elle voulut tout peindre, et surchargea ses tableaux d'objets trop petits ou de circonstances bizarres. Thompson même, dans son chant de l'hiver, si supérieur aux trois autres, a des détails d'une mortelle longueur : telle fut la seconde époque de la poésie descriptive.

D'Angleterre elle revint en France, avec les ouvrages de Pope et du chantre des Saisons. Elle eut de la peine à s'y introduire, car elle fut combattue par l'ancien genre italique, que M. Dorat et quelques autres avoient fait revivre; elle triompha pourtant, et ce fut à MM. de Lille et Saint-Lambert qu'elle dut la victoire. Elle se perfectionna sous la muse françoise, se soumit aux règles du goût, et atteignit sa troisième époque.

Disons toutefois qu'elle s'étoit maintenue pure, quoiqu'ignorée dans les ouvrages de quelques naturalistes du temps de Louis XIV, tels que Tournefort, et le père du Tertre. Celui-ci, à une imagination vive, joint un génie tendre et rêveur ; il se sert même, ainsi que Lafontaine, du mot de *mélancolie*, dans le sens où nous l'employons aujourd'hui. Ainsi le siècle de Louis XIV n'a pas été totalement privé du véritable genre descriptif, comme on seroit d'abord tenté de le croire ; il étoit seulement relégué dans les lettres de nos missionnaires (1). Et c'est là que nous avons puisé cette espèce de style, que nous croyons si nouveau aujourd'hui.

Au reste, les admirables tableaux répandus dans la bible, peuvent servir à prouver doublement que la poésie descriptive est née, parmi nous, du christianisme. *Job*, les *Prophètes*, l'*Ecclésiastique*, et sur-tout les *Pseaumes*, sont remplis de descriptions magnifiques. Le pseaume *benedic, anima mea*, est un chef-d'œuvre dans ce genre.

Mon ame, bénis le Seigneur : Seigneur, mon Dieu, que vous êtes grand dans vos œuvres !
. . . .

(1) On en verra de beaux exemples, lorsque nous parlerons des missions.

Vous répandez les ténèbres, et la nuit est sur la terre : c'est alors que les bêtes des forêts marchent dans l'ombre ; que les rugissemens des lionceaux appellent la proie, et demandent à Dieu la nourriture promise aux animaux.

Mais le soleil s'est levé, et déja les bêtes sauvages se sont retirées. . . . .

L'homme alors sort pour le travail du jour, et accomplir son œuvre jusqu'au soir.

. . . .

Comme elle est vaste, cette mer qui étend au loin ses bras spacieux ! Des animaux sans nombre se meuvent dans son sein, les plus petits avec les plus grands, et les vaisseaux passent sur ses ondes (1).

Horace et Pindare sont restés bien loin de cette poésie.

Nous avons donc eu raison de dire, que c'est au christianisme que M. Bernardin de Saint-Pierre doit son talent, pour peindre les scènes de la solitude : il le lui doit, parce que nos dogmes, en détruisant les divinités mythologiques, ont rendu la vérité et la majesté aux déserts ; il le lui doit,

(1) *Pseautier Français*, page 45. *Traduction de M. de la Harpe.*

parce qu'il a trouvé dans le système de Moïse le véritable système de la nature.

Mais ici se présente un autre avantage du poëte chrétien ; si sa religion lui donne une nature *solitaire*, il peut avoir encore une nature *habitée*. Il est le maître de placer des anges à la garde des forêts, aux cataractes de l'abyme, ou de leur confier les soleils et les mondes. Ceci nous ramène aux *êtres surnaturels* ou au *merveilleux* du christianisme.

CHAPITRE IV.

Si les Divinités du Paganisme ont poétiquement la supériorité sur les Divinités chrétiennes.

Toute chose a deux faces. Des personnes impartiales pourront nous dire : « On vous » accorde que le christianisme a fourni, » quant aux hommes, une partie dramatique » qui manquoit à la mythologie ; que » de plus il a produit la véritable poésie

» descriptive. Voilà deux avantages que
» nous reconnoissons, et qui peuvent, à
» quelques égards, justifier vos principes,
» et balancer les beautés de la fable. Mais
» à présent, si vous êtes de bonne foi,
» vous devez convenir que les Divinités du
» paganisme, lorsqu'elles agissent *directe-*
» *ment* et *pour elles-mêmes*, sont plus
» poétiques et plus dramatiques que les
» Divinités chrétiennes. »

On pourroit en juger ainsi à la première vue. Les Dieux des anciens partageant nos vices et nos vertus, ayant, comme nous, des corps sujets à la douleur, des passions irritables comme les nôtres, se mêlant à la race humaine, et laissant ici bas une mortelle postérité; ces Dieux ne sont qu'une espèce d'hommes supérieurs qu'on est libre de faire agir comme les autres hommes. On seroit donc porté à croire qu'ils fournissent de plus grandes ressources à la poésie, que les Divinités incorporelles et impassibles du christianisme; mais, en y regardant de plus près, on trouve que cette supériorité dramatique se réduit à fort peu de chose.

Premièrement, il y a toujours eu dans toute religion pour le poëte et le philosophe, deux espèces de déités. Ainsi l'Etre abstrait, dont Tertullien et saint Augustin ont fait de si belles peintures, n'est pas le *Jehovah* de David ou d'Isaïe ; l'un et l'autre sont fort supérieurs au *Theos* de Platon et au *Jupiter* d'Homère. Il n'est donc pas rigoureusement vrai que les Divinités poétiques des chrétiens, soient privées de toute passion. Le Dieu de l'Ecriture se repent, il est jaloux, il aime, il hait, sa colère monte comme un tourbillon : le Fils de l'Homme a pitié de nos souffrances ; la Vierge, les Saints et les Anges, sont émus par le spectacle de nos misères ; en général, le *Paradis* est beaucoup plus occupé des hommes que l'*Olympe*.

Il y a donc des *passions* chez nos Puissances célestes, et ces passions ont ce grand avantage sur les passions des Dieux du paganisme, qu'elles n'entraînent jamais après elles une idée de désordre et de mal. C'est une chose miraculeuse, sans doute, qu'en peignant la *colère* ou la *tristesse* du Ciel chrétien, on ne puisse détruire dans l'imagination du lecteur, le sentiment de la tranquillité et de la joie ; tant il y a de sainteté et de justice dans le Dieu présenté pour notre religion.

Ce n'est pas tout ; car si l'on vouloit absolument que le Dieu des chrétiens fût un être impassible, on pourroit encore avoir des divinités passionnées aussi dramatiques et aussi méchantes que celles des anciens : l'Enfer rassemble toutes les passions des hommes. Notre systême théologique nous paroît plus beau, plus régulier, plus savant, que la doctrine fabuleuse qui confondoit hommes, dieux et démons. Le poëte trouve dans notre Ciel les êtres parfaits, mais sensibles, et disposés dans une brillante hiérarchie d'amour et de pouvoir ; l'abyme garde ses Dieux passionnés et puissans dans le mal, comme les Dieux mythologiques ; les hommes occupent le milieu, touchant au Ciel par leurs vertus, et aux Enfers par leurs vices ; aimés des anges, haïs des démons, objet infortuné d'une guerre qui ne doit finir qu'avec le monde.

Ces ressorts sont grands, et le poëte n'a pas lieu de se plaindre. Quant aux actions des Intelligences chrétiennes, il ne nous sera pas difficile de prouver bientôt qu'elles sont plus vastes et plus fortes que celles des Dieux mythologiques. Le Dieu qui régit les mondes, qui roule les comètes, qui crée l'univers et la lumière, qui embrasse et comprend tous les temps, qui lit dans les plus secrets replis du cœur humain ; ce Dieu peut-il être comparé à un Dieu qui se promène sur un char, qui habite un palais d'or sur une petite montagne, et qui ne prévoit pas même clairement l'avenir ? Il n'y a pas jusqu'au foible avantage de la différence des sexes et de la forme visible, que nos Divinités ne partagent avec celles de la Grèce, puisque nous avons des saintes et des vierges, et que les Anges, dans l'Ecriture, empruntent souvent la figure humaine.

Mais comment préférer une sainte dont l'histoire blesse quelquefois l'élégance et le goût, à une fraîche Naïade attachée aux sources d'un ruisseau ? Il faut séparer la vie terrestre de la vie céleste de cette sainte : sur la terre, elle ne fut qu'une femme ; sa divinité ne commence qu'avec son bonheur, dans les régions de la lumière éternelle. D'ailleurs, il faut toujours se souvenir que la Naïade détruisoit la *poésie descriptive ;* qu'un ruisseau représenté dans son cours naturel, est plus agréable que dans sa peinture allégorique ; et que nous gagnons d'un côté ce que nous semblons perdre de l'autre.

Quant aux combats, tout ce qu'on a dit contre les Anges de Milton, peut se rétorquer contre les Dieux d'Homère : de l'une et de l'autre part, ce sont des divinités pour lesquelles on ne peut craindre, puisqu'elles ne peuvent mourir. Mars, renversé, et couvrant de son corps neuf arpens, Diane, donnant des soufflets à Vénus, sont aussi ridicules qu'un ange coupé en deux, et qui se renoue comme un serpent. Les Puissances surnaturelles peuvent encore présider aux combats de l'Epopée ; mais il nous semble qu'elles ne doivent plus en venir aux mains, hors dans certains cas qu'il n'appartient qu'au goût de déterminer ; c'est ce que la raison supérieure de Virgile avoit déja senti il y a plus de dix-huit cents ans.

Au reste, il n'est pas tout-à-fait vrai que les divinités chrétiennes soient ridicules dans les batailles. Satan, s'apprêtant à combattre Michel dans le paradis terrestre, est superbe; le Dieu des armées, marchant dans une nuée obscure, à la tête des légions fidèles, n'est pas une petite image; le glaive exterminateur, se dévoilant tout-à-coup aux yeux de l'impie, frappe d'étonnement et de terreur ; les saintes milices du ciel, sappant les fondemens de Jérusalem, font presque un aussi grand effet que les dieux ennemis de Troie, assiégeant le palais de Priam ; enfin, il n'est rien de plus sublime dans Homère, que le combat d'Emmanuel contre les mauvais anges dans Milton, quand, les précipitant au fond de l'abyme, le Fils de l'Homme retient *à moitié sa foudre de peur de les anéantir.* « L'enfer entendit le bruit ; l'enfer vit le » ciel croulant du ciel, et l'enfer eût fui » épouvanté, si ses sombres bases n'eus- » sent été profondément creusées par la » main de la justice éternelle. »

CHAPITRE V.

Caractère du vrai Dieu.

C'est une chose bien merveilleuse, que le Dieu de Jacob soit aussi le Dieu de l'Evangile ; que le Dieu qui lance la foudre, soit encore le Dieu de paix et d'innocence.

Il donne aux fleurs leur aimable peinture ;
Il fait naître et mûrir les fruits,
Et leur dispense avec mesure,
Et la chaleur des jours, et la fraîcheur des nuits.

Nous croyons n'avoir pas besoin de preuves, pour montrer combien le Dieu des chrétiens est *poétiquement* supérieur au Jupiter antique. A la voix du premier, les fleuves rebroussent leur cours, le ciel se roule comme un livre, les mers s'entr'ouvrent, les murs des cités se renversent, les morts ressuscitent, les plaies descendent sur les nations. En lui le sublime existe de soi-même, et il épargne le soin de le chercher : le Jupiter d'Homère, ébranlant le ciel d'un signe de ses sourcils, est sans doute fort majestueux ; mais Jéhovah descend dans le chaos, et lorsqu'il prononce le *fiat lux*, le fabuleux fils de Saturne s'abyme et rentre dans le néant.

Si Jupiter veut donner aux autres dieux une idée de sa puissance, il les menace de les enlever tous au bout d'une chaîne : il ne faut à Jéhovah, ni chaîne, ni essai de cette nature.

Et quel besoin son bras a-t-il de nos secours ?
Que peuvent contre lui tous les rois de la terre ?
En vain ils s'uniroient pour lui faire la guerre,
Pour dissiper leur ligue, il n'a qu'à se montrer :

DU CHRISTIANISME.

Il parle, et dans la poudre il le fait tous rentrer !
Au seul son de sa voix la mer fuit, le ciel tremble ;
Il voit comme un néant tout l'univers ensemble ;
Et les foibles mortels, vains jouets du trépas,
Sont tous devant ses yeux, comme s'ils n'étoient pas (1).

Achille va paroître pour venger Patrocle. Jupiter déclare aux immortels qu'ils peuvent se mêler au combat, et prendre parti dans la mêlée. Aussitôt tout l'Olympe s'ébranle :

Δεινὸν, etc. (2).

« Le père des Dieux et des hommes fait gronder sa foudre. Neptune, soulevant ses ondes, ébranle la terre immense ; l'Ida secoue ses fondemens et ses cimes ; ses fontaines débordent ; les vaisseaux des Grecs, la ville des Troyens, chancellent sur le sol flottant. »

« Pluton sort de son trône ; il pâlit, il s'écrie, etc. »

Ce morceau a été cité par tous les critiques, comme le dernier effort du sublime. Les vers grecs sont admirables ; ils deviennent tour-à-tour le foudre de Jupiter, le

(1) Racine, *Esther.*
(2) Hom. *Il.* l. XX, v. 56.

trident de Neptune et le cri de Pluton. Il semble qu'on entende toutes les gorges de l'Ida répéter le son des tonnerres, Δεινὸν δ'ἐβρόντησε πατὴρ Ἀνδρῶν τὲ θεῶν τὲ. Ces *r* et ces consonnances en ῶν (*ón*) dont le vers est rempli, imitent le roulement de la foudre, interrompu par des espèces de silence τὲ, ῶν, τὲ, ῶν, τὲ : c'est ainsi que la voix du Ciel, dans une tempête, meurt, et renaît tour-à-tour dans la profondeur des bois. Un silence subit et pénible, des images vagues et fantastiques, succèdent tout-à-coup au tumulte des premiers mouvemens : on sent, après le cri de Pluton, qu'on est entré dans la région de la mort; toutes les expressions d'Homère se décolorent et deviennent froides, muettes et sourdes, et une multitude d'*S* sifflantes, imitent le murmure de la voix inarticulée des ombres.

Où prendrons-nous le parallèle, et la poésie chrétienne a-t-elle assez de moyens pour s'élever à ces beautés? Qu'on en juge. C'est l'Eternel qui se peint lui-même :

« Sa colère a monté comme un tourbillon de fu-

» mée ; son visage a paru comme la flamme, et son
» courroux comme un feu ardent. Il a abaissé les
» cieux, il est descendu, et les nuages étoient sous
» ses pieds. Il a pris son vol sur les ailes des Ché-
» rubins ; il s'est élancé sur les vents. Les nuées
» amoncelées formoient autour de lui un pavillon
» de ténèbres : l'éclat de son visage les a dissipées,
» et une pluie de feu est tombée de leur sein. Le
» Seigneur a tonné du haut des Cieux ; le Très-Haut
» a fait entendre sa voix ; sa voix a éclaté comme
» un orage brûlant. Il a lancé ses flèches et dissipé
» mes ennemis ; il a redoublé ses foudres qui les ont
» renversés. Alors les eaux ont été dévoilées dans
» leurs sources, les fondemens de la terre ont paru
» à découvert, parce que vous les avez menacés,
» Seigneur, et qu'ils ont senti le soufle de votre
» colère. »

« Avouons-le, dit M. de la Harpe, dont
» nous empruntons la traduction, il y a
» aussi loin de ce sublime à tout autre
» sublime, que de l'esprit de Dieu à l'es-
» prit de l'homme. On voit ici la conception
» du grand dans son principe : le reste n'en
» est qu'une ombre, comme l'intelligence
» créée n'est qu'une foible émanation de

Partie II.
Poétique
du
Christia-
nisme.

Livre V.
Du
merveilleux,
ou
de la poésie,
dans
ses rapports
avec
les êtres
surnaturels.

» l'intelligence créatrice; comme la fiction, » quand elle est belle, n'est encore que » l'ombre de la vérité, et tire tout son » mérite d'un fond de ressemblance. »

CHAPITRE VI.

Des Esprits de Ténèbres.

Les dieux du polythéisme, à-peu-près égaux en puissance, partageoient les mêmes haines et les mêmes amours. S'ils se trouvoient quelquefois opposés les uns aux autres, c'étoit seulement dans les querelles des mortels : ils se réconcilioient bientôt en buvant le nectar ensemble.

Le christianisme, au contraire, en nous instruisant de la vraie constitution des êtres surnaturels, nous a montré l'empire de la vertu, éternellement séparé de celui du vice. Il nous a révélé des esprits de ténèbres, machinant sans cesse la perte du genre humain, et des esprits de lumière, uniquement occupés des moyens de lo sauver. Delà un combat éternel, dont une imagination heureuse peut tirer une foule de beautés.

Ce *merveilleux* d'un fort grand caractère, en fournit ensuite un second d'une moindre espèce, *la Magie*. Celle-ci a été connue des anciens (1); mais sous notre culte elle a acquis, comme machine poétique, plus d'importance et d'étendue. Toutefois on doit en user sobrement, parce qu'elle n'est pas d'un goût assez chaste : elle manque sur-tout de grandeur, car empruntant quelque chose de son pouvoir à la nature humaine, les hommes lui communiquent leur petitesse.

Un autre trait distinctif de nos êtres

---

(1) La magie des Anciens différoit en ceci de la nôtre, qu'elle s'opéroit par les seules vertus des plantes et des philtres ; tandis que parmi nous, elle découle d'une Puissance surnaturelle, quelquefois bonne, mais presque toujours méchante. On sent qu'il n'est pas question ici de la partie historique et philosophique de la Magie, considérée comme l'*Art des Mages*.

surnaturels, sur-tout chez les puissances infernales, c'est l'attribution d'un caractère. Nous verrons incessamment quel usage Milton a fait du caractère d'orgueil, donné, par le christianisme, au prince des ténèbres. Le poëte pouvant en outre attacher un ange du mal à chaque vice, dispose ainsi d'un essaim de divinités infernales. Il a même alors la véritable allégorie, sans avoir la sécheresse qui l'accompagne; ces esprits pervers étant en effet des êtres réels, et tels que la religion nous permet de les croire.

Mais si les démons se multiplient autant que les crimes des hommes, ils peuvent aussi se marier aux accidens terribles de la nature. Tout ce qu'il y a de coupable et d'irrégulier dans le monde moral et dans le monde physique, est également de leur ressort. Il faudra seulement prendre garde, en les mêlant aux tremblemens de terre, ou aux ombres d'une vieille forêt, de donner à ces scènes un caractère majestueux. Il faut qu'avec un goût exquis, le poëte sache faire distinguer le tonnerre du Très-Haut, du vain bruit que fait éclater un esprit perfide. Que le foudre ne s'allume que dans la main de Dieu ; qu'il ne brille jamais dans une tempête excitée par l'enfer. Que celle-ci soit toujours sombre et sinistre; que les nuages n'en soient point rougis par la *colère*, et poussés par le vent de la *justice ;* mais que leurs teintes soient blafardes et livides, comme celles du *désespoir*, et qu'ils ne se meuvent qu'au souffle impur de la *haine*. On doit sentir dans ces orages une puissance, forte seulement pour détruire; on y doit trouver cette incohérence, ce désordre, cette sorte d'énergie du mal, qui a quelque chose de disproportionné et de gigantesque, comme le chaos dont elle tire son origine.

PARTIE II. Poétique du Christianisme.

LIVRE V. Du *merveilleux,* ou de la poésie, dans ses rapports avec les êtres surnaturels.

CHAPITRE VII.

Des Saints.

Il est certain que les poëtes n'ont pas su tirer du *merveilleux* chrétien, tout ce qu'il peut fournir aux Muses. On se moque des saints et des anges ; mais les anciens eux-mêmes n'avoient-ils pas leurs demi-dieux ? Pythagore, Platon, Socrate, recommandent le culte de ces hommes, qu'ils appellent des héros. *Honore les héros pleins de bonté et de lumière,* dit le premier dans ses vers dorés. Et pour qu'on ne se méprenne pas à ce nom de *héros*, Hiéroclès l'interprète exactement comme le christianisme explique le nom de *saint*. « Ces héros, » pleins de bonté et de lumière, pensent » toujours à leur Créateur, et sont tout » éclatans de la lumière qui rejaillit de la » félicité dont ils jouissent en lui. » — Et plus loin, « *héros* vient d'un mot grec, qui » signifie amour, pour marquer que pleins » d'amour pour Dieu, les héros ne cher-

» chent qu'à nous aider à passer de cette
» vie terrestre à une vie divine, et à deve-
» nir citoyens du ciel (1). » Les Pères de
l'Eglise appellent à leur tour les saints des
héros; c'est ainsi qu'ils disent que le baptême
est le sacerdoce des laïques, et qu'il fait de
tous les chrétiens *des rois et des prêtres
de Dieu* (2).

Et, sans doute, ce sont des héros tous
ces illustres martyrs, qui, domptant les passions de leurs cœurs, et bravant la méchan-
ceté des hommes, ont mérité, par ces travaux glorieux, de monter au rang des puissances célestes. Sous le polythéisme, des
sophistes ont paru quelquefois plus moraux
que la religion de leur patrie ; mais, parmi
nous, jamais un philosophe, si sage qu'il
ait été, n'a pu s'élever au-dessus de la
morale chrétienne. Tandis que Socrate
honoroit la mémoire des justes, le paganisme offroit à la vénération des peuples,
des brigands, dont la force corporelle étoit

(1) Hierocl. Com. in Pyth. *Trad. de Dac.*
(2) Hieron. Dial. c. Lucif. t. II, p. 136.

la seule vertu, et qui s'étoient souillés de tous les crimes. Si quelquefois on accordoit l'apothéose aux bons rois, les Tibère et les Néron n'avoient-ils pas aussi leurs prêtres et leurs temples ? Sacrés mortels, que l'église de Jésus-Christ nous commande d'honorer, vous n'étiez ni des forts, ni des puissans entre les hommes ! Nés souvent dans la cabane du pauvre, vous n'avez étalé aux yeux du monde, que d'humbles jours et d'obscurs malheurs ! N'entendra-t-on jamais que des blasphêmes contre une religion, qui, déifiant l'indigence, l'infortune, la simplicité et la vertu, a fait tomber à leurs pieds la richesse, le bonheur, la grandeur et le vice ?

Et qu'ont donc de si odieux à la poésie, ces solitaires de la Thébaïde, avec leur bâton blanc et leur habit de feuilles de palmier ? Les oiseaux du ciel les nourrissent (1), les lions portent leurs messages (2)

(1) Hieron. op.
(2) Théod. *Hist. relig.* cap. VI.

ou creusent leurs tombeaux (1); en commerce familier avec les anges, ils remplissent de miracles les déserts où fut Memphis (2). Horeb et Sinaï, le Carmel et le Liban, le torrent de Cédron, et la vallée de Josaphat, redisent encore la gloire de l'habitant de la cellule et de l'anachorète du rocher. Les Muses aiment à rêver dans ces antiques monastères, remplis des ombres des Antoine, des Pacôme, des Benoît, des Basile. Les Pierre, les Jean, les Paul, prêchant l'Evangile aux premiers fidèles, dans les catacombes ou sous le dattier du désert, n'ont pas paru aux Michel-Ange et aux Raphaël, des sujets si peu favorables au génie.

Nous tairons à présent, parce que nous en parlerons dans la suite, tous ces bienfaiteurs de l'humanité, qui fondèrent des hôpitaux et se dévouèrent à la pauvreté, à la peste, à l'esclavage, pour secourir des

---

(1) Hieron. *in vit. Paul.*

(2) Nous passons rapidement sur ces solitaires, parce que nous en parlerons ailleurs.

hommes; nous nous renfermerons dans les seules Ecritures, de peur de nous égarer dans ce sujet si vaste et si intéressant. Est-ce que ces Elie, ces Isaïe, ces Daniel, tous ces prophètes enfin, qui vivent maintenant d'une éternelle vie, ne pourroient pas faire entendre dans un beau poëme, leurs sublimes lamentions? L'urne de Jérusalem ne se peut-elle encore remplir de leurs larmes? n'y a-t-il plus de saules de Babylone, pour y suspendre leurs harpes détendues? Pour nous, qui, à la vérité, ne sommes pas poëtes, il nous semble que tous ces fils de l'avenir feroient d'assez beaux groupes sur les nuées : on les y verroit avec une tête flamboyante ; une barbe argentée descendroit sur leur poitrine immortelle, et l'Esprit divin leur sortiroit par les yeux.

Mais quel essaim de vénérables ombres, à la voix d'une muse chrétienne, se réveille dans la caverne de Membré? Abraham, Isaac, Jacob, Rebecca, et vous tous, enfans de l'Orient, rois patriarches, aïeux de Jésus-Christ, chantez l'antique alliance de

Dieu et des hommes ! Redites-nous cette histoire, chère au Ciel, l'histoire de Joseph et de ses frères. Le chœur des saints rois, David à leur tête, l'armée des confesseurs et des martyrs vêtus de robes éclatantes, nous offriroient aussi leur *merveilleux*; ces derniers présentent au pinceau, le genre tragique dans sa plus grande élévation. Après la peinture de leurs tourmens, nous dirions ce que Dieu fit pour ces saintes victimes, et le don de miracles dont il honora leurs tombeaux.

Nous placerions auprès de ces augustes chœurs, les chœurs des vierges célestes, les Geneviève de Brabant, les Pulcherie, les Rosalie, les sainte Thérèse, les Cécile de Belloy, les Lucile, les Isabelle, les Eulalie. Le *merveilleux* du christianisme est plein de ces concordances et de ces contrastes gracieux. On sait comment Neptune

> . . . . S'élevant sur la mer,
> D'un mot calme les flots. . . . .

Nos dogmes fournissent une toute autre

poésie. Un vaisseau est prêt à périr : l'aumônier, par des paroles mystérieuses, qui délient les ames, remet à chacun la peine de ses fautes; il adresse au Ciel cette prière, qui, dans un tourbillon, envoie l'esprit du naufragé au Dieu des orages. Déja l'Océan se creuse, pour engloutir les matelots; déja les vagues, élevant leur triste voix entre les rochers, semblent commencer les chants funèbres; tout-à-coup un trait de lumière perce la tempête : *l'Etoile des mers,* Marie, patrone des mariniers, apparoît au milieu de la nue. Elle tient son enfant dans ses bras, et calme les flots par un sourire; charmante religion, qui oppose à ce que la nature a de plus terrible, ce que le Ciel a de plus doux ! aux tempêtes de l'Océan, un petit enfant et une tendre mère !

CHAPITRE VIII.

Des Anges.

Tel est le *merveilleux* qu'on peut tirer de nos *Saints*, sans parler des diverses histoires de leurs vies. On découvre ensuite dans la hiérarchie des *Anges*, doctrine aussi ancienne que le monde, un immense trésor pour le poëte. Non-seulement ces divins messagers portent les décrets du Très-Haut, d'un bout de l'univers à l'autre; non-seulement ils sont les invisibles gardiens des hommes, ou prennent, pour se manifester à eux, les formes les plus aimables; mais encore la religion nous permet d'attacher des anges protecteurs à toute la belle nature, ainsi qu'à tous les sentimens vertueux. Quelle innombrable troupe de divinités vient donc tout-à-coup peupler les mondes !

Chez les Grecs, le Ciel finissoit au sommet de l'Olympe, et leurs Dieux ne mon-

PARTIE II.
Poétique du Christianisme.

LIVRE V.
Du merveilleux, ou de la poésie, dans ses rapports avec les êtres surnaturels.

toient pas plus haut que les vapeurs de la terre. Le *merveilleux* chrétien, d'accord avec la raison, l'astronomie, et l'expansion de notre ame, s'enfonce de monde en monde, d'univers en univers, par des successions d'espace, où l'imagination effrayée frissonne et recule. En vain les télescopes fouillent tous les coins du Ciel; en vain ils poursuivent la comète au-delà de notre système, la comète enfin leur échappe; mais elle n'échappe pas à l'*Archange* qui la roule à son pôle inconnu, et qui, au siècle marqué, la ramenera, par des voies mystérieuses, jusques dans le foyer de notre soleil.

Le poëte chrétien est seul initié au secret de ces merveilles. De globes en globes, de soleils en soleils, avec les *Séraphins*, les *Trônes*, les *Ardeurs* qui régissent les mondes, l'imagination fatiguée redescend enfin sur la terre, comme un fleuve qui, par une cascade magnifique, épancheroit ses flots d'or à l'aspect d'un couchant radieux. On passe alors de la grandeur à la douceur des images : sous l'ombrage des forêts, on parcourt l'empire de l'*Ange de la solitude ;* on retrouve dans la clarté de la lune, *le Génie des mélancolies du cœur;* on entend ses soupirs dans le frémissement des bois, et dans les plaintes de Philomèle. Les roses de l'aurore ne sont que la chevelure de l'*Ange du matin.* L'*Ange de la nuit* repose au milieu des cieux, où il ressemble à la lune endormie sur un nuage : ses yeux sont couverts d'un bandeau d'étoiles, ses talons et son front sont un peu rougis des pourpres de l'aurore, et de celles du crépuscule : l'*Ange du silence* le précède, et *celui du mystère* le suit. Ne faisons pas l'injure aux poëtes, de penser qu'ils regardent l'*Ange des mers, l'Ange des tempêtes, l'Ange du temps, l'Ange de la mort,* comme des Génies désagréables aux Muses. C'est l'*Ange des saintes amours* qui donne aux vierges un regard céleste, et c'est l'*Ange des harmonies* qui leur fait présent des grâces : l'honnête homme doit son cœur à l'*Ange de la vertu,* et ses lèvres, à celui de la persuasion. Rien n'empêche d'accorder à ces esprits bienfaisans des attributs qui distinguent leurs pouvoirs et leurs offices : l'*Ange de l'amitié,* par exemple, pourroit porter une ceinture beaucoup plus merveilleuse que celle de Vénus; car on y verroit fondu par un travail divin, les consolations de l'ame, les dévouemens sublimes, les paroles secrètes du cœur, les joies innocentes, les chastes embrassemens, la religion, le charme des tombeaux, et l'immortelle espérance.

CHAPITRE IX.

Application des principes établis dans les Chapitres précédens. Caractère de Satan.

Des préceptes, passons aux exemples. En reprenant ce que nous avons dit dans les précédens chapitres, nous commencerons par le caractère attribué aux mauvais anges, et nous citerons le Satan de Milton.

Avant le poëte anglois, le Dante et le Tasse avoient peint le monarque de l'enfer. L'imagination du Dante, épuisée par neuf cercles de torture, n'a fait de Satan enclavé au centre de la terre, qu'un monstre atroce ; le Tasse, en lui donnant des cornes, l'a presque rendu ridicule. Entraîné par ces autorités, Milton a eu un moment le mauvais goût de mesurer son Satan ; mais il se relève bientôt d'une manière sublime. Ecoutez le prince des ténèbres s'écrier, du haut de la montagne de feu, dont il contemple pour la première fois son empire :

« Adieu, champs fortunés, qu'habitent les joies éternelles. Horreurs, je vous salue ! je vous salue, monde infernal ! Abyme, reçois ton nouveau monarque. Il t'apporte un esprit que ni temps, ni lieux ne changeront jamais.... Du moins ici nous serons libres ; ici nous régnerons : régner, même aux enfers, est digne de mon ambition(1). »

Quelle manière de prendre possession des gouffres de l'enfer !

(1) Par. Lost. Book I, v. 49, etc.

Le conseil infernal étant assemblé, le poëte représente Satan au milieu de son sénat :

« Ses formes conservoient une partie de leur primitive splendeur ; ce n'étoit rien moins encore qu'un archange tombé, une Gloire excessive un peu obscurcie, comme lorsque le soleil levant, dépouillé de ses rayons, jette un regard horizontal à travers les brouillards du matin ; ou tel que dans une éclipse, cet astre caché derrière la lune, répand sur une moitié des peuples un crépuscule funeste, et tourmente les rois par la frayeur des révolutions ; ainsi paroissoit l'archange obscurci, mais encore brillant au-dessus de tous les compagnons de sa chûte. Toutefois son visage étoit labouré par les cicatrices de la foudre, et les chagrins veilloient sur ses joues décolorées (1). »

Achevons de connoître le caractère de Satan. Echappé de l'enfer, et parvenu sur la terre, il est saisi de désespoir en contemplant les merveilles de l'univers ; il apostrophe le soleil : (*)

« O toi, qui couronné d'une gloire immense,

(1) Par. Lost. B. I, v. 591, etc.
(*) Voyez la note F à la fin du volume.

laisses du haut de ta domination solitaire, tomber tes regards comme le Dieu de ce nouvel univers ; toi, devant qui les étoiles cachent leurs têtes humiliées ; j'élève ma voix vers toi, mais non pas une voix amie ; je ne prononce ton nom, ô soleil, que pour te dire combien je hais tes rayons. Ah ! ils me rappellent de quelle hauteur je suis tombé, et combien jadis je brillois glorieux au-dessus de ta sphère ! L'orgueil et l'ambition m'ont précipité. J'osai, dans le ciel même, déclarer la guerre au roi du ciel. Il ne méritoit pas un pareil retour, lui qui m'avoit fait ce que j'étois dans un rang éminent..... Elevé si haut, je dédaignai d'obéir ; je crus qu'un pas de plus me porteroit au rang suprême, et me déchargeroit en un moment de la dette immense d'une reconnoissance éternelle.... Oh! pourquoi sa volonté toute-puissante ne me créa-t-elle pas au rang de quelqu'Ange inférieur ! Je serois encore heureux ; mon ambition n'eût point été nourrie par une espérance illimitée....... Misérable ! où fuir une colère infinie, un désespoir infini? L'enfer est par-tout où je suis; moi-même je suis l'enfer.... O Dieu, ralentis tes coups ! N'est-il aucune voie laissée au repentir, aucune à la miséricorde, hors l'obéissance ? L'orgueil me défend ce mot. Quelle honte pour moi devant les esprits de l'abyme ! Ce n'étoit pas par des promesses de soumission que je

PARTIE II; Poétique du Christianisme.

LIVRE V. Du *merveilleux*, ou de la poésie, dans ses rapports avec les êtres surnaturels.

les séduisis, lorsque j'osai me vanter de subjuguer le Tout-Puissant. Ah! tandis qu'ils m'adorent sur le trône des enfers, ils savent peu combien je paye cher ces paroles superbes, combien je gémis intérieurement, sous le fardeau de mes douleurs!.... Mais si je me repentois, si, par un acte de la grace divine, je remontois à ma première place?..... Un rang élevé rappelleroit bientôt de hautaines pensées, les sermens d'une feinte soumission seroient bientôt démentis!.... Le tyran le sait; il est aussi loin de m'accorder la paix, que je suis loin de demander grace. Adieu donc, espérance, et avec toi, adieu, crainte, adieu, remords; tout est perdu pour moi. Mal! sois mon unique Bien! Par toi du moins, avec le roi du Ciel je partagerai l'empire : peut-être même régnerai-je sur plus d'une moitié, comme l'homme et ce monde nouveau l'apprendront en peu de temps (1). »

Quelle que soit notre admiration pour Homère, nous sommes obligés de convenir qu'il n'a rien de comparable à ce passage de Milton. Lorsque tout ensemble, avec la grandeur du sujet, la beauté de la poé-

(1) Parad. Lost. Book IV. From the 33, v. to th. the 113 th.

sie, l'élévation naturelle des personnages, on montre une connoissance aussi profonde des passions, il ne faut rien demander de plus au génie. Satan, se repentant à la vue de la lumière qu'il hait, parce qu'elle lui *rappelle combien il fut élevé au-dessus d'elle* ; souhaitant ensuite d'avoir été créé dans un rang inférieur ; puis s'endurcissant dans le crime par orgueil, par honte, par méfiance même de son caractère ambitieux ; enfin, pour tout fruit de ses réflexions, et comme pour expier un moment de remords, se chargeant de l'empire du mal pendant toute une éternité : voilà certes, si nous ne nous trompons, une des conceptions les plus sublimes et les plus pathétiques qui soient jamais sorties du cerveau du poëte.

Au reste, nous sommes frappés dans ce moment d'une idée que nous ne pouvons taire. Quiconque a quelque critique et un bon sens pour l'histoire, pourra reconnoître que Milton a fait entrer dans le caractère de son Satan, les perversités de ces hommes, qui, vers le milieu du dix-septième siècle, couvrirent l'Angleterre de deuil; on y sent la même obstination, le même enthousiasme, le même orgueil, le même esprit de rebellion et d'indépendance ; on y retrouve ces fameux nivelleurs, qui, se séparant de la religion de leur pays, avoient secoué le joug de tout gouvernement légitime, et s'étoient révoltés à-la-fois contre Dieu et les hommes. Milton lui-même avoit partagé cet esprit de perdition, et pour imaginer un Satan aussi détestable, il falloit que le poëte en eût vu l'image dans ces réprouvés, qui firent si long-temps de leur patrie le vrai séjour des démons.

CHAPITRE X.

Machines poétiques.

Vénus dans les bois de Carthage, Raphaël au berceau d'Eden, etc.

Venons aux exemples des machines poétiques. Vénus se montrant à Enée dans les bois de Carthage, est un morceau achevé dans le genre gracieux, *cui mater media*, etc. « A travers la forêt, sa mère, suivant le même sentier, s'avance au-devant de lui. Elle avoit l'air et le visage d'une vierge, et elle étoit armée à la manière des filles de Sparte, etc., etc. »

Cette poésie est divine ; mais le chantre d'Eden s'en est beaucoup approché, lorsqu'il a peint l'arrivée de l'ange Raphaël au bocage de nos premiers pères.

« Pour ombrager ses formes divines, le Séraphin porte six ailes. Deux, attachées à ses épaules, sont ramenées sur son sein, comme les pans d'un manteau royal; celles du milieu se roulent autour de lui comme une écharpe étoilée....... les deux dernières, teintes d'azur, battent à ses talons rapides. Il secoue ses plumes, qui répandent des odeurs célestes.

» Il s'avance dans le jardin du bonheur, au travers des bocages de myrte, et des nuages de nard et d'encens ; solitudes de parfums, où la nature, dans sa jeunesse, se livre à tous ses caprices..... Adam, assis à la porte de son berceau, apperçut le divin Messager. Aussitôt il s'écrie : « Eve! accours! viens
» voir ce qui est digne de ton admiration ! Regarde
» vers l'orient, parmi ces arbres. Apperçois-tu cette
» forme glorieuse, qui semble se diriger vers notre
» berceau ? on la prendroit pour une autre aurore,
» qui se lève au milieu du jour.....

Ici Milton, presque aussi gracieux que Virgile, l'emporte sur lui par la sainteté et la grandeur. Raphaël est plus beau que Vénus, Eden plus enchanté que les bois de Carthage, et Enée est un froid et triste personnage auprès du majestueux Adam.

Voici un ange mystique de M. Klopstock :

.... Dann eilet der thronen (1).

(1) Messias Erst. ges. v. 286, etc.

DU CHRISTIANISME.

« Soudain le premier né des Trônes descend
» vers Gabriel, pour le conduire vers le Très-
» Haut. L'Eternel le nomme *Eiu*, et le ciel *Eloa*.
» Plus parfait que tous les êtres créés, il occupe
» la première place près de l'Etre infini. Une
» de ses pensées est belle comme l'ame entière de
» l'homme, lorsque digne de son immortalité, elle
» médite profondément. Son regard est plus beau
» que le matin d'un printemps, plus doux que la
» clarté des étoiles, lorsque brillantes de jeunesse,
» elles se balancèrent près du trône céleste avec tous
» leurs flots de lumière, Dieu le créa le premier. Il
» puisa dans une aurore son corps aérien. Lorsqu'il
» naquit, tout un ciel de nuages flottoit autour de
» lui ; Dieu lui-même le souleva dans ses bras, et
» lui dit en le bénissant : *Créature, me voici.* »

Raphaël est l'ange *extérieur* ; Eloa l'ange *intérieur* : les Mercure et les Apollon de la mythologie nous semblent moins divins que ces Génies du christianisme.

Plusieurs fois les dieux en viennent aux mains dans Homère ; mais on n'y trouve rien de supérieur au combat que Satan s'apprête à livrer à Michel dans le Paradis Terrestre, ni aux légions foudroyées par

Partie II.
Poétique du Christianisme.

Livre V.
Du *merveilleux*, ou de la poésie, dans ses rapports avec les êtres surnaturels.

Emmanuel; plusieurs fois les divinités de l'Iliade sauvent leurs héros favoris, en les couvrant d'une nuée; mais cette machine a été très-heureusement transportée par le Tasse à la poésie chrétienne, lorsqu'il introduit Soliman dans Jérusalem. Ce char enveloppé de vapeurs, ce voyage invisible d'un vieil enchanteur et d'un héros, au travers du camp des chrétiens, cette porte secrète d'Hérode, ces souvenirs des temps antiques, jetés au milieu d'une narration rapide, ce guerrier qui assiste à un conseil sans être vu, et qui se montre seulement pour déterminer Solyme aux combats; tout ce merveilleux, quoique du genre magique, est d'une excellence singulière.

On objectera peut-être que dans les peintures voluptueuses, le paganisme doit au moins avoir la préférence. Et que ferons-nous donc d'Armide ? Dirons-nous qu'elle est sans charmes, lorsque penchée sur le front de Renaud endormi, le poignard échappe à sa main, et que sa haine se change en amour ? Préférerons-nous

Ascagne, caché par Vénus dans les bois de Cythère, au jeune héros du Tasse enchaîné avec des fleurs, et transporté sur un nuage aux îles fortunées ? Ces jardins, dont le seul défaut est d'être trop enchantés; ces amours qui ne manquent que d'un voile, ne sont pas assurément des tableaux si sévères. On retrouve dans cet épisode jusqu'à la ceinture de Vénus, tant et si justement regrettée. Au surplus, si des critiques chagrins vouloient absolument bannir la magie, les anges de ténèbres pourroient exécuter eux-mêmes tout ce qu'Armide fait par leur moyen. On y est autorisé par l'histoire de quelques-uns de nos saints, et le démon des voluptés a toujours été regardé comme un des plus dangereux et des plus puissans de l'abyme.

PARTIE II.
Poétique du Christianisme.

LIVRE V.
Du *merveilleux*, ou de la poésie, dans ses rapports avec les êtres surnaturels.

CHAPITRE XI.

Suite des MACHINES POÉTIQUES.

Songe d'Enée. Songe d'Athalie.

Il ne nous reste plus qu'à parler de deux machines poétiques : *les voyages des Dieux* et *les songes.*

En commençant par les derniers, nous choisirons le songe d'Enée, dans la nuit fatale de Troie ; le héros le raconte lui-même à Didon. Nous devons la traduction suivante à un de nos amis :

Tempus erat, etc.

C'étoit l'heure où du jour adoucissant les peines,
Le sommeil, grace aux dieux, se glisse dans nos veines ;
Tout-à-coup, le front pâle et chargé de douleurs,
Hector, près de mon lit, a paru tout en pleurs,
Et tel qu'après son char la victoire inhumaine,
Noir de poudre et de sang, le traîna sur l'arène.
Je vois ces pieds encore et meurtris et percés
Des indignes liens qui les ont traversés.
Hélas ! qu'en cet état de lui-même il diffère !
Ce n'est plus cet Hector, ce guerrier tutélaire,

Qui des armes d'Achille orgueilleux ravisseur,
Dans les murs paternels revenoit en vainqueur,
Ou courant assiéger les vingt rois de la Grèce,
Lançoit sur leurs vaisseaux la flamme vengeresse.
Combien il est changé! le sang de toutes parts
Souilloit sa barbe épaisse et ses cheveux épars,
Et son sein étaloit à ma vue attendrie
Tous les coups qu'il reçut autour de sa patrie.
Moi-même il me sembloit qu'au plus grand des héros,
L'œil de larmes noyé, je parlois en ces mots :

« O des enfans d'Ilus la gloire et l'espérance !
Quels lieux ont si long-temps prolongé ton absence?
O qu'on t'a souhaité! mais pour nous secourir,
Est-ce ainsi qu'à nos yeux Hector devoit s'offrir,
Quand à ses longs travaux Troie entière succombe!
Quand presque tous les tiens sont plongés dans la tombe !
Pourquoi ce sombre aspect, ces traits défigurés,
Ces blessures sans nombre, et ces flancs déchirés? »

Hector ne répond point; mais du fond de son ame,
Tirant un long soupir : « Fuis les Grecs et la flamme;
Fils de Vénus, dit-il, le destin t'a vaincu;
Fuis, hâte-toi, Priam et Pergame ont vécu.
Jusqu'en leurs fondemens nos murs vont disparoître;
Ce bras nous eût sauvés si nous avions pu l'être.
Cher Enée! Ah! du moins dans ses derniers adieux,
Pergame à ton amour recommande ses Dieux;
Porte au-delà des mers leur image chérie,
Et fixe-toi près d'eux dans une autre patrie. »
Il dit, et dans ses bras emporte à mes regards,
La puissante Vesta qui gardoit nos remparts,
Et ses bandeaux sacrés, et la flamme immortelle,
Qui veilloit dans son temple, et brûloit devant elle.

PARTIE II.
Poétique du Christianisme.

LIVRE V.
Du *merveilleux*, ou de la poésie, dans ses rapports avec les êtres surnaturels.

Ce songe mérite toute notre attention, parce que c'est comme un abrégé du génie de Virgile, et où l'on trouve dans un cadre étroit, tous les genres de beautés qui lui sont propres.

Observez d'abord le contraste entre cet effroyable songe et l'heure paisible où les dieux l'envoient à Enée. Personne n'a su marquer les temps et les lieux d'une manière plus touchante que le cygne de Mantoue. Ici, c'est un tombeau, là, une aventure attendrissante, qui déterminent la limite d'un pays; une ville nouvelle porte une appellation antique; un ruisseau étranger prend le nom d'un fleuve de la patrie. Quant aux heures, Virgile a presque toujours fait briller la plus douce sur l'événement le plus malheureux. De ce contraste plein de tristesse, résulte cette moralité philosophique; que la nature accomplit ses lois, sans être troublée par les foibles révolutions des hommes.

Delà, nous passons à la peinture de l'ombre d'Hector. Ce fantôme, qui regarde

Énée en silence, ces *larges* pleurs, ces pieds *enflés*, sont les petites circonstances que choisit toujours le grand peintre, pour mettre l'objet sous les yeux. Ce cri d'Enée : *quantùm mutatus ab illo !* est le cri d'un héros qui relève la dignité d'Hector, et donne une vue rétroactive de toute cette fameuse histoire de Troie. *Squallentem barbam et concretos sanguine crines.* Voilà tout le spectre. Mais Virgile fait soudain un retour à sa manière. — *Vulnera.... circum plurima muros accepit patrios.* Tout est là dedans : éloge d'Hector, souvenirs de ses malheurs et de ceux de la patrie, pour laquelle il reçut *tant de blessures.* Ces locutions, *ô lux Dardaniae ! Spes, ô fidissima Teucrum,* sont pleines d'une chaleur véritable ; autant elles remuent le cœur, autant elles rendent déchirantes les paroles qui suivent. *Ut te post multa tuorum funera.... adspicimus !* Hélas ! c'est l'histoire de tous ceux qui ont quitté leur patrie ; à leur retour, on peut leur dire comme Enée à Hector : *Faut-il*

PARTIE II.
Poétique du Christianisme.

LIVRE V.
Du merveilleux, ou de la poésie, dans ses rapports avec les êtres surnaturels.

vous revoir après les funérailles de tous vos proches ! Enfin, le silence d'Hector, son pesant soupir, suivi du *fuge, eripe flammis,* font dresser les cheveux sur la tête. Le dernier trait du tableau mêle la double poésie du songe et de la vision ; en emportant, dans ses bras, la statue de Vesta, et le feu sacré, on croit voir le Spectre emporter Troie de la terre.

Il y a de plus dans ce songe, une beauté prise dans la nature même de la chose. Enée se réjouit d'abord de voir Hector qu'il croit vivant ; ensuite il parle des malheurs de Troie, arrivés depuis la *mort* même du héros. L'état où il le revoit ne peut lui rappeler sa destinée ; il demande *d'où lui viennent ces blessures,* et il vous a dit qu'*on l'a vu ainsi, le jour qu'il fut traîné autour d'Ilion.* Telle est l'incohérence des pensées, des sentimens et des images d'un songe.

Il nous est singulièrement agréable de trouver parmi les poëtes chrétiens, quelque chose qui balance, et qui peut-être surpasse ce songe : poésie, tragique, religion, tout est égal dans l'une et l'autre peinture, et Virgile s'est encore une fois reproduit dans Racine.

Athalie, sous le portique du temple de Jérusalem, raconte son rêve à Abner et à Mathan.

C'étoit pendant l'horreur d'une profonde nuit ;
Ma mère Jésabel devant moi s'est montrée,
Comme au jour de sa mort pompeusement parée ;
Ses malheurs n'avoient point abattu sa fierté :
Même elle avoit encor cet éclat emprunté,
Dont elle eut soin de peindre et d'orner son visage,
Pour réparer des ans l'irréparable outrage.
« Tremble, m'a-t-elle dit, fille digne de moi,
» Le cruel Dieu des Juifs l'emporte aussi sur toi :
» Je te plains de tomber dans ses mains redoutables ;
» Ma fille. » En achevant ces mots épouvantables,
Son ombre vers mon lit a paru se baisser,
Et moi, je lui tendois les bras pour l'embrasser ;
Mais je n'ai plus trouvé qu'un horrible mélange
D'os et de chairs meurtris et traînés dans la fange ;
Des lambeaux pleins de sang et des membres affreux,
Que des chiens dévorans se disputoient entre eux.

Il seroit mal-aisé de décider ici entre Virgile et Racine. Les deux songes sont pris également à la source des différentes religions des deux poëtes : Virgile est plus mélancolique, Racine plus terrible : le dernier eût manqué son but, et auroit mal connu le génie sombre des dogmes hébreux, si, à l'exemple du premier, il eût amené le rêve d'Athalie dans une heure pacifique : comme il va tenir beaucoup, il promet beaucoup par ce vers :

C'étoit pendant l'horreur d'une profonde nuit.

Dans Racine, il y a concordance, et dans Virgile, contraste d'images.

La scène annoncée par l'apparition d'Hector, c'est-à-dire, la nuit fatale d'un grand peuple et la fondation de l'Empire romain, seroit bien plus magnifique que la chûte d'une seule reine, si Joas, en *rallumant le flambeau de David,* ne nous montroit dans le lointain le Messie et la révolution de toute la terre.

La même perfection se remarque dans les vers des deux poëtes : toutefois la poésie de Racine nous semble plus belle. Quel Hector paroît au premier moment devant

Enée, quel il se montre à la fin : mais la pompe, mais *l'éclat emprunté* de Jésabel,

« Pour réparer des ans l'irréparable outrage, »

suivi tout-à-coup, non d'une forme entière, mais

« . . . . de lambeaux affreux
» Que des chiens dévorans se disputoient entre eux. »

est une sorte de changement d'état, de péripétie, qui donne au songe de Racine une beauté qui manque à celui de Virgile. Enfin, cette ombre d'une mère qui se baisse vers le lit de sa fille, comme pour s'y cacher, et qui se transforme tout-à-coup en *os et en chairs meurtris*, est une des ces beautés vagues, de ces circonstances terribles de la vraie nature du fantôme.

CHAPITRE XII.

Suite des MACHINES POÉTIQUES.

Voyage des Dieux Homériques. Satan, allant à la découverte de la Création.

Nous touchons à la dernière des machines poétiques, c'est-à-dire, aux *voyages* des êtres surnaturels. C'est une des parties du *merveilleux*, dans laquelle Homère s'est montré le plus sublime. Tantôt il raconte que le char du dieu vole comme la pensée d'un voyageur qui se rappelle, en un instant, tous les lieux qu'il a parcourus; tantôt il dit :

> Autant qu'un homme assis aux rivages des mers
> Voit d'un roc élevé d'espace dans les airs,
> Autant des immortels les coursiers intrépides
> En franchissant d'un saut (1).

Quoi qu'il en soit du génie d'Homère et

(1) Boileau dans Longin.

de la majesté de ses dieux, son *merveilleux* et toute sa grandeur vont encore s'éclipser devant le *merveilleux* du christianisme.

Satan arrivé aux portes de l'Enfer, que le Péché et la Mort lui ont ouvertes, se prépare à aller à la découverte de la création.

. . . . Like a furnase mouth (1).
. . . .
. . . . . . The sudden view
Of all this world at once.

« *Les portes de l'enfer s'ouvrent*..... vomissant, comme la bouche d'une fournaise, des flocons de fumée et des flammes rouges. Soudain aux regards de Satan, se dévoilent tous les secrets de l'antique abyme; océan sombre et sans bornes, où les temps, les dimensions et les lieux viennent se perdre, où l'ancienne Nuit et le Chaos, aïeux de la nature, maintiennent une éternelle anarchie, au milieu des rugissemens d'une éternelle guerre, et règnent par la confusion. Satan, arrêté sur le seuil de l'enfer, regarde dans le vaste gouffre, berceau et peut-être tombeau de la nature; il pèse en lui-même les dangers du voyage. Bientôt déployant ses vastes ailes,

(1) Par. Lost. Book II, v. 883-1050; Book III, v. 501-544. Des vers passés çà et là.

Tt..

et repoussant du pied le seuil fatal, il s'élève dans des tourbillons de fumée. Porté sur ce siége nébuleux, long-temps il monte avec audace ; mais la vapeur, graduellement dissipée, l'abandonne au milieu du vide. Surpris, il redouble en vain le mouvement de ses ailes, et comme un poids mort, il tombe.

» L'instant où je chante verroit encore sa chûte, si l'explosion d'un nuage tumultueux rempli de soufre et de flamme, ne l'eût élancé à des hauteurs égales aux profondeurs où il étoit descendu. Jeté sur des terres molles et tremblantes, à travers les élémens épais ou subtils.... il marche, il vole, il nage, il rampe. A l'aide de ses bras, de ses pieds, de ses ailes, il franchit les syrtes, les détroits, les montagnes. Enfin, une universelle rumeur, des voix et des sons confus viennent avec violence assaillir son oreille. Il alonge aussitôt son vol de ce côté, résolu d'aborder l'Esprit inconnu de l'abyme, qui réside dans ce bruit, et d'apprendre de lui le chemin de la lumière.

» Bientôt il apperçoit le trône du Chaos, dont le sombre pavillon s'étend au loin sur le gouffre immense. La Nuit, revêtue d'une robe noire, est assise à ses côtés : fille aînée des Êtres, elle est l'épouse du Chaos. Le Hasard, le Tumulte, la Confusion, la Discorde aux mille bouches, sont les ministres de ces divinités ténébreuses. Satan paroit devant eux sans crainte.

» Esprits de l'Abyme, leur dit-il, Chaos, et vous antique Nuit, je ne viens point pour épier les secrets de vos royaumes.... apprenez-moi le chemin de la lumière, etc. »

Le vieux Chaos répond en mugissant : « Je te connois, ô étranger!.... Un monde nouveau pend au-dessus de mon empire, du côté où les légions tombèrent. Vole, et hâte-toi d'accomplir tes desseins. Ravages, dépouilles, ruines, vous êtes les espérances du Chaos! »

Il dit : Satan plein de joie...... s'élève avec une nouvelle vigueur; il perce comme une pyramide de feu, l'atmosphère ténébreuse......... Enfin l'influence sacrée de la lumière commence à se faire sentir. Parti des murailles du ciel, un rayon pousse au loin, dans le sein des ombres, une douteuse et tremblante aurore : ici la nature commence, et le Chaos se retire. Guidé par ces mobiles blancheurs, Satan, comme un vaisseau long-temps battu de la tempête, reconnoît le port avec joie, et glisse plus doucement sur les vagues calmées. A mesure qu'il avance vers le jour, l'empyrée avec ses tours d'opales et ses portes de vivans saphirs, se découvre à sa vue.

Enfin, il apperçoit au loin une haute structure, dont les marches magnifiques s'élèvent jusqu'aux remparts du ciel..... Perpendiculairement au pied des degrés mystiques, s'ouvre un passage vers la terre..... Satan s'élance sur la dernière marche, et plongeant tout-à-coup ses regards dans les profondeurs au-dessous de lui, il découvre, avec un immense étonnement, tout l'univers à-la-fois.

Pour tout homme impartial, une religion qui a fourni un tel *merveilleux*, et qui de plus a donné l'idée des amours d'Adam et d'Eve, n'est pas une religion *anti-poétique*. Qu'est-ce que Junon allant aux *bornes* de la terre en *Ethiopie*, auprès de Satan remontant du fond du chaos jusqu'aux frontières de la nature ? Il y a même dans l'original un effet singulier que nous n'avons pu rendre, et qui tient, pour ainsi dire, au défaut général du morceau : les longueurs que nous avons retranchées, semblent alonger la course du prince des Ténèbres, et donner au lecteur un sentiment vague de cet infini au travers duquel il a passé.

CHAPITRE XIII.

L'Enfer Chrétien.

Entre plusieurs différences qui distinguent l'Enfer chrétien du Tartare antique, une sur-tout est très-remarquable : ce sont les tourmens qu'éprouvent eux-mêmes les démons. Pluton, les Juges, les Parques et les Furies, ne souffroient point avec les coupables. Les douleurs de nos puissances infernales sont donc un *moyen de plus* pour l'imagination, et conséquemment un *avantage poétique* que notre enfer a sur l'enfer des anciens.

Dans les champs Cimmériens de l'Odyssée, le vague des lieux, les ténèbres, l'incohérence des objets, la fosse où les ombres viennent boire le sang, donnent au tableau quelque chose de formidable, et qui peut-être ressemble plus à l'enfer chrétien, que le Ténare de Virgile. Dans celui-ci, l'on remarque les progrès des dogmes philosophiques de la Grèce. Les Parques, le Cocyte, le Styx se retrouvent avec tous leurs détails dans les ouvrages de Platon. Là commence une distribution de châtimens et de récompenses inconnue à Homère. Nous avons déja fait remarquer (1) que le malheur, l'indigence et la foiblesse étoient, après le trépas, relégués, par les payens, dans un monde aussi pénible que celui-ci. O religion de Jésus-Christ, vous n'avez point ainsi sevré nos ames ! Nous savons qu'au sortir de ce monde de tribulations, nous autres misérables, nous trouverons un lieu de repos ; et si nous avons eu soif de la justice dans le temps, nous en serons rassasiés dans l'éternité. *Sitiunt justitiam..... ipsi saturabuntur* (2).

Si la philosophie est satisfaite, il ne nous

―――――――――

(1) Première partie, sixième livre.

(2) L'injustice des dogmes infernaux étoit si manifeste chez les Anciens, que Virgile même n'a pu s'empêcher de la remarquer.

.... *Sortemque animo miseratus iniquam.*

sera pas très-difficile peut-être de convaincre les Muses. A la vérité, nous n'avons point d'Enfer chrétien traité d'une manière irréprochable. Ni le Dante, ni le Tasse, ni Milton ne sont parfaits dans la peinture des lieux de douleur. Cependant quelques morceaux excellens échappés à ces grands maîtres, prouvent que si toutes les parties du tableau avoient été retouchées avec le même soin, nous posséderions des enfers aussi poétiques que ceux d'Homère et de Virgile.

CHAPITRE XIV.

Parallèle de l'Enfer et du Tartare.

Entrée de l'Averne. Porte de l'Enfer du Dante. Didon. Françoise d'Arimino. Tourmens des coupables.

L'entrée de l'Averne dans le sixième livre de l'Enéide, offre des vers d'un travail admirable.

> *Ibant obscuri solâ sub nocte per umbram ;*
> *Perque domos ditis vacuas et inania regna.*
> . . . .
> *Pallentesque habitant morbi, tristisque senectus ;*
> *Et metus, et malesuada fames, et turpis egestas.*
> *Terribiles visu formæ ; letumque laborque,*
> *Tum consanguineus leti sopor, et mala mentis*
> *Gaudia.*

Il suffit de savoir lire le latin, pour être frappé de l'harmonie lugubre de ces vers. Vous entendez d'abord mugir la caverne où marchent la Sibylle et Enée : *Ibant obscuri solâ sub nocte per umbram;* puis tout-à-coup vous entrez dans des *espaces déserts*, dans les *royaumes du vide; Perque domos ditis vacuas et inania regna.* Viennent ensuite des syllabes sourdes et pesantes, qui rendent admirablement les pénibles soupirs des enfers. *Tristisque senectus, et metus— Letumque, laborque;* consonnances qui prouvent, au reste, que les anciens n'ignoroient pas l'espèce de beauté attachée pour nous à la rime. Les Latins, ainsi que les Grecs, employoient la répétition des sons dans les peintures pastorales, et dans les harmonies sombres.

Le Dante, comme Enée, erre d'abord dans une forêt sauvage, qui cache l'entrée de son enfer; rien n'est plus effrayant que cette solitude. Bientôt il arrive à la porte, où se lit la fameuse inscription :

> Per me si và, nella città dolente :
> Per me si và, nell' eterno dolore :
> Per me si và, tra la perduta gente.
> . . . .
> Lassat' ogni speranza, voi ch' entrate.

Voilà précisément la même sorte de

beautés que dans le poëte latin. Toute oreille sera frappée de la cadence monotone de ces rimes redoublées, où semble retentir et expirer cet éternel cri de douleur, qui remonte du fond de l'abyme. Dans les trois *per me si và*, on croit entendre le *glas* de l'agonie du chrétien. Le *lassat'ogni speranza* est comparable au plus grand trait de l'Enfer de Virgile.

Milton, à l'exemple du poëte de Mantoue, a placé la mort à l'entrée de son enfer (*Letum*), et le péché, qui n'est que le *mala mentis gaudia, les joies coupables du cœur*. Il décrit ainsi la première.

. . . . *The other shape*, etc.

« L'autre forme (si on peut appeler de ce nom ce qui n'avoit point de formes), se tenoit debout à la porte. Elle étoit sombre comme la nuit, hagarde comme dix furies; sa main brandissoit un dard affreux, et sur cette partie qui sembloit sa tête, elle portoit l'apparence d'une couronne. »

Jamais fantôme n'a été représenté d'une manière plus vague et plus terrible. L'origine de la Mort, racontée par le Péché; la manière dont les échos de l'Enfer répètent le nom redoutable, lorsqu'il est prononcé pour la première fois; tout cela est une sorte de noir sublime, inconnu de l'antiquité (1).

(1) M. Harris, dans son Hermès, a remarqué que le genre masculin, attribué à la Mort par Milton, forme ici une grande beauté. S'il avoit dit *shook her dart*, au lieu de *shook his dart*, une partie du sublime disparoissoit. La mort est aussi du genre masculin en grec, ἀνατος. Racine même l'a fait de ce genre dans notre langue,

« La Mort est le *seul Dieu* que j'osois implorer. »

Que penser maintenant de la critique de M. de Voltaire, qui n'a pas su, ou qui a feint d'ignorer, que la mort, *death* en anglois, pouvoit être à volonté du genre masculin, féminin ou neutre; car on lui peut appliquer également les trois pronoms *her*, *his* et *its*. M. de Voltaire n'est pas plus heureux sur le mot *sin*, *péché*, dont le genre féminin le scandalise. Pourquoi ne se fâchoit-il pas aussi contre ces vaisseaux, *ships*, *man of war*, qui sont (ainsi qu'en latin et en vieux françois) si bizarrement du genre

En avançant dans les enfers, nous suivrons Énée au champ des larmes, *lugentes campi*. Il y rencontre la malheureuse Didon ; il l'apperçoit dans les ombres d'une forêt, *comme on voit, ou comme on croit voir la lune nouvelle se lever à travers les nuages.*

Qualem primo quæ surgere mense
Aut videt aut vidisse putat per nubila lunam.

Tout ce morceau est d'un goût exquis ; mais le Dante est peut-être aussi touchant dans la peinture des *campagnes des pleurs*. Virgile a placé les amans au milieu des bois de myrthe et des allées solitaires ; le Dante a jeté les siens dans un air vague et parmi les tempêtes qui les entraînent éter-

---

féminin ? En général, tout ce qui a *étendue*, *capacité* (c'est la remarque de M. Hermès) ; tout ce qui est de nature à contenir, se met en anglois au féminin, et cela par une logique fort simple, et même fort touchante, car elle découle de la *maternité*; tout ce qui implique *foiblesse* ou *séduction* suit la même loi. De-là Milton a pu et dû, en personnifiant le péché, le faire du genre féminin.

nellement : l'un a donné pour punition à l'amour ses propres rêveries, l'autre en a cherché le supplice dans l'image des désordres que cette passion fait naître. Le Dante arrête un couple malheureux au milieu d'un tourbillon ; Françoise d'Arimino, interrogée par le poëte, lui raconte ses malheurs et son amour :

  Noi leggevamo, etc. . . . .
  . . . .

« Nous lisions un jour, dans un doux loisir, comment l'amour vainquit Lancelot. J'étois seule avec mon amant, et nous étions sans défiance : plus d'une fois nos visages pâlirent, et nos yeux troublés se rencontrèrent ; mais un seul instant nous perdit tous deux. Lorsqu'enfin l'heureux Lancelot cueille le baiser desiré, alors celui qui ne me sera plus ravi, colla sur ma bouche ses lèvres tremblantes ; et nous laissâmes échapper le livre, par qui nous fut révélé le mystère de l'amour (1). »

(1) Nous empruntons la traduction de M. de Rivarol. Si toutefois nous osions proposer nos doutes, peut-être que ce tour élégant, *nous laissâmes échapper le livre, par qui nous fut révélé le mystère*

Quelle simplicité admirable dans le récit de Françoise, et quelle délicatesse dans le trait qui le termine! Virgile n'est pas plus chaste dans le quatrième livre de l'Enéide, lorsque Junon donne le signal, *dant signum*. C'est encore au christianisme que ce morceau doit une partie de son pathétique; Françoise est punie pour n'avoir pas su résister à son amour, et pour avoir trompé la foi conjugale : la justice éternelle de la religion contraste avec la pitié que l'on ressent pour une foible femme.

Non loin du champ des larmes, Enée voit le champ des guerriers; il y rencontre *Déiphobe* cruellement mutilé. Tout intéressante qu'est son histoire, le seul nom d'Ugolin rappelle un morceau fort supérieur. On conçoit que M. de Voltaire n'ait vu dans les feux d'un enfer chrétien, que des objets burlesques;

de l'amour, ne rend pas tout-à-fait la naïveté de ce vers :

Quel giorno più non vi leggemmo avante.

mais on le demande aux poëtes, qui ne sont pas tout-à-fait convaincus par son autorité, s'il ne vaut pas autant y trouver le comte Ugolin, et matière à des vers aussi tragiques que ceux de l'OEdipe.

Lorsque nous passons de tous ces détails à une vue générale de l'*Enfer* et du *Tartare*, nous voyons dans celui-ci les Titans foudroyés, Ixion menacé de la chûte d'un rocher, les Danaïdes avec leur tonneau, Tantale trompé par les ondes, etc.

Soit que l'on commence à s'accoutumer à l'idée de ces tourmens; soit qu'ils n'aient rien en eux-mêmes qui produise le terrible, parce qu'ils se mesurent sur des fatigues connues dans la vie; il est certain qu'ils font peu d'impression sur l'esprit. Mais voulez-vous être remué; voulez-vous savoir jusqu'où l'imagination de la douleur peut s'étendre; voulez-vous connoître la poésie des tortures et les hymnes de la chair et du sang? descendez dans l'enfer du Dante. Ici, des ombres sont ballotées par les tourbillons d'une tempête; là, des sépulcres embrâsés renferment les fauteurs de l'hérésie. Les tyrans sont plongés dans un fleuve de sang tiède; les suicides, qui ont dédaigné la noble nature de l'homme, ont rétrogradé vers la plante; ils sont transformés en arbres rachitiques, qui croissent dans un sable brûlant, et dont les harpies arrachent sans cesse des rameaux. Ces ames ne reprendront point leurs corps au jour de la résurrection; elles le traîneront dans l'affreuse forêt, pour le suspendre aux branches des arbres, auxquelles elles sont attachées.

Et qu'on ne dise pas qu'un auteur grec ou romain eût pu faire un Tartare aussi formidable que l'enfer du Dante. D'abord cette remarque, fût-elle vraie, ne concluroit rien contre les moyens poétiques de la religion chrétienne; mais il suffit d'avoir quelque connoissance du génie antique, pour convenir que le ton sombre de l'enfer du Dante, ne se trouve point dans la théologie payenne, et qu'il appartient aux dogmes menaçans de notre Foi.

CHAPITRE XV.

Du Purgatoire.

On avouera du moins que le *Purgatoire* offre aux poëtes chrétiens un genre de *merveilleux* inconnu de l'antiquité (1), (*). Il n'y a peut-être rien de plus favorable aux Muses, que ce lieu de purification, placé sur les confins de la douleur et de la joie, où viennent se réunir les sentimens confus du bonheur et de l'infortune. La gradation des souffrances en raison des fautes passées ; ces ames, plus ou moins heureuses, plus ou moins brillantes, selon qu'elles approchent plus ou moins de la double éternité des plaisirs ou des peines,

---

(1) On trouve quelque trace de ce dogme dans Platon et dans la doctrine de Zénon. (*Vid.* Diog. Laert.) Les poëtes paroissent aussi en avoir eu quelqu'idée (*Eneid.* lib. VI). Mais tout cela est vague, sans suite et sans but.

(*. *Voyez* la note G à la fin du volume.

pourroient fournir des accords touchans à la lyre. Le purgatoire surpasse en poésie le Ciel et l'Enfer, en ce qu'il présente un avenir qui manque aux deux premiers.

Dans l'Elysée antique, le fleuve du Léthé n'avoit point été inventé sans beaucoup de grâce; mais toutefois on ne sauroit dire que les ombres qui renaissoient à la vie sur ses bords, présentassent la même progression poétique vers le bonheur que les ames du *Purgatoire*. Quitter les campagnes des Mânes heureux pour revenir dans ce monde, c'étoit passer d'un état parfait à un état qui l'étoit moins; c'étoit rentrer dans le cercle, renaître pour mourir, voir ce qu'on avoit vu. Toute chose dont l'esprit peut mesurer l'étendue, est petite : le cercle, qui chez les anciens exprimoit l'éternité, pouvoit être une image grande et vraie ; cependant il nous semble qu'elle tue l'imagination, en la forçant de tourner dans ce cerceau redoutable. La ligne droite prolongée sans fin, seroit peut-être plus belle, parce qu'elle jetteroit la pensée dans un vague effrayant, et feroit marcher de front trois choses qui paroissent s'exclure, l'espérance, la mobilité et l'éternité.

Deux ressorts admirables produiroient ensuite dans le *Purgatoire* tous les charmes du sentiment : le premier est le rapport à établir entre le châtiment et l'offense. Que de peines ingénieuses réservées à une mère trop tendre, à une fille trop crédule, à un jeune homme trop ardent ! Et certes, puisque les vents, les feux, les glaces prêtent leurs violences aux tourmens de l'Enfer, pourquoi ne trouveroit-on pas des souffrances plus douces dans les chants du rossignol, dans les parfums des fleurs, dans le bruit des fontaines, ou dans les affections purement morales ? Homère et Ossian ont chanté les *plaisirs de la douleur* : κρυερὴν τε ταρπωμεϛθα γοοιο, *the joy of grief.*

Le second moyen poétique attaché à la nature du *Purgatoire*, naît de ce dogme qui nous apprend que les prières et les bonnes œuvres des mortels hâtent la délivrance des ames. O admirable commerce entre le fils vivant et le père décédé ! entre la mère et la fille ! entre l'époux et l'épouse ! entre la vie et la mort ! Que de choses attendrissantes dans cette doctrine ! Ma vertu, à moi chétif mortel, devient un bien commun pour tous les chrétiens ; et de même que j'ai été atteint du péché d'Adam, ma justice est passée en compte aux autres. Poëtes chrétiens, les prières de vos Nisus atteindront un Euryale au-delà du tombeau ; vos riches pourront partager leur superflu avec le pauvre ; et pour le plaisir qu'ils auront eu à faire cette simple, cette agréable action, Dieu les en récompensera encore, en retirant leur père et leur mère d'un lieu de peines ! C'est une bien belle chose d'avoir, par l'attrait de l'amour, forcé le cœur de l'homme à la vertu, et de penser que le même denier qui donne le pain du moment au misérable, donne peut-être à une ame délivrée, une place éternelle à la table du Seigneur.

CHAPITRE XVI.

Le Paradis.

Le trait qui distingue essentiellement le *Paradis* de l'*Elysée*, c'est que dans le premier, les ames saintes habitent le Ciel avec Dieu et les Anges, et que dans le dernier, les ombres heureuses sont séparées de l'Olympe. Le systême philosophique de Platon et de Pythagore, qui divise l'ame en deux essences, *le char subtil* qui s'envole au-dessous de la lune, et l'*esprit* qui remonte vers la divinité; ce systême, disons-nous, n'est pas de notre compétence, et nous ne parlons que de la théologie poétique.

Nous avons fait voir dans plusieurs endroits de cet ouvrage, la différence qui existe entre la félicité des Elus et celle des Mânes de l'Elysée. Autre est de danser et de faire des festins; autre de connoître la nature des choses, de lire dans l'avenir, de voir les révolutions des globes ; enfin, d'être comme associé à l'omni-science, sinon à la toute-puissance de Dieu. Il est pourtant bien extraordinaire qu'avec tant d'avantages, les poëtes chrétiens aient tous échoué dans la peinture du Ciel. Les uns ont péché par timidité comme le Tasse et Milton ; les autres par fatigue comme le Dante, par philosophie comme M. de Voltaire, ou par abondance comme M. Klopstock (1). Il y a donc un écueil caché dans ce sujet ; voici quelles sont nos conjectures à cet égard.

Il est de la nature de l'homme de ne sympathiser qu'avec les choses qui ont des rapports avec lui, et qui le saisissent par un certain côté, tel, par exemple, que le malheur. Le ciel, où règne une félicité sans bornes, est trop au-dessus de la condition humaine, pour que l'ame en soit touchée ;

---

(1) C'est une chose assez bizarre, que Chapelain, qui a créé des chœurs de martyrs, de vierges et d'apôtres, ait seul placé le paradis chrétien dans son véritable jour.

on ne s'intéresse guère à des êtres parfaitement heureux. C'est pourquoi les poëtes ont toujours mieux réussi dans la description des enfers ; du moins l'humanité est ici, et les tourmens des coupables nous rappellent les chagrins de notre vie ; nous nous attendrissons sur les infortunes des autres, comme les esclaves d'Achille, qui, en répandant beaucoup de larmes sur la mort de Patrocle, pleuroient secrètement leurs propres malheurs.

Pour éviter la froideur qui résulte de l'éternelle et toujours semblable félicité des justes, on pourroit essayer d'établir dans le ciel une espérance, une attente quelconque de plus de bonheur ou d'une grande époque inconnue dans la révolution des êtres ; on pourroit rappeler davantage les choses humaines, soit en en tirant des comparaisons, soit en donnant des affections, et même des passions aux élus : l'Ecriture nous parle des *espérances* et des saintes *tristesses du ciel.* Pourquoi donc n'y auroit-il pas dans le paradis, des pleurs

PARTIE II.
Poétique du Christianisme.

LIVRE V.
Du merveilleux, ou de la poésie, dans ses rapports avec les êtres surnaturels.

tels que les saints peuvent en répandre (1)? Par ces divers moyens, on feroit naître des harmonies entre notre foible nature, et une constitution plus sublime, entre nos fins rapides et les choses éternelles : nous serions moins portés à regarder comme une belle fiction, un bonheur qui, semblable au nôtre, seroit mêlé de changement et de larmes.

D'après toutes ces considérations sur l'usage du *merveilleux* chrétien dans la poésie, on peut du moins douter que le *merveilleux* du paganisme ait sur le premier un avantage aussi grand qu'on l'a généralement supposé. On oppose toujours le barbare Milton, avec tous ses défauts, à Homère avec toutes ses beautés : mais supposons que le chantre d'*Eden* fût né en France, sous le siècle de Louis XIV, et qu'à la grandeur naturelle de son génie, il

(1) Milton a saisi cette idée, lorsqu'il représente les anges consternés à la nouvelle de la chûte de l'homme, et Fénélon donne le même mouvement de pitié aux ombres heureuses.

eût joint le goût de Racine et de Boileau ; nous demandons quel fût devenu alors le *Paradis perdu*, et si le *merveilleux* de ce poëme n'eût pas égalé celui de l'Iliade et de l'Odyssée? Si nous jugions la mythologie d'après la Pharsale, ou même d'après l'Enéide, en aurions-nous la brillante idée que nous en a laissée le père des grâces, l'inventeur de la ceinture de Vénus? Quand nous aurons, sur un sujet chrétien, un ouvrage aussi parfait dans son genre que les ouvrages d'Homère, nous pourrons nous décider en faveur du *merveilleux* de la fable, ou du *merveilleux* de notre religion; jusqu'alors il sera permis de douter de la vérité de ce précepte de Boileau :

<small>De la foi d'un chrétien les mystères terribles,
D'ornemens égayés ne sont point susceptibles.</small>

Au reste, nous pouvions nous dispenser de faire lutter le christianisme avec la mythologie, sous le seul rapport du *merveilleux*. Si nous sommes entrés dans cette étude, ce n'est que par surabondance de moyens, et pour montrer toutes les ressources de notre cause. Nous pouvions trancher la question d'une manière simple et péremptoire : car, fût-il certain, comme il est douteux, que le christianisme ne pût fournir un *merveilleux* aussi riche que celui de la fable, encore est-il vrai, qu'il a une certaine poésie de l'ame, une sorte d'imagination du cœur, dont on ne trouve aucune trace dans la mythologie, et les beautés touchantes qui émanent de cette source, feroient seules une ample compensation pour les ingénieux mensonges de l'antiquité. Tout est machine et ressort, tout est extérieur, tout est fait pour les yeux dans les tableaux du paganisme ; tout est sentiment et pensée, tout est intérieur, tout est créé pour l'ame dans les peintures de la religion chrétienne. Quel charme de méditation ! quelle profondeur de rêverie ! Il y a plus d'enchantement dans une de ces larmes divines que le christianisme fait répandre au fidèle, que dans toutes les riantes erreurs de la mythologie. Avec une *Notre-Dame des douleurs*, une *Mère de*

Pitié, quelque saint obscur, patron de l'aveugle, de l'orphelin, du misérable, un auteur peut écrire une page plus attendrissante, qu'avec tous les dieux du Panthéon. C'est bien là aussi de la *poésie* ! c'est bien là du *merveilleux* ! Mais voulez-vous du *merveilleux* plus sublime ? contemplez la vie et les douleurs du Christ, et souvenez-vous que votre *Dieu* s'est appelé le *fils de l'homme* ! Oui, nous osons le prédire : un temps viendra que l'on sera tout étonné d'avoir pu méconnoître les beautés admirables qui existent dans les seuls noms, dans les seules expressions du christianisme, et l'on aura de la peine à comprendre comment on a pu se moquer de cette religion céleste, de la raison et du malheur.

Ici finissent les relations directes du christianisme et des muses, puisque nous avons achevé de l'envisager *poétiquement* dans ses rapports avec les *hommes*, et dans ses rapports avec les *êtres surnaturels*. Nous couronnerons ce que nous avons dit sur ce sujet par une vue générale de l'Ecriture : c'est la source où Milton, le Dante, le Tasse et Racine ont puisé une partie de leurs merveilles, comme les poëtes de l'antiquité ont emprunté leurs grands traits d'Homère.

LIVRE V.

Du merveilleux, ou de la poésie, dans ses rapports avec les êtres surnaturels.

SECONDE PARTIE.

POÉTIQUE DU CHRISTIANISME.

LIVRE SIXIÈME.

LA BIBLE ET HOMÈRE.

CHAPITRE PREMIER.

De l'Ecriture et de son excellence.

C'est un corps d'ouvrage bien singulier, que celui qui commence par la Genèse, et qui finit par l'Apocalypse ; qui s'annonce par le style le plus clair, et qui se termine par le ton le plus figuré. Ne diroit-on pas que tout est grand et simple dans Moïse, comme cette création du monde, et cette innocence des hommes primitifs, qu'il nous peint; et que tout est terrible et hors de la nature dans le dernier prophète, comme ces sociétés civilisées et cette fin du monde, qu'il nous représente?

Les productions les plus étrangères à nos mœurs, les livres sacrés des nations infidèles, le Zend-Avesta des Parsis, le Veidame des Brames, le Coran des Turcs, les Edda des Scandinaves, les maximes de Confucius, les poëmes Sanscrit; tous ces ouvrages ne nous surprennent point : nous y retrouvons la chaîne ordinaire des idées humaines; ils ont tous quelque chose de commun entr'eux, et dans le ton et dans la pensée. La Bible seule ne ressemble à rien ; c'est un monument détaché de tous les autres. Expliquez-la à un Tartare, à un Caffre, à un sauvage Américain ; mettez-la entre les mains d'un bonze ou d'un derviche ; ils en seront également étonnés. Fait qui tient du miracle ! Vingt auteurs, vivant à des époques très-éloignées les unes des autres, ont travaillé aux livres saints, et quoiqu'ils aient écrit en vingt styles divers, ces styles, toujours inimitables, ne se rencontrent dans aucune autre composition. Le Nouveau-Testament, si différent de l'ancien par le ton, partage néanmoins avec celui-ci cette étonnante originalité.

Mais ce n'est pas la seule chose extraordinaire, que les hommes s'accordent à trouver dans l'Ecriture : ceux qui ne veulent pas croire à l'authenticité de la Bible, croient pourtant, en dépit d'eux-mêmes, à quelque chose en cette même Bible. Déistes et athées, grands et petits ; tous, attirés par je ne sais quoi d'inconnu, ne laissent pas de feuilleter sans cesse l'ouvrage que les uns admirent, et que les autres dédaignent. Il n'y a pas une position dans la vie, pour laquelle on ne puisse rencontrer, dans la Bible, un verset qui semble dicté tout exprès. On nous persuadera difficilement que tous les événemens possibles, heureux ou malheureux, aient été prévus avec toutes leurs conséquences, dans un livre écrit de la main des hommes. Or il est certain qu'on trouve dans l'Ecriture :

L'origine du monde et l'annonce de sa fin.

La base de toutes les sciences humaines.

Tous les préceptes politiques, depuis le gouvernement du père de famille, jusqu'au despotisme inclusivement ; depuis l'âge pastoral, jusqu'au siècle de corruption.

Tous les préceptes moraux applicables à tous les rangs et à tous les accidens de la vie.

Enfin, toutes les sortes de styles connus; styles qui, formant un corps unique de cent morceaux divers, n'ont toutefois aucune ressemblance avec les styles des hommes.

CHAPITRE II.

Qu'il y a trois Styles principaux dans l'Ecriture.

Entre ces styles divins, trois sur-tout se font remarquer.

1.º Le style historique, tel que celui de la Genèse, du Deutéronome, de Job, etc.

2.º La poésie sacrée, telle qu'elle existe dans les pseaumes, dans les prophètes et dans les traités moraux, etc.

3.º Le style évangélique.

Le premier de ces trois styles, avec un charme plus grand qu'il ne se peut dire, tantôt imite la narration de l'Epopée, comme dans l'aventure de Joseph, tantôt fait entendre de lyriques accords, comme après le passage de la mer Rouge : ici soupire les élégies du saint Arabe ; là chante avec Ruth d'attendrissantes bucoliques. Ce peuple élu, dont tous les pas sont marqués par des phénomènes ; ce peuple pour qui

PARTIE II.
Poétique du Christianisme.

LIVRE VI.
La Bible et Homère.

le soleil s'arrête, le rocher verse des eaux, le ciel prodigue la manne; ce peuple ne pouvoit avoir des fastes ordinaires. Toutes les formes connues changent à son égard : ses révolutions sont tour-à-tour racontées avec la trompette, la lyre et le chalumeau, et le style de son histoire est lui-même un continuel miracle, qui porte témoignage de la vérité des miracles, dont il perpétue le souvenir.

Pour peu qu'on ait en soi un certain penchant vers le beau, on est merveilleusement étonné d'un bout de la Bible à l'autre. Qu'y a-t-il de comparable à l'ouverture de la Genèse ? Cette simplicité du langage, qui marche en raison inverse de la magnificence des objets, nous semble le dernier effort du génie.

In principio creavit Deus cœlum et terram.

Terra autem erat inanis et vacua, et tenebrae erant super faciem abyssi ; et spiritus Dei ferebatur super aquas.

Dixitque Deus : fiat lux. Et facta est

lux. Et vidit Deus lucem quod esset bona: et divisit lucem à tenebris.

On ne montre pas comment un pareil style est beau, et si quelqu'un le critiquoit, on ne pourroit lui répondre. Nous nous contenterons d'observer que Dieu qui voit la lumière, et qui, comme un *homme* content de son ouvrage, s'applaudit lui-même et la trouve bonne, est un de ces traits qui ne sont point dans l'ordre des choses humaines ; cela ne tombe point naturellement dans l'esprit. Homère et Platon, qui parlent des dieux avec tant de sublimité, n'ont rien de semblable à cette naïveté imposante : c'est Dieu qui s'abaisse au langage des hommes, pour leur faire comprendre ses merveilles, mais c'est toujours Dieu.

Quand on songe que Moïse est le plus ancien historien du monde ; quand on remarque qu'il n'a mêlé aucune fable à ses récits, quand on le considère comme le libérateur d'un grand peuple, comme l'auteur d'une des plus belles législations connues, et comme l'écrivain le plus sublime qui ait jamais existé; lorsqu'on le voit flotter dans son berceau sur le Nil, se cacher ensuite dans les déserts pendant plusieurs années, puis revenir pour entr'ouvrir la mer, faire couler les sources du rocher, s'entretenir avec Dieu dans la nue, et disparoître enfin sur le sommet d'une montagne ; on entre dans un grand étonnement. Mais lorsque sous les rapports chrétiens, on vient à penser que l'histoire des Israélites est non-seulement l'histoire réelle des anciens jours, mais encore la figure des temps modernes ; que chaque fait est double, et contient en lui-même une *vérité historique* et un *mystère;* que le peuple Juif est un abrégé symbolique de la race humaine, représentant, dans ses aventures, tout ce qui est arrivé, et tout ce qui doit arriver dans l'univers ; que Jérusalem doit être toujours prise pour une autre cité, Sion pour une autre montagne, la terre promise, pour une autre terre, et la vocation d'Abraham pour une autre vocation ; lorsqu'on fait réflexion que l'homme *moral* est aussi caché sous l'homme *physique* dans cette histoire ; que la chûte d'Adam, le sang d'Abel, la nudité violée de Noé, et la malédiction de ce père sur un fils, se manifestent encore aujourd'hui dans l'enfantement douloureux de la femme, dans la misère et l'orgueil de l'homme, dans les mers de sang qui inondent le globe depuis le fratricide de Caïn, et dans les races maudites, descendues de Cham, qui habitent une des plus belles parties de la terre (1); enfin, quand on voit le fils promis à David, venir à point nommé rétablir la vraie morale et la vraie religion, réunir tous les peuples, substituer le sacrifice de l'homme intérieur aux holocaustes sanglans ; alors on manque de paroles, ou l'on est prêt à s'écrier avec le prophète : « Dieu est notre » roi avant tous les temps. » *Deus autem rex noster antè saecula.*

C'est dans Job que le style historique de la Bible se change, comme nous l'avons dit,

---

(1) Les Nègres.

en élégie. Plusieurs Hébraïsans croient ce livre écrit par Moïse ; c'est en effet la même simplicité, le même sublime que dans la Genèse, et la même prédilection pour certains verbes et certains tours. Job est le véritable type de la mélancolie : on trouve dans les ouvrages des hommes des traces de ce sentiment, et en général tous les grands génies sont mélancoliques ; mais aucun n'a poussé la tristesse de l'ame au degré où elle a été portée par le saint Arabe, pas même Jérémie, *qui peut seul égaler les lamentations aux douleurs*, comme parle Bossuet. Ce seroit en vain qu'on chercheroit à rendre compte des larmes de Job, en disant qu'elles lui furent données par les sables du désert, le palmier solitaire, la montagne stérile, et toutes ces images vastes, calmes et tristes de la nature du midi ; en vain on auroit recours au caractère grave des Orientaux : tout cela ne suffiroit pas. Il y a dans la mélancolie de Job quelque chose de surnaturel. L'homme *individuel*, si malheureux qu'il soit, ne peut tirer de tels soupirs de son ame. Job est la figure de l'*humanité souffrante*, et l'écrivain inspiré a trouvé assez de plaintes, pour exprimer tous les maux partagés entre la race humaine. De plus, comme dans l'Ecriture tout a un rapport final avec la nouvelle alliance, on pourroit croire que les élégies de Job se préparoient aussi pour les jours de deuil de l'église de Jésus-Christ : Dieu faisoit composer, par ses prophètes, des cantiques funèbres dignes des morts chrétiens, deux mille ans avant que ces morts sacrés eussent conquis la vie éternelle.

« Puisse périr le jour où je suis né, et la nuit en laquelle il a été dit : Un homme a été conçu (1) ! »

Étrange manière de gémir ! Il n'y a que l'Ecriture qui ait jamais parlé ainsi.

(1) Job, cap. 3, v. 3. Nous nous servons de la traduction de Sacy, à cause des personnes qui y sont accoutumées ; cependant nous nous en éloignerons quelquefois, lorsque l'Hébreu, les Septante ou la Vulgate même donneront un sens plus fort et plus beau.

« Je dormirois dans le silence, et je reposerois dans mon sommeil (1). »

Cette expression, *je reposerois dans* MON *sommeil*, est une chose frappante; mettez *le* sommeil, tout disparoît. Bossuet a dit : *Dormez* VOTRE *sommeil, riches de la terre, et demeurez dans* VOTRE *poussière* (2).

« Pourquoi le jour a-t-il été donné au misérable, et la vie à ceux qui sont dans l'amertume du cœur (3)? »

Jamais les entrailles de l'homme n'ont fait sortir de leur profondeur un cri plus douloureux.

« L'homme né de la femme vit très-peu de temps, et il est rempli de beaucoup de misères. »

Cette circonstance, *né de la femme*, est une redondance merveilleuse; on voit toutes les infirmités de l'homme dans celle de sa mère. Le style le plus recherché ne pein-

---

(1) Job, cap. 3, v. 13.
(2) Orais. fun. du chanc. Le Tel.
(3) Job, cap. 3, v. 20.

droit pas la vanité de la vie avec la même force que ce peu de mots : « Il vit *peu de temps*, et il est rempli de *beaucoup* de misère. »

Au reste, tout le monde connoît ce fameux passage où Dieu daigne justifier sa puissance devant Job, en confondant la raison de l'homme ; c'est pourquoi nous n'en parlons point ici.

Le troisième caractère sous lequel il nous resteroit à envisager le style *historique* de la Bible, est le caractère bucolique ; mais nous aurons occasion d'en parler avec quelqu'étendue dans les deux chapitres suivans.

Quant au second style général des saintes lettres, à savoir la *poésie sacrée*, une foule d'excellens critiques s'étant exercés sur ce sujet, il seroit superflu de nous y arrêter. Et qui ne connoît les chœurs d'Esther et d'Athalie ; qui n'a lu les odes de Rousseau et de Malherbe ? Le traité du docteur Loth est entre les mains de tous les littérateurs, et M. de la Harpe a donné en prose une excellente traduction du psalmiste.

Enfin, le troisième et dernier style des livres saints, est celui du *Nouveau-Testament*. C'est là que la sublimité des prophètes se change en une tendresse non moins sublime ; c'est là que parle l'Amour ; c'est là que le *Verbe* s'est réellement *fait chair*. Quelle onction ! quelle simplicité ! La religion du Fils de Marie est comme l'essence de toutes les religions, ou ce qu'il y a de plus céleste en elles. On peut peindre en quelques mots le caractère du style évangélique : c'est un ton d'autorité de père, mêlé à je ne sais quelle indulgence fraternelle, à je ne sais quelle commisération d'un Dieu, qui, pour nous racheter, a daigné devenir fils et frère des hommes.

Au reste, plus on lit les Epîtres des Apôtres, et sur-tout celles de saint Paul, plus on est étonné : on ne sait quel est cet homme qui, dans une espèce de prône commun, dit familièrement des mots sublimes, jette les regards les plus profonds sur le cœur humain, explique la nature du souverain Etre, et prédit l'avenir (*).

CHAPITRE III.

Parallèle de la Bible et d'Homère.

Termes de comparaison.

On a tant écrit sur la Bible, on l'a tant de fois commentée, que le seul moyen qui reste peut-être aujourd'hui d'en faire sentir les beautés, c'est de la rapprocher des poëmes d'Homère. Consacrés par les siècles, ces poëmes ont reçu du temps une espèce de sainteté qui justifie le parallèle et écarte toute idée de profanation. Si Jacob et Nestor ne sont pas de la même famille, ils sont du moins l'un et l'autre des premiers jours du monde, et l'on sent qu'il n'y a qu'un pas des palais de Pilos aux tentes d'Ismaël.

Comment la Bible est plus belle qu'Ho-

(*) *Voyez* la note H à la fin du volume.

mère ; quelles sont les ressemblances et les différences qui existent entre elle et les ouvrages de ce poëte ; voilà ce que nous nous proposons de rechercher dans ces chapitres. Considérons ces deux grands monumens qui, comme deux colonnes solitaires, sont placés à la porte du temple du Génie, et en forment le simple péristile.

Et d'abord, c'est une chose assez curieuse de voir lutter de front les deux langues les plus anciennes du monde ; langues dans lesquelles Moïse et Lycurgue ont publié leurs loix, et Pindare et David chanté leurs hymnes. L'hébreu, concis, énergique, presque sans inflexion dans ses verbes, exprimant vingt nuances de la pensée, par la seule apposition d'une lettre, annonce l'idiôme d'un peuple qui, par une alliance remarquable, unit à la simplicité primitive une connoissance profonde des hommes.

Le grec, vraisemblablement formé de l'hébreu, (comme on le peut soupçonner par ses racines et son ancien alphabet), montre dans ses conjugaisons perplexes, dans ses inflexions sans fin, dans sa diffuse éloquence, une nation d'un génie imitatif et sociable ; une nation gracieuse et vaine, mélodieuse et prodigue de paroles.

L'hébreu veut-il composer un verbe ? Il n'a besoin que de connoître les trois lettres radicales, qui forment au singulier la troisième personne du prétérit. Il a à l'instant même tous les temps et tous les modes, en ajoutant quelques lettres *serviles*, avant, après, ou entre les trois lettres radicales.

Bien plus embarrassée est la marche du grec. Il faut considérer la *caractéristique*, la *terminaison*, l'*augment*, et la *pénultième* de certaines *personnes* des *temps* des verbes ; choses d'autant plus difficiles à connoître, que la *caractéristique* se perd, se transpose ou se charge d'une lettre inconnue, selon la lettre même devant laquelle elle se trouve placée.

Ces deux conjugaisons hébraïque et grecque, l'une si simple et si courte, l'autre si composée et si longue, semblent porter l'empreinte de l'esprit et des mœurs des peuples qui les ont formées : la première retrace la concision du Patriarche qui va seul visiter son voisin au puits du palmier; la seconde rappelle la prolixité du Pélasge qui se présente à la porte de son hôte.

Si vous prenez au hasard quelque substantif grec ou hébreu, vous découvrirez encore mieux le génie des deux langues. *Nesher*, en hébreu, signifie un *aigle*; il vient du verbe *shur*, *contempler*, parce que l'aigle fixe le soleil.

Aigle en grec se rend par αετος, *vol rapide*.

Israël a été frappé de ce que l'aigle a de plus sublime : il l'a vu immobile sur le rocher de la montagne, regardant l'astre du jour à son réveil.

Athènes n'a apperçu que le vol de l'aigle, sa fuite impétueuse, et tout ce mouvement qui convenoit au propre mouvement de ses pensées. Telles sont précisément ces images de *soleil*, de *feux*, de *mon-*

tagnes, si souvent employées dans la Bible, et ces peintures de *bruits*, de *courses*, de *passages*, si multipliées dans Homère (1).

Nos termes de comparaisons seront :
La simplicité ;
L'antiquité des mœurs ;
La narration ;
La description ;
Les comparaisons, ou les images ;
Le sublime.
Examinons le premier terme.

1.º *Simplicité.*

La simplicité de la Bible est plus courte et plus grave ; la simplicité d'Homère plus longue et plus riante.

La première est sentencieuse, et revient

---

(1) Ἀετός, paroît tenir à l'hébreu AIT, s'élancer avec fureur, à moins qu'on ne le dérive d'ATE, devin, ATH, prodige ; on retrouveroit ainsi l'art de la divination dans une étymologie. L'*aquila* des latins vient manifestement de l'hébreu *aouik*, animal à serres. L'*a* n'est qu'une terminaison latine ; *u* se doit prononcer *ou*. Quant à la transposition du *k* et son changement en *q*, c'est peu de chose.

aux mêmes locutions pour exprimer des choses nouvelles.

La seconde aime à s'étendre en paroles, et répète souvent dans les mêmes phrases ce qu'elle vient déja de dire.

La simplicité de l'Ecriture est celle d'un antique prêtre, qui, plein de toutes les sciences divines et humaines, dicte du fond du sanctuaire les oracles précis de la sagesse.

La simplicité du poëte de Chio est celle d'un vieux voyageur, qui raconte au foyer de son hôte, tout ce qu'il a appris dans le cours d'une vie longue et traversée.

2.° *Antiquité des mœurs.*

Les fils des pasteurs d'Orient gardent les troupeaux comme les fils des rois d'Ilion. Mais si Pâris retourne à Troie, c'est pour habiter un palais, parmi des esclaves et des voluptés.

Une tente, une table frugale, des serviteurs rustiques, voilà tout ce qui attend les enfans de Jacob chez leur père.

Un hôte se présente-t-il chez un prince

dans Homère ? Des femmes, et quelquefois la fille même du roi, conduisent l'étranger au bain. On le parfume, on lui donne à laver dans des aiguières d'or et d'argent, on le revêt d'un manteau de pourpre, on le conduit dans la salle du festin, on le fait s'asseoir dans une belle chaise d'ivoire, que rehausse un beau marche-pied. Des esclaves mêlent le vin et l'eau dans les coupes, et lui présentent les dons de Cérès dans une corbeille : le maître du lieu lui sert le dos succulent de la victime, dont il lui fait une part cinq fois plus grande que celle des autres. Cependant, on mange avec une grande joie, et l'abondance a bientôt chassé la faim. Le repas fini, on prie l'*étranger* de raconter son histoire. Enfin, à son départ, on lui fait de riches présens, si mince qu'ait paru d'abord son équipage ; car on suppose, ou que c'est un Dieu qui vient ainsi déguisé, surprendre le cœur des rois, ou bien un homme malheureux, et par conséquent le favori de Jupiter.

Sous la tente d'Abraham, la réception

se passe autrement. Le patriarche sort pour aller lui-même au-devant de son hôte, il le salue, et puis adore Dieu. Les fils du lieu emmènent les chameaux, et les filles leur donnent à boire. On lave les pieds du *voyageur*: il s'assied à terre, et prend en silence le repas de l'hospitalité. On ne lui demande point son histoire, on ne le questionne point ; il demeure ou continue sa route à volonté. A son départ, on fait alliance avec lui, et l'on élève la pierre du témoignage. Ce simple autel doit dire aux siècles futurs, que deux hommes des anciens jours se rencontrèrent dans le chemin de la vie, et qu'après s'être traités comme deux frères, ils se quittèrent pour ne se revoir jamais, et pour mettre de grandes régions entre leurs tombeaux.

Remarquez que l'hôte inconnu est un *étranger* chez Homère, et un *voyageur* dans la Bible. Quelles différentes vues de l'humanité ! Le Grec ne porte qu'une idée politique et locale, où l'Hébreu attache un sentiment moral et universel.

DU CHRISTIANISME. 381

Chez Homère, toutes les œuvres civiles se font avec fracas et parade : un juge, assis au milieu de la place publique, prononce à haute voix ses sentences; Nestor, au bord de la mer, fait des sacrifices ou harangue les peuples. Une noce a des flambeaux, des épithalames, des couronnes suspendues aux portes : une armée, un peuple entier assistent aux funérailles d'un roi : un serment se fait au nom des furies avec des imprécations terribles, etc.

Jacob, sous un palmier, à l'entrée de sa tente, distribue la justice à ses pasteurs. « Mettez la main sur ma cuisse (1), dit le » vieil Abraham à son serviteur, et jurez » d'aller en Mésopotamie. » Deux mots

PARTIE II.
Poétique du Christianisme.

LIVRE VI.
La Bible et Homère.

___

(1) *Femur meum.* Cette coutume de jurer par la génération des hommes est une naïve image des mœurs innocentes des premiers jours du monde, alors que la terre avoit encore d'immenses déserts, et que l'homme étoit pour l'homme ce qu'il y avoit de plus cher et de plus grand. Les Grecs connurent aussi cet usage, comme on le voit dans la vie de Cratès. *Diog. Laert. lib.* 6.

suffisent pour conclure un mariage au bord de la fontaine. Le domestique amène l'accordée au fils de son maître, ou le fils du maître s'engage à garder, pendant sept ans, les troupeaux de son beau-père, pour obtenir sa fille. Un patriarche est porté par ses fils, après sa mort, à la cave de ses pères, dans le champ d'Ephron. Ces mœurs-là sont plus vieilles encore que les mœurs homériques, parce qu'elles sont plus simples ; elles ont aussi un calme et une gravité qui manquent aux premières.

3.° *La narration.*

La narration d'Homère est coupée par des digressions, des discours, des descriptions de vases, de vêtemens, d'armes et de sceptres ; par des généalogies d'hommes ou de choses. Les noms propres y sont hérissés d'épithètes ; un héros manque rarement d'être *divin, semblable aux immortels,* ou *honoré des peuples comme un Dieu.* Une princesse a toujours *de beaux bras ;* elle est toujours faite comme *la tige du palmier de Délos,* et elle doit sa chevelure à la *plus jeune des Grâces.*

La narration de la Bible est rapide, sans digression, sans discours ; elle est semée de sentences, et les personnages y sont nommés sans flatterie. Les noms reviennent sans fin, et rarement le pronom les remplace ; circonstance qui, jointe au retour fréquent de la conjonction *et,* déclare, par cette prodigieuse simplicité, une société bien plus près de l'état de nature, que celle chantée par Homère. Tous les amours-propres sont déjà éveillés dans les hommes de l'Odyssée ; ils dorment encore chez les hommes de la Genèse.

4.º *Description.*

Les descriptions d'Homère sont longues, soit qu'elles tiennent du caractère tendre ou terrible, ou triste, ou gracieux, ou fort, ou sublime.

La Bible, dans tous ses genres, n'a ordinairement qu'un seul trait ; mais ce trait est frappant, et met l'objet sous les yeux.

5.º *Les comparaisons.*

Les comparaisons homériques sont prolongées par des circonstances relatives : ce sont de petits tableaux suspendus au pourtour d'un édifice, pour délasser la vue de l'élévation des dômes, en l'appelant sur des scènes de paysages, et de mœurs champêtres.

Les comparaisons de la Bible sont presque toutes rendues en quelques mots : c'est un lion, un torrent, un orage, un incendie, qui rugit, tombe, ravage, dévore. Toutefois elle connoît aussi les comparaisons détaillées; mais alors elle prend un tour oriental, et personnifie subitement l'objet, comme l'orgueil dans le cèdre, etc.

6.º *Le sublime.*

Enfin, le sublime dans Homère naît ordinairement de l'ensemble des parties, et arrive graduellement à son terme.

Dans la Bible il est toujours inattendu; il fond sur vous comme l'éclair, et vous restez fumant et sillonné du foudre, avant de savoir comment il vous a frappé.

Dans Homère, le sublime se compose

encore de la magnificence des mots en harmonie avec celle de la pensée.

Dans la Bible, au contraire, le plus haut sublime provient toujours d'un désaccord gigantesque entre la majesté de l'idée et la petitesse, quelquefois même la trivialité du mot qui sert à le rendre. Il en résulte un ébranlement, un froissement incroyable pour l'ame; car lorsqu'exaltée par la pensée, elle plane dans les plus hautes régions du génie, soudain l'expression, au lieu de la soutenir, la laisse tomber du ciel en terre, et la précipite du sein de Dieu dans le limon de cet univers. Cette sorte de sublime, le plus impétueux de tous, convient singulièrement à un Etre immense et formidable, qui touche à-la-fois aux plus grandes et aux plus petites choses.

CHAPITRE IV.

Suite du parallèle de la Bible et d'Homère.

Exemples.

Quelques exemples achèveront maintenant le développement de notre parallèle. Nous prendrons l'ordre inverse de nos premières bases ; c'est-à-dire, que nous commencerons par les lieux d'oraison dont on peut citer des traits courts et détachés, (tels que le *sublime* et les *comparaisons,*) pour finir par la *simplicité et l'antiquité des mœurs.*

Il y a un endroit remarquable pour le sublime dans l'Iliade ; c'est celui où Achille, après la mort de Patrocle, paroissant désarmé sur le retranchement des Grecs, épouvante les bataillons Troyens par ses cris (1). Le nuage d'or qui ceint le front du

---

(1) *Il.* lib. XVIII, v. 204.

fils de Pélée, la flamme qui s'élève sur sa tête, la comparaison de cette flamme à un feu placé la nuit au haut d'une tour assiégée, les trois cris d'Achille, qui trois fois jettent la confusion dans l'armée Troyenne; tout cela forme ce sublime homérique, qui, comme nous l'avons dit, se compose de la réunion de plusieurs beaux accidens et de la magnificence des mots.

Voici un sublime bien différent ; c'est le mouvement de l'ode dans son plus haut délire :

« Prophétie contre la vallée de vision.
» D'où vient que tu montes ainsi en foule sur les » toits,
» Ville pleine de tumulte, ville pleine de peuple, » ville triomphante? Les enfans sont tués, et ils ne » sont point morts par l'épée, ils ne sont point » tombés par la guerre. . . . .
» Le Seigneur vous couronnera d'une couronne » de maux. Il vous jettera comme une balle dans un » champ large et spacieux. Vous mourrez là ; et » c'est à quoi se réduira le char de votre gloire (1). »

Dans quel monde inconnu le prophète

(1) Is. cap. XII, v. 1-2, 18.

Ccc..

vous jette tout-à-coup ! Où vous transporte-t-il ? Quel est celui qui parle, et à qui la parole est-elle adressée ? Le mouvement suit le mouvement, et chaque verset s'étonne du verset qui l'a précédé. La ville n'est plus un assemblage d'édifices, c'est une femme, ou plutôt un personnage mystérieux, car son sexe n'est pas désigné. Il monte sur *les toits pour gémir;* le prophète partageant son désordre, lui dit au singulier, *pourquoi montes-tu,* et il ajoute *en foule,* collectif. « Il vous jettera *comme une balle* dans *un champ spacieux,* et c'est *à quoi se réduira le char de votre gloire :* » voilà des alliances de mots et une poésie bien extraordinaires.

Homère a mille façons sublimes de peindre une mort violente; mais l'Ecriture les a toutes surpassées par ce seul mot : « *le premier-né de la mort,* dévorera sa beauté. »

Le premier-né de la mort, pour dire *la mort la plus affreuse,* est une de ces figures qu'on ne trouve que dans la Bible. On ne sait pas où l'esprit humain a été chercher cela ; toutes les routes pour arriver à ce sublime sont inconnues (1).

C'est ainsi que l'Ecriture appelle encore la mort, *le roi des épouvantemens ;* c'est ainsi qu'elle dit en parlant du méchant : « *il a conçu la douleur,* et *enfanté l'ini-* » *quité* (2). »

Quand le même Job veut relever la grandeur de Dieu, il s'écrie : *l'enfer est nud devant ses yeux* (3) — : *c'est lui qui lie les eaux dans les nuées* (4) : — *il ôte le baudrier aux rois, et ceint leurs reins d'une corde* (5).

Le devin Théoclimène, au festin de

_____

(1) Job, cap. XVIII, v. 13. Nous avons suivi le sens de l'hébreu, avec la Polyglotte de Ximénès, les versions de Sanctes Pagnin, d'Arius Montanus, etc. La Vulgate porte, *la mort aînée*, *primogenita mors.*

(2) Job, cap. XV, v. 35.
(3) Job, cap. XXVI, v. 6.
(4) Cap. XII, v. 14.
(5) Job, v. 18.

Pénélope, est frappé des présages sinistres qui les menacent.

Ἀ'ς Βέσοι, etc. (1).

« Ah ! malheureux, que vous est-il arrivé de
» funeste ! quelles ténèbres sont répandues sur vos
» têtes, sur votre visage et autour de vos genoux
» débiles ! — Un hurlement se fait entendre, vos
» joues sont couvertes de pleurs. Les murs, les
» lambris sont teints de sang ; cette salle, ce vesti-
» bule sont pleins de larves qui descendent dans
» l'Erèbe, à travers l'ombre. Le soleil s'évanouit
» dans le ciel, et la nuit des enfers se lève. »

Tout formidable que soit ce sublime, il le cède encore à la vision du livre de Job.

« Dans l'horreur d'une vision de nuit, lorsque
» le sommeil endort le plus profondément les
» hommes.

» *Je fus saisi de crainte et de tremblement, et la*
« *frayeur pénétra jusqu'à mes os.*

» *Un esprit passa devant ma face, et le poil de*
» *ma chair se hérissa d'horreur.*

» *Je vis celui dont je ne connoissois point le*

(1) *Od.* lib. XX, v. 351-57.

» visage. Un spectre parut devant mes yeux, et » j'entendis une voix comme un petit souffle (1). »

Il y a là dedans beaucoup moins de sang, de ténèbres, de larves, que dans Homère; mais ce *visage inconnu* et *ce petit souffle* sont en effet beaucoup plus terribles.

Quant à ce sublime, qui résulte du choc d'une grande pensée et d'une petite image, nous allons en voir un bel exemple en parlant des comparaisons.

Si le chantre d'Ilion peint un jeune homme abattu par la lance de Ménélas, il le compare à un jeune olivier couvert de fleurs, planté dans un verger loin des feux du soleil, parmi la rosée et les zéphyrs; mais tout-à-coup un vent impétueux le renverse sur le sol natal, et il tombe au

---

(1) Job, cap. IV, v. 13, 14, 15, 16. Les mots en italique indiquent les endroits où nous différons de Sacy. Il traduit, *Un esprit vint se présenter devant moi, et les cheveux m'en dressèrent à la tête.* On voit combien l'hébreu est plus énergique,

bord des eaux nourricières, qui portoient la sève à ses racines. Voilà la longue comparaison homérique avec ses détails suaves et charmans :

Καλὸν, τηλεθάον, τόδέ τε πνιαὶ δονέυσι
Παντοίων ἀνέμων, ἠ τε βρύει ἀνθεϊ λευκῷ (1).

On croit entendre les soupirs du vent dans la tige du jeune olivier. *Quam flatus motant omnium ventorum.*

La Bible, pour tout cela, n'a qu'un trait : « L'impie, dit-elle, se flétrira comme la » vigne tendre, comme l'olivier qui laisse » tomber sa fleur (2). »

« La terre, s'écrie Isaïe, chancellera » comme un homme ivre : elle sera trans» portée comme une tente dressée pour » une nuit (3). »

Voilà le sublime en contraste. Sur la phrase *elle sera transportée*, l'esprit demeure suspendu et attend quelque grande

---

(1) *Il.* lib. XVII, v. 55-56.
(2) Job, cap. XV, v. 33.
(3) Is. ch. XXIV, v. 20.

comparaison, lorsque le prophète ajoute, *comme une tente dressée pour une nuit.* On voit la terre, qui nous paroît si vaste, déployée dans les airs comme un petit pavillon, ensuite emportée avec aisance par le *Dieu fort* qui l'a tendue, et pour qui la durée des siècles est à peine comme une nuit rapide.

La seconde espèce de comparaison, que nous avons attribuée à la Bible, c'est-à-dire, la *longue* comparaison, se rencontre ainsi dans Job :

« Vous verriez l'impie humecté avant
» le lever du soleil, et réjouir sa tige dans
» son jardin. Ses racines se multiplient dans
» un tas de pierres, et s'y affermissent; si
» on l'arrache de sa place, le lieu même
» où il étoit le renoncera, et lui dira : je
» ne te connus jamais. »

Combien cette comparaison, ou plutôt cette figure prolongée, est admirable ! C'est ainsi que les méchans sont reniés par ces cœurs stériles, par *ces tas de pierres,* sur lesquels, dans leur coupable prospérité, ils jettent follement leurs racines. Ces cailloux, qui prennent tout-à-coup la parole, offrent de plus une sorte de personnification presqu'inconnue au poëte de l'Ionie (1).

Ezéchiel prophétisant la ruine de Tyr, s'écrie : « Les vaisseaux trembleront, » maintenant que vous êtes saisie de frayeur, » et les îles seront épouvantées dans la » mer, en voyant que personne ne sort de » vos portes. »

Y a-t-il rien de plus effrayant et de plus frappant que cette image? On croit voir cette ville, jadis si commerçante et si peuplée, debout encore avec toutes ses tours et ses édifices, tandis qu'aucun être vivant ne se promène dans ses rues solitaires, ou ne passe sous ses portes désertes.

Venons aux exemples de narration, où nous trouverons réunis le *sentiment, la description, l'image, la simplicité, et l'antiquité des mœurs.*

(1) Homère a fait pleurer le rivage de l'Hellespont.

DU CHRISTIANISME. 395

Les passages les plus fameux, les traits les plus connus et les plus admirés dans Homère, se retrouvent presque mot pour mot dans la Bible, et toujours avec une supériorité incontestable.

Ulysse est assis au festin du roi Alcinoüs ; Démodocus chante la guerre de Troie et les malheurs des Grecs.

Αὐτὰρ Ὀδυσσεὺς, etc. (1).

« Ulysse prenant dans sa forte main un pan de
» son superbe manteau de pourpre, le tiroit sur sa
» tête pour cacher son noble visage, et pour dérober
» aux Phéaciens les pleurs qui lui tomboient des yeux.
» Quand le chantre divin suspendoit ses vers, Ulysse
» essuyoit ses larmes, et prenant une coupe, il
» faisoit des libations aux Dieux. Quand Démodocus
» recommençoit ses chants, et que les anciens l'ex-
» citoient à continuer (car ils étoient charmés de ses
» paroles), Ulysse s'enveloppoit la tête de nouveau,
» et recommençoit à pleurer. »

Ce sont des beautés de cette nature, qui, de siècle en siècle, ont assuré à Homère la

(1) Odys. lib. VIII, v. 83, etc.

Ddd..

première place entre les plus grands génies. Il n'y a point de honte à sa mémoire, de n'avoir été vaincu dans de pareils tableaux, que par des hommes écrivant sous la dictée du ciel. Mais vaincu, il l'est sans doute, et d'une manière qui ne laisse aucun subterfuge à la critique.

Ceux qui ont vendu Joseph, les propres frères de cet homme puissant, retournent vers lui sans le reconnoître, et lui amènent le jeune Benjamin, qu'il avoit demandé.

« Joseph les salua aussi en leur faisant bon visage, » et il leur demanda : Votre père, ce vieillard dont » vous parliez, vit-il encore, se porte-t-il bien ?

» Ils lui répondirent : Notre père, votre serviteur, » est encore en vie, et il se porte bien ; et en se » baissant profondément, ils l'adorèrent.

» Joseph levant les yeux, vit Benjamin son frère, » fils de Rachel sa mère, et il leur dit : Est-ce là le » plus jeune de vos frères, dont vous m'aviez parlé ? » Mon fils, ajouta-t-il, je prie Dieu qu'il vous soit » toujours favorable.

» Et il se hâta de sortir, parce que ses entrailles » avoient été émues en voyant son frère, et *qu'il*

» *ne pouvoit plus retenir ses larmes;* passant donc
» dans une autre chambre, *il pleura.*

» Et après *s'être lavé le visage*, il revint, et se
» faisant violence, dit à ses serviteurs : Servez à
» manger (1). »

Voilà les larmes de Joseph en opposition à celles d'Ulysse; voilà des beautés absolument semblables, et cependant quelle différence de pathétique ! Joseph, pleurant à la vue de ses frères ingrats, et du jeune et innocent Benjamin, cette manière de demander des nouvelles d'un père, cette adorable simplicité, ce mélange d'amertume et de douceur, sont des choses ineffables ; les larmes en viennent naturellement aux yeux, et l'on se sent prêt à pleurer comme Joseph.

Ulysse caché chez Eumée, se fait reconnoître à Télémaque ; il sort de la maison du pasteur, dépouille ses haillons, et reprenant sa beauté par un coup de la baguette de Minerve, il rentre pompeusement vêtu.

(1) *Genes.* cap. XLIII, v. 26 *et seq.*

(1) Θάμβησεν δέ μιν φίλος υἱὸς, etc.

« Son fils bien-aimé l'admire et se hâte de détour-
» ner la vue, dans la crainte que ce ne soit un Dieu.
» Faisant un effort pour parler, il lui adresse rapi-
» dement ces mots : Etranger, tu me parois bien
» différent de ce que tu étois avant d'avoir ces ha-
» bits, et tu n'es plus semblable à toi-même. Certes
» tu es quelques-uns des Dieux habitans du secret
» Olympe ; mais sois-nous favorable, nous t'offrirons
» des victimes sacrées et des ouvrages d'or merveil-
» leusement travaillés.

» Le divin Ulysse, pardonnant à son fils, répon-
» dit : Je ne suis point un Dieu. Pourquoi me com-
» pares-tu aux Dieux ? *Je suis ton père*, pour qui
» tu supportes mille maux et les violences des
» hommes. Il dit, et il embrasse son fils, et les
» larmes qui coulent le long de ses joues, viennent
» mouiller la terre ; jusqu'alors il avoit eu la force
» de les retenir. »

Nous reviendrons sur cette reconnoissance, mais il faut voir auparavant celle
de Joseph et de ses frères.

Joseph après avoir fait glisser une
coupe dans le sac de Benjamin, ordonne

(1) *Odys.* lib. XVI, v. 177 *et seq.*

d'arrêter les enfans de Jacob; ceux-ci sont consternés; Joseph feint de vouloir retenir le coupable; Juda s'offre en ôtage pour Benjamin; il raconte à Joseph que Jacob lui avoit dit avant de partir pour l'Egypte :

« Vous savez que j'ai eu deux fils de Rachel, ma
» femme.

» L'un d'eux étant allé aux champs, vous m'avez
» dit qu'une bête l'avoit dévoré, et il ne paroît point
» jusqu'à cette heure.

» Si vous emmenez encore celui-ci, et qu'il lui
» arrive quelqu'accident dans le chemin, vous acca-
» blerez ma vieillesse d'une affliction qui la conduira
» au tombeau.

» Joseph ne pouvant plus se retenir, et parce qu'il
» étoit environné de plusieurs personnes, il com-
» manda que l'on fît sortir tout le monde, afin que
» nul étranger ne fût présent, lorsqu'il se feroit
» reconnoître de ses frères.

» Alors les larmes lui tombant des yeux, il éleva
» fortement sa voix, qui fut entendue des Egyptiens
» et de toute la maison de Pharaon.

» Il dit à ses frères : JE SUIS JOSEPH : mon père
» vit-il encore? Mais ses frères ne purent lui ré-
» pondre, tant ils étoient saisis de frayeur.

» Il leur parla avec douceur, et leur dit : Appro-

» chez-vous de moi ; et s'étant approchés de lui, il
» ajouta : Je suis Joseph votre frère, que vous avez
» vendu pour l'Egypte.

» Ne craignez point. Ce n'est point par votre con-
» seil que j'ai été envoyé ici, mais par la volonté
» de Dieu. Hâtez-vous d'aller trouver mon père.

» . . . Et s'étant jeté au cou de Benjamin son
» frère, il pleura, et Benjamin pleura aussi en le
» tenant embrassé.

» Joseph embrassa aussi tous ses frères, et il pleura
» sur chacun d'eux (1). »

La voilà cette fameuse histoire de Joseph, et ce n'est point dans l'ouvrage d'un sophiste qu'on la trouve (car rien de ce qui est fait avec le cœur et des larmes, n'appartient à des sophistes); on la trouve cette histoire dans le livre qui sert de base à cette religion si dédaignée des esprits forts, et qui seroit bien en droit de leur rendre mépris pour mépris, si la charité n'étoit pas son essence. Voyons comment la reconnoissance de Joseph et de ses frères, l'emporte sur celle d'Ulysse et de Télémaque.

(1) *Genes.* cap. XLIV, v. 27 *et seq.* Cap. XLV, v. 1 *et seq.*

Homère, ce nous semble, est d'abord tombé dans une grande erreur, en employant le *merveilleux* dans son tableau. Dans les scènes dramatiques, quand les passions sont émues, et que tous les miracles doivent sortir de l'ame, l'intervention d'une divinité refroidit l'action, donne aux sentimens l'air de la fable, et décèle le mensonge du poëte, où l'on ne pensoit trouver que la vérité. Ulysse se faisant reconnoître sous ses haillons à quelque marque naturelle, eût été bien plus touchant. C'est ce qu'avoit senti Homère lui-même, puisque le roi d'Itaque se découvre à sa nourrice Euryclée, par une ancienne cicatrice, et à Laërte, par la petite circonstance des treize poiriers, que le bon vieillard lui avoit donnés dans son enfance. On aime à voir que les entrailles du *destructeur des villes* sont formées comme celles du commun des hommes, et que les affections simples en composent le fond.

La reconnoissance est bien mieux amenée dans la Genèse. Une coupe est mise par une ruse toute fraternelle, et par la plus innocente vengeance, dans le sac d'un jeune frère innocent ; des frères coupables se désolent, en pensant à l'affliction de leur père, et l'image de la douleur de Jacob, brisant tout-à-coup le cœur de Joseph, le force à se découvrir plutôt qu'il ne l'avoit résolu. Quant au mot fameux, *je suis Joseph*, on sait qu'il faisoit pleurer d'admiration M. de Voltaire lui-même. Le Πατὴρ 'τεος 'εἰμί, *je suis ton père*, est bien inférieur à l'*ego sum Joseph*. Ulysse retrouve dans Télémaque un fils soumis et fidèle. Joseph parle à des frères qui *l'ont vendu* ; il ne leur dit pas *je suis votre frère* ; il leur dit seulement, je suis *Joseph*, et tout est pour eux dans ce nom de *Joseph*. Comme Télémaque, ils sont troublés ; mais ce n'est pas la majesté du ministre de Pharaon qui les étonne, c'est quelque chose au fond de leur conscience.

Ulysse fait à Télémaque un long raisonnement, pour lui prouver qu'il est son père : Joseph n'a pas besoin de tant de paroles avec les fils de Jacob. Il *les appelle auprès de lui :* car s'il a *élevé* la voix *assez haut* pour être entendu de toute la maison de Pharaon, lorsqu'il a dit, *je suis Joseph*, ses frères doivent être maintenant les *seuls* à entendre l'explication qu'il va ajouter à *voix basse : ego sum Joseph*, FRATER VESTER, QUEM VENDIDISTIS IN ÆGYPTUM; c'est la délicatesse, la générosité et la simplicité poussées au plus haut degré.

N'oublions pas de remarquer avec quelle bonté Joseph console ses frères, les excuses qu'il leur fournit en leur disant, que loin de l'avoir rendu misérable, ils sont, au contraire, la cause de sa grandeur. C'est à quoi l'Ecriture ne manque jamais, de placer la Providence dans la perspective de ses tableaux. Ce grand conseil de Dieu, qui conduit toutes les affaires humaines, alors qu'elles semblent le plus abandonnées aux passions des hommes et aux loix du hasard, surprend merveilleusement l'esprit. On aime cette main cachée dans la nue, qui travaille incessamment les hommes ; on aime à se croire quelque chose dans les projets de la sagesse, et à sentir que le moment de notre vie est un dessein de l'éternité.

Tout est grand avec Dieu, tout est petit sans Dieu : cela s'étend jusques sur les sentimens. Supposez que tout se passe dans l'histoire de Joseph, comme il est marqué dans la Genèse ; admettez que le fils de Jacob soit aussi bon, aussi sensible qu'il l'est, mais qu'il soit *philosophe* ; et qu'ainsi, au lieu de dire, je *suis ici par la volonté du* Seigneur, il dise, la *fortune m'a été favorable*, les objets diminuent, le cercle se rétrécit, et le pathétique s'en va avec les larmes.

Enfin, Joseph embrasse ses frères, comme Ulysse embrasse Télémaque, mais il commence par Benjamin. Un auteur moderne n'eût pas manqué de le faire se jeter de préférence au cou du frère le plus coupable, afin que son héros fût un vrai personnage de tragédie. La Bible a mieux connu le cœur humain : elle a su comment apprécier cette exagération de sentiment, par qui un homme a toujours l'air de s'efforcer d'atteindre à ce qu'il croit une grande chose, ou de dire ce qu'il pense un grand mot. Au reste, la comparaison qu'Homère a faite des sanglots de Télémaque et d'Ulysse, aux cris d'un aigle et de ses aiglons (comparaison que nous avons supprimée), nous semble encore de trop dans ce lieu ; « et *s'étant jeté* » *au cou de Benjamin pour l'embrasser,* » *il pleura; et Benjamin pleura aussi, en* » *le tenant embrassé :* » c'est-là la seule magnificence de style, convenable en de telles occasions.

Nous trouverions dans l'Ecriture plusieurs autres morceaux de narration, de la même excellence que celui de Joseph, mais le lecteur peut aisément en faire la comparaison avec des passages d'Homère. Il comparera, par exemple, le livre de Ruth, et le livre de la réception d'Ulysse chez Eumée. Tobie offre des ressemblances touchantes avec quelques scènes de l'Iliade et de l'Odyssée : Priam est conduit par Mercure sous la forme d'un beau jeune homme, comme le fils de Tobie l'est par un ange, sous le même déguisement. Il ne faut pas oublier le chien qui court annoncer à de vieux parens le retour d'un fils chéri ; et cet autre chien qui, resté fidèle parmi des serviteurs ingrats, accomplit ses destinées, dès qu'il a reconnu son maître, sous les lambeaux de l'infortune. Nausicaa et la fille de Pharaon vont laver leurs robes aux fleuves ; l'une y trouve Ulysse, et l'autre Moïse.

Il y a sur-tout dans la Bible de certaines façons de s'exprimer, bien plus touchantes, selon nous, que toute la poésie d'Homère. Si celui-ci veut peindre la vieillesse, il dit :

Τοῖσι δὲ Νεστωρ, etc.

« Nestor, ce liant orateur des Pyliens, dont la
» bouche étoit une fontaine de discours plus douce
» que le miel, se leva au milieu de l'assemblée.
» Déja, par sa flexible éloquence, il avoit enchanté
» deux générations d'hommes, entre lesquelles il

» avoit vécu dans la pastorale Pylos, et il régnoit
» maintenant sur la troisième (1). »

Cette phrase est de la plus belle antiquité, comme de la plus douce mélodie. Le second vers, tout rempli d'L, imite la douceur du miel et l'éloquence onctueuse d'un vieillard.

Τȣ̃ ϰ̀ ἀπὸ γλώσσης μελιτος γλυκίων ῥέει αὐδή.

Pharaon ayant interrogé Jacob sur son âge, le Patriarche répond :

« Il y a cent trente ans que je suis voyageur. Mes
» jours ont été courts et mauvais, et ils n'ont point
» égalé ceux de mes pères (2). »

Voilà deux sortes d'antiquités bien différentes : l'une est en image, l'autre en sentimens ; l'une réveille des idées riantes, l'autre des pensées mélancoliques ; l'une, représentant le chef d'un peuple, ne montre le vieillard que relativement à une position

(1) *Il.* lib. I, v. 247-62.
(2) *Genes.* cap. XLVII, v. 9.

de la vie, l'autre le considère individuellement et tout entier : en général, Homère fait plus réfléchir sur les hommes, et la Bible sur l'homme.

Homère a souvent parlé des joies de deux époux, mais l'a-t-il fait de cette sorte ?

« Isaac fit entrer Rébecca dans la tente de Sara,
» sa mère, et il la prit pour épouse ; et il eut tant
» de joie en elle, que la douleur qu'il avoit ressentie
» de la mort de sa mère fut tempérée (1). »

Nous terminerons ce parallèle, et toute notre poétique chrétienne, par un essai qui fera comprendre dans un instant la différence qui existe entre le style de la Bible, et celui d'Homère ; nous prendrons un morceau de la première, pour la peindre des couleurs du second. Ruth parle ainsi à Noëmi :

« Ne vous opposez point à moi, en me forçant à
» vous quitter et à m'en aller : en quelque lieu que

---

(1) *Ibid.* cap. XXIII, v. 67.

» vous alliez, j'irai avec vous. Je mourrai où vous
» mourrez ; votre peuple sera mon peuple, et votre
» Dieu sera mon Dieu (1). »

Tâchons de traduire ce verset en langue homérique :

« La belle Ruth répondit à la sage Noëmi, ho-
» norée des peuples comme une déesse : Cessez de
» vous opposer à ce qu'une divinité m'inspire : je
» vous dirai la vérité telle que je la sais et sans dégui-
» sement. Je suis résolue de vous suivre. Je demeu-
» rerai avec vous, soit que vous restiez chez les
» Moabites, habiles à lancer le javelot, soit que
» vous retourniez au pays de Juda, si fertile en
» oliviers. Je demanderai avec vous l'hospitalité aux
» peuples qui respectent les supplians. Nos cendres
» seront mêlées dans la même urne, et je ferai au
» Dieu qui vous accompagne toujours des sacrifices
» agréables.

» Elle dit : et comme lorsque le violent zéphyre
» amène une pluie tiède du côté du midi, les labou-
» reurs préparent le froment et l'orge, et font des
» corbeilles de joncs très-proprement entrelacées ;
» car ils prévoient que cette ondée va amollir la
» glèbe, et la rendre propre à recevoir les dons

(1) *Ruth*, cap. I, v. 6.

» précieux de Cérès ; ainsi les paroles de Ruth, » comme une pluie féconde, attendrirent tout le » cœur de Noëmi. »

Autant que la foiblesse de nos talens nous a permis d'imiter Homère, voilà peut-être l'ombre du style de cet immortel génie. Mais le verset de Ruth, ainsi délayé, n'a-t-il pas perdu ce charme original qu'il a dans l'Ecriture ? Quelle poésie peut jamais valoir ce seul tour d'oraison : « *Populus* » *tuus populus meus, Deus tuus Deus* » *meus.* » Il sera aisé maintenant de prendre un passage d'Homère, d'en effacer les couleurs, et de n'en laisser que le fond à la manière de la Bible.

Par là nous espérons (du moins aussi loin que s'étendent nos lumières,) avoir fait connoître aux lecteurs quelques-unes des innombrables beautés des livres saints. Heureux si nous avons réussi à leur faire admirer cette grande et sublime pierre, qui porte toute l'église de Jésus-Christ !

« Si l'Ecriture, dit saint Grégoire-le-» Grand, renferme des mystères capables

» d'exercer les plus éclairés, elle contient
» aussi des vérités simples, propres à nour-
» rir les humbles et les moins savans ; elle
» porte à l'extérieur de quoi allaiter les
» enfans, et dans ses plus secrets replis de
» quoi saisir d'admiration les esprits les
» plus sublimes. Semblable à un fleuve dont
» les eaux sont si basses en certains endroits,
» qu'un agneau pourroit y passer, et en
» d'autres, si profondes, qu'un éléphant y
» nageroit. »

FIN DU SECOND VOLUME.

NOTES
ET
ECLAIRCISSEMENS.

Note A.

« Les véritables philosophes n'auroient pas prétendu, comme l'auteur du *Système de la nature*, que le jésuite Néedham eût créé des anguilles, et que Dieu n'avoit pu créer l'homme. Néedham ne leur auroit pas paru philosophe ; et l'auteur du *Système de la nature* n'eût été regardé que comme un discoureur par l'empereur Marc-Aurèle. » (*Quest. encycl.* tom. 6, art. *Philosoph.*)

Dans un autre endroit, combattant les Athées, il dit, à propos des Sauvages qu'on croyoit sans Dieu :

« Mais on peut insister, on peut dire ils vivent en société, et ils sont sans Dieu ; donc on peut vivre en société sans religion. »

« En ce cas, je répondrai que les loups vivent ainsi ; et que ce n'est pas une société qu'un assemblage de barbares anthropophages, tels que vous les supposez : et je vous demanderai toujours si, quand vous avez prêté votre argent à quelqu'un de votre société, vous voudriez que ni votre débiteur, ni votre procureur, ni votre notaire, ni votre juge ne crussent en Dieu ?» (*Ib. tom.* 2, *art. Ath.*)

Tout cet article sur l'athéisme mérite d'être parcouru. En politique, *Voltaire* montre la même dignité de toutes ces vaines théories qui troublent le monde. « Je n'aime point le gouvernement de la canaille, répète-t-il en cent endroits. » (*Voyez les Lettres au roi de Prusse.*) Ses plaisanteries sur les républiques populacières, son indignation contre les excès des peuples, tout enfin dans ses ouvrages prouve qu'il haïssoit de bonne foi les charlatans de la philosophie.

C'est ici le lieu de mettre sous les yeux du lecteur un certain nombre de passages tirés de la Correspondance de Voltaire, qui prouvent que je n'ai pas trop hasardé, lorsque j'ai dit qu'il haïssoit secrètement les sophistes. Du moins l'on sera forcé de conclure (si on n'est pas convaincu) que M. de Voltaire ayant soutenu éternellement le *pour* et le *contre*, et varié sans cesse dans ses sentimens, son opinion en morale, en philosophie et en religion doit être comptée pour peu de chose.

Année 1766.

Contre les philosophes et le philosophisme. Je n'ai rien de commun avec les philosophes mo-

dernes, que cette horreur pour le fanatisme intolérant. (*Corresp. gén. tom. X, p. 337.*)

Année 1741.

La supériorité qu'une physique sèche et abstraite a usurpée sur les belles-lettres commence à m'indigner. Nous avions il y a cinquante ans de bien plus grands hommes en physique et en géométrie qu'aujourd'hui, et à peine parloit-on d'eux. Les choses ont bien changé. J'ai aimé la physique tant qu'elle n'a point voulu dominer sur la poésie ; à présent qu'elle a écrasé tous les arts, je ne veux plus la regarder que comme un tyran de mauvaise compagnie. Je viendrai à Paris faire abjuration entre vos mains. Je ne veux plus d'autre étude que celle qui peut rendre la société plus agréable, et le déclin de la vie plus doux. On ne sauroit parler physique un quart-d'heure et l'entendre. On peut parler poésie, musique, histoire, littérature tout le long du jour, etc. (*Correspondance générale, tom. III. p. 170.*)

Les mathématiques sont fort belles ; mais, hors une vingtaine de théorèmes utiles pour la mécanique et l'astronomie, le reste n'est qu'une curiosité fatigante. (*Tom. IX, p. 484.*

A Damilaville.

J'entends, par peuple, la populace qui n'a que

ses bras pour vivre. Je doute que cet ordre de citoyens ait jamais le temps ni la capacité de s'instruire; ils mourroient de faim avant de devenir philosophes. Il me paroît essentiel qu'il y ait des gueux ignorans. Si vous faisiez valoir comme moi une terre, et si vous aviez des charrues, vous seriez bien de mon avis. (*Tom. X, p.* 396.)

J'ai lu quelque chose d'une antiquité dévoilée, ou plutôt très-voilée. L'auteur commence par le déluge, et finit toujours par le chaos; j'aime mieux, mon cher confrère, un seul de vos contes que tous ces fatras. (*Tom. X, p.* 409.)

Année 1766.

Je serois très-fâché d'avoir fait (le *Christianisme dévoilé*) non-seulement comme académicien, mais comme philosophe, et encore plus comme citoyen. Il est entièrement opposé à mes principes. Ce livre conduit à l'athéisme, que je déteste. J'ai toujours regardé l'athéisme comme le plus grand égarement de la raison, parce qu'il est aussi ridicule de dire que l'arrangement du monde ne prouve pas un artisan suprême, qu'il seroit impertinent de dire qu'une horloge ne prouve pas un horloger.

Je ne réprouve pas moins ce livre comme citoyen; l'auteur paroît trop ennemi des puissances. Des hommes qui penseroient comme lui ne formeroient qu'une anarchie.

Ma coutume est d'écrire sur la marge de mes livres ce que je pense d'eux : vous verrez, quand vous daignerez venir à Ferney, les marges du *Christianisme dévoilé* chargées de remarques, qui prouvent que l'auteur s'est trompé sur les faits les plus essentiels. (*Corresp. gén. tom. XI, p.* 143.)

Année 1762. A Damilaville.

Les frères doivent toujours respecter la morale et le trône. La morale est trop blessée dans le livre d'Helvétius, et le trône est trop peu respecté dans ce livre qui lui est dédié. (*Le Despotisme oriental.*)

Il dit plus haut, en parlant de ce même ouvrage : On dira que l'auteur veut qu'on ne soit gouverné ni par Dieu, ni par les hommes. (*T. VIII, p.* 148.)

Année 1768. A M. de Villevieille.

Mon cher Marquis, il n'y a rien de bon dans l'athéisme. Ce système est fort mauvais dans le physique et dans le moral. Un honnête homme peut fort bien s'élever contre la superstition et contre le fanatisme; il peut détester la persécution; il rend service au genre humain s'il répand les principes de la tolérance; mais quel service peut-il rendre s'il répand l'athéisme? Les hommes en seront-ils plus vertueux, pour ne pas reconnoître un Dieu qui ordonne la vertu? Non, sans doute. Je veux que les princes et leurs ministres en reconnoissent un, et même un Dieu qui punisse et qui pardonne. Sans ce frein, je les regarderai comme des animaux féroces, qui, à la vérité, ne me mangeront pas quand ils sortiront d'un long repas, et qu'ils digéreront doucement sur un canapé avec leurs maîtresses; mais qui certainement me mangeront, s'ils me rencontrent sous leurs griffes quand ils auront faim; et qui, après m'avoir mangé, ne croiront pas seulement avoir fait une mauvaise action. (*T. XII, p.* 349.)

Année 1749.

Je ne suis point du tout de l'avis de Sanderson, qui nie un Dieu, parce qu'il est né aveugle. Je me trompe peut-être; mais j'aurois, à sa place, reconnu un être très-intelligent, qui m'auroit donné tant de supplémens de la vue; et en appercevant, par la pensée, des rapports infinis dans toutes les choses, j'aurois soupçonné un ouvrier infiniment habile. Il est fort impertinent de deviner à qui il est et pourquoi il a fait tout ce qui existe; mais il me paroît bien hardi de nier qu'il est. (*Corresp. gén. tom. IV, p.* 14.)

Année 1753.

Il me paroît absurde de faire dépendre l'existence de Dieu d'*a* plus *b*, divisé par *z*.

Où en seroit le genre-humain s'il falloit étudier la dynamique et l'astronomie pour connoître l'Être-suprême? Celui qui nous a créés tous doit être manifesté à tous, et les preuves les plus communes sont les meilleures, par la raison qu'elles sont les plus communes; il ne faut que des yeux et point d'algèbre pour voir le jour. (*Corresp. gén. tom. IV, pag. 463.*)

Mille principes se dérobent à nos recherches, parce que tous les secrets du Créateur ne sont pas faits pour nous. On a imaginé que la nature agit toujours par le chemin le plus court, qu'elle emploie le moins de force et la plus grande économie possible; mais que répondroient les partisans de cette opinion, à ceux qui leur feroient voir que nos bras exercent une force de près de cinquante livres pour lever un poids d'une seule livre; que le cœur en exerce une immense pour exprimer une goutte de sang; qu'une carpe fait des milliers d'œufs pour produire une ou deux carpes; qu'un chêne donne un nombre innombrable de glands, qui souvent ne font pas naître un seul chêne? Je crois toujours, comme je vous le mandois il y a long-temps, qu'il y a plus de profusion que d'économie dans la nature. (*Tom. IV, pag. 463.*)

Note B.

Comme la philosophie du jour loue précisément

le polythéisme d'avoir fait cette séparation, et blâme le christianisme d'avoir uni les forces morales aux forces religieuses, je ne croyois pas que cette proposition pût être attaquée. Cependant un homme de beaucoup d'esprit et de goût, et à qui l'on doit toute déférence, a paru douter de l'assertion. Il m'a objecté la personnification des êtres moraux, comme la sagesse dans Minerve, etc.

Il me semble, sauf erreur, que les personnifications ne prouvent pas que la morale fût unie à la religion dans le polythéisme. Sans doute en adorant tous les vices divinisés, on adoroit aussi les vertus; mais le prêtre enseignoit-il la morale dans les temples et chez les pauvres? Son ministère consistoit-il à consoler les malheureux par l'espoir d'une autre vie, à inviter le pauvre à la vertu, le riche à la charité? Que s'il y avoit quelque morale attachée au culte de la déesse de *la Justice*, de *la Sagesse*, cette morale n'étoit-elle pas presqu'absolument détruite, et sur-tout pour le peuple, par le culte des plus infâmes divinités? Tout ce qu'on pourroit dire, c'est qu'il y avoit quelques sentences gravées sur le frontispice et sur les murs des temples, et qu'en général le prêtre et le législateur recommandoient au peuple la crainte des dieux. Mais cela ne suffit pas pour prouver que la *profession de la morale* fût essentiellement liée au polythéisme, quand tout démontre au contraire qu'elle en étoit séparée.

Les moralités qu'on trouve dans Homère sont presque toujours indépendantes de l'action céleste; c'est une simple réflexion que le poëte fait sur l'événement qu'il raconte, ou la catastrophe qu'il décrit. S'il personnifie les remords, la colère divine, etc., s'il peint le coupable au Tartare et le juste aux Champs-Élysées, ce sont sans doute de belles fictions, mais qui ne constituent pas un code moral attaché au polythéisme, comme l'évangile l'est à la religion chrétienne. Otez l'évangile à J. C., et le christianisme n'existe plus; enlevez aux anciens l'allégorie de Minerve, de Thémis, de Némésis, et le polythéisme existe encore. Il est certain d'ailleurs qu'un culte qui n'admet qu'un seul Dieu, doit s'unir étroitement à la morale, parce qu'il est uni à la vérité; tandis qu'un culte qui reconnoît la pluralité des Dieux, s'écarte nécessairement de la morale, en se rapprochant de l'erreur.

Quant à ceux qui font un crime au christianisme d'avoir ajouté la force morale à la force religieuse, ils trouveront ma réponse dans le dernier chapitre de cet ouvrage, où je montre qu'*au défaut de l'esclavage antique, les peuples modernes doivent avoir un frein puissant dans leur religion.*

NOTES

Note C.

Voici quelques fragmens que nous avons retenus de mémoire, et qui semblent être échappés à un poëte grec, tant ils sont pleins du goût de l'antiquité.

Accours, jeune Chromis, je t'aime et je suis belle,
Blanche comme Diane, et légère comme elle,
Comme elle, grande et fière; et les bergers, le soir,
Lorsque, les yeux baissés, je passe sans les voir,
Doutent si je ne suis qu'une simple mortelle,
Et, me suivant des yeux, disent : comme elle est belle !
Néère, ne vas point te confier aux flots,
De peur d'être déesse ; et que les matelots
N'invoquent, au milieu de la tourmente amère,
La blanche Galathée et la blanche Néère.

Une autre idylle, intitulée le *Malade*, trop longue pour être citée, est pleine des beautés les plus touchantes. Le fragment qui suit est d'un genre différent : par la mélancolie dont il est empreint, on diroit qu'André Chénier, en le composant, avoit un pressentiment de sa destinée.

Souvent las d'être esclave et de boire la lie
De ce calice amer que l'on nomme la vie ;
Las du mépris des sots qui suit la pauvreté,
Je regarde la tombe, asyle souhaité ;
Je souris à la mort volontaire et prochaine :
Je me prie, en pleurant, d'oser rompre ma chaîne.

. . . .
Et puis mon cœur s'écoute et s'ouvre à la foiblesse,
Mes parens, mes amis, l'avenir, ma jeunesse,
Mes écrits imparfaits, car à ses propres yeux
L'homme sait se cacher d'un voile spécieux.
A quelque noir destin qu'elle soit asservie,
D'une étreinte invincible il embrasse la vie :
Il va chercher bien loin, plutôt que de mourir,
Quelque prétexte ami pour vivre et pour souffrir.
Il a souffert, il souffre : aveugle d'espérance,
Il se traine au tombeau de souffrance en souffrance;
Et la mort, de nos maux le remède si doux,
Lui semble un nouveau mal, le plus cruel de tous.

Les écrits de ce jeune homme, ses connoissances variées, son courage, sa noble proposition à M. de Malsherbes, ses malheurs et sa mort, tout sert à répandre le plus vif intérêt sur sa mémoire. Il est remarquable que la France a perdu, sur la fin du dernier siècle, trois beaux talens à leur aurore : Malfilâtre, Gilbert et André Chénier ; les deux premiers sont morts de misère, le troisième a péri sur l'échafaud.

Note D.

Nous ne voulons qu'éclaircir ce mot *descriptif*, afin qu'on ne l'interprète pas dans un sens différent que celui que nous lui donnons. Quelques personnes ont été choquées de notre assertion, faute d'avoir bien compris ce que nous voulions dire. Certainement les poëtes de l'antiquité ont des morceaux *descriptifs;* il seroit absurde de le nier, sur-tout si l'on donne la plus grande extension à l'expression, et qu'on entende par là des descriptions de vêtemens, de repas, d'armées, de cérémonies, etc. etc.; mais ce genre de *description* est totalement différent du nôtre; en général, les anciens ont peint les *mœurs*, nous peignons les *choses;* Virgile décrit la *maison rustique*, Théocrite les *bergers*, et Thomson les *bois* et les *déserts*. Quand les Grecs et les Latins ont dit quelques mots d'un paysage, ce n'a jamais été que pour y placer des personnages et faire rapidement un fond de tableau; mais ils n'ont jamais représenté nuement, comme nous, les fleuves, les montagnes et les forêts; c'est tout ce que nous prétendons dire ici. Peut-être objectera-t-on que les anciens avoient raison de regarder la poésie descriptive comme l'objet *accessoire*, et non comme l'objet *principal* du tableau ; je le pense aussi, et l'on a fait de nos jours un étrange abus du genre descriptif; mais il n'en est pas moins vrai que c'est un moyen de plus entre nos mains, et qu'il a étendu la sphère des images poétiques, sans nous priver de la peinture des mœurs et des passions, telle qu'elle existoit pour les anciens.

Note E.

POÉSIES SANSCRITES. *Sacontala.*

Ecoutez, ô vous arbres de cette forêt sacrée ! écoutez, et pleurez le départ de Sacontala pour le palais de l'époux. Sacontala ! celle qui ne buvoit point l'onde pure avant d'avoir arrosé vos tiges ; celle qui, par tendresse pour vous, ne détacha jamais une seule feuille de votre aimable verdure, quoique ses beaux cheveux en demandassent une guirlande ; celle qui mettoit le plus grand de tous ses plaisirs dans cette saison qui entremêle de fleurs vos flexibles rameaux.

Chœur des Nymphes des bois.

Puissent toutes les prospérités accompagner ses pas ! puissent les brises légères disperser, pour ses délices, la poussière odorante des fleurs ! puissent les lacs d'une eau claire et verdoyante sous les feuilles du lotos, la rafraîchir dans sa marche ! puissent de doux ombrages la défendre des rayons brûlans du soleil ! (*Robertson's indie.*)

POÉSIE ERSE.

CHANT DES BARDES; *First Bard.*

Night is dull and dark; the clouds rest on the

hills no star with green trembling beam : no moon looks from the sky. I har the blast in the wood ; but I hear it distant far. The stream of the valley murmurs ; but its murmur is sullen and sad. From the tree at the grave of the dead, the long-howling owl is heard. I see a dim form on the plain! It is a ghost! It fades, it flies. Some funeral shall pass this way. The meteor marks the path.

The distant dog is howling from the hut of the hill, the stag lies on the mountain moss: the hind is at his side. She hears the wind in his branchy horns. She starts, but lies again.

The roe is in the clift of the rock. The heath-cock's head is beneath his wing. No beast, no bird is abroad, but the owl and the howling fox. She on a lea fle's tree : he in a cloud on the hill.

Dark, panting, trembling, sad, the traveller has lost his way. Trough shrubs, trough thorns, heges, along the gurgling rill he fears the rocks and the fen. He fears the ghost of night. The old tree groans to the blast. The falling branch resounds. The wind drives the withered burs, clung together, along the grass. It is the ight tread of a ghost! he trembles amidst the night.

Dark, dusky, howling is night; Cloudy, Windy and full of ghosts! the dead are abroad! my friends, recive me from the night. (*Ossian.*)

Note F.

Imitation de Voltaire.

« Toi sur qui mon tyran prodigue ses bienfaits,
Soleil ! astre de feu, jour heureux que je hais,
Jour qui fais mon supplice, et dont mes yeux s'étonnent ;
Toi qui sembles le dieu des cieux qui t'environnent,
Devant qui tout éclat disparoît et s'enfuit,
Qui fait pâlir le front des astres de la nuit,
Image du Très-Haut qui régla ta carrière,
Hélas ! j'eusse autrefois éclipsé ta lumière !
Sur la voûte des cieux élevé plus que toi,
Le trône où tu t'assieds s'abaissoit devant moi ;
Je suis tombé, l'orgueil m'a plongé dans l'abyme.
Hélas ! je fus ingrat, c'est-là mon plus grand crime.
J'osai me révolter contre mon Créateur :
C'est peu de me créer, il fut mon bienfaiteur.
Il m'aimait ; j'ai forcé sa justice éternelle
D'appesantir son bras sur ma tête rebelle :
Je l'ai rendu barbare en sa sévérité ;
Il punit à jamais, et je l'ai mérité.
Mais si le repentir pouvoit obtenir grace ! ...
Non, rien ne fléchira ma haine et mon audace ;
Non, je déteste un maître, sans doute il vaut mieux
Régner dans les enfers qu'obéir dans les cieux. »

Note G.

Le Dante a répandu quelques beaux traits dans son Purgatoire ; mais son imagination si féconde dans les tourmens de l'Enfer, n'a plus la même abondance quand il faut peindre des peines mêlées de quelques joies. Cependant cette aurore qu'il trouve au sortir du Tartare, cette lumière qu'il voit passer rapidement sur la mer, ont du vague et de la fraîcheur.

> Dolce color d'oriental zafiro
> Che s'accoglieva nel sereno aspetto
> De l'aer puro infin' al primo gero.
>
> A gli occhi miei ricominciò diletto
> Tosto che di uscir fuor de l'aura morta;
> Che m'havea contristati gli occhi e'l petto.
>
> Lo bel pianeta, ch'al amar conforte,
> Faceva tutto rider l'oriente
> Velando i pesci, ch'erano in sua scorta.
>
> Mi vols'a man destra; et posi mente
> A l'altro polo; et vidi quattro stelle
> Non viste mai fuor ch'a la prima gente.
>
> Goder pareva'l ciel di lor fiammelle,
> O settentrional vedovo sito,
> Poi che privato se di mirar quelle.
>
> Com'i da loro sguardo fui partito
> Un poco me volgendo a l'altro polo
> Là, onde'l carro gia era sparito.
>
> Vidi presso di me un veglio solo
> Degno di tanta reverentia in vista;
> Che piu non dee a prade alcun figliuolo.

ET ECLAIRCISSEMENS.

Lunga le barba, et di pel bianco mista
Portava a suoi capeli simigliante;
De' quai cadeva al petto doppia lista.

Li Raggi de le quattre luci sante
Fregiavan si la sua faccia di lume;
Ch'io'l vedea come'l sol fosse davante.

. . . .
. . . .
. . . .

Venimmo poi in sublito diserto:
Che mai non vide navicar su acque
Huom, che di ritornar sie poscia esperto.

. . . .
. . . .
. . . .

Gia era' sole a l'orizonte giunto.
Il cu' meridian cerchio coverchia
Gierusalem col su' piu alto punto;

Et la notte, ch' opposit' e lui cerchia,
Uscia di Gange fuor con le biluance,
Che le caggion di man, quando soverchia;

Si che le bianche et le vermiglie guance
Là, dov't era, de la bell' aurora
Per troppa etate divenivan rance;

Noi eravam lungh' esso'l mare ancora,
Come gente, ch' aspetta su camino;
Che va col cuor, et col corpo dimora:

> Et ecco, qual sul presso del mattino
> Per li grossi vapor morte rosseggia
> Giu nel ponente sovra'l suol marino :
>
> Cotal m'apparue, sancor lo veggia,
> Un lume per lo mar venir si ratto,
> Ch' el muover su nessun volar parreggia ;
>
> Del qual com'i un poco hebbi ritratto
> L'occhio, per dimandar lo Duca mio,
> Rividi'l piu lucente et maggior fatto.

Purgatorio di Dante, canto I et II.

NOTE H.

On sera bien aise de trouver ici le beau morceau de Bossuet sur saint Paul.... « Afin que vous compreniez quel est donc ce prédicateur, destiné par la Providence pour confondre la sagesse humaine, écoutez la description que j'en ai tirée de lui-même dans la première aux Corinthiens. »

« Trois choses contribuent ordinairement à rendre un orateur agréable et efficace ; la personne de celui qui parle, la beauté des choses qu'il traite, la manière ingénieuse dont il les explique : et la raison en est évidente; car l'estime de l'orateur prépare une attention favorable, les belles choses nourrissent l'esprit, et l'adresse de les expliquer d'une manière qui plaise, les fait doucement entrer dans le cœur;

mais de la manière que se représente le prédicateur dont je parle, il est bien aisé de juger qu'il n'a aucun de ces avantages. »

« Et premièrement, chrétiens, si vous regardez son extérieur, il avoue lui-même que sa mine n'est point relevée (1) : *Praesentia corporis infirma*; et si vous considérez sa condition, il est méprisable, et réduit à gagner sa vie par l'exercice d'un art mécanique. De-là vient qu'il dit aux Corinthiens : « J'ai été au milieu de vous avec beaucoup de crainte et d'infirmité (2) », d'où il est aisé de comprendre combien sa personne étoit méprisable. Chrétiens, quel prédicateur pour convertir tant de nations ! »

« Mais peut-être que sa doctrine sera si plausible et si belle qu'elle donnera du crédit à cet homme si méprisé. Non, il n'en est pas de la sorte : « Il ne » sait, dit-il, autre chose que son maître crucifié (3) » : *Non judicavi me scire aliquid inter vos, nisi Jesum-Christum, et hunc crucifixum*, c'est-à-dire, qu'il ne sait rien que ce qui choque, que ce qui scandalise, que ce qui paroît folie et extravagance. Comment donc peut-il espérer que ses auditeurs soient persuadés ? Mais, grand Paul ! si la

---

(1) 11 Cor. x, 10.
(2) Et ego in infirmitate, et timore et tremore multo fui apud vos. 1 Cor. 2, 3.
(3) Ibid. 2.

doctrine que vous annoncez est si étrange et si difficile, cherchez du moins des termes polis, couvrez des fleurs de la rhétorique cette face hideuse de votre Evangile, et adoucissez son austérité par les charmes de votre éloquence. A Dieu ne plaise, répond ce grand homme, que je mêle la sagesse humaine à la sagesse du Fils de Dieu ; c'est la volonté de mon maître, que mes paroles ne soient pas moins rudes, que ma doctrine paroît incroyable : (1) *Non in persuasibilibus humanae sapientiae verbis...* Saint Paul rejette tous les artifices de la rhétorique. Son discours, bien loin de couler avec cette douceur agréable, avec cette égalité tempérée que nous admirons dans les orateurs, paroît inégal et sans suite à ceux qui ne l'ont pas assez pénétré; et les délicats de la terre, qui ont, disent-ils, les oreilles fines, sont offensés de la dureté de son style irrégulier. Mais, mes frères, n'en rougissons pas. Le discours de l'Apôtre est simple, mais ses pensées sont toutes divines. S'il ignore la rhétorique, s'il méprise la philosophie, Jésus-Christ lui tient lieu de tout ; et son nom qu'il a toujours à la bouche, ses mystères qu'il traite si divinement, rendront sa simplicité toute-puissante. Il ira, cet ignorant dans l'art de bien dire, avec cette locution rude, avec cette phrase qui sent l'étranger, il ira en cette Grèce polie, la

(1) 1 Cor. 4.

mère des philosophes et des orateurs; et malgré la résistance du monde, il y établira plus d'églises, que Platon n'y a gagné de disciples par cette éloquence qu'on a crue divine. Il prêchera Jésus dans Athènes, et le plus savant de ses sénateurs passera de l'aréopage en l'école de ce barbare. Il poussera encore plus loin ses conquêtes; il abattra aux pieds du Sauveur la majesté des faisceaux romains en la personne d'un proconsul, et il fera trembler dans leurs tribunaux les juges devant lesquels on le cite. Rome même entendra sa voix; et un jour cette ville maîtresse se tiendra bien plus honorée d'une lettre du style de Paul, adressée à ses citoyens, que de tant de fameuses harangues qu'elle a entendues de son Cicéron. »

« Et d'où vient cela, chrétiens? C'est que Paul a des moyens pour persuader, que la Grèce n'enseigne pas, et que Rome n'a pas appris. Une puissance surnaturelle, qui se plaît de relever ce que les superbes méprisent, s'est répandue et mêlée dans l'auguste simplicité de ses paroles. De-là vient que nous admirons dans ses admirables épîtres une certaine vertu plus qu'humaine, qui persuade contre les règles, ou plutôt qui ne persuade pas tant, qu'elle captive les entendemens; qui ne flatte pas les oreilles, mais qui porte ses coups droit au cœur. De même qu'on voit un grand fleuve qui retient encore, coulant dans la plaine, cette force violente et impétueuse qu'il avoit acquise aux montagnes d'où il tire son origine; ainsi cette vertu céleste, qui est contenue dans les écrits de saint Paul, même dans cette simplicité de style, conserve toute la vigueur qu'elle apporte du ciel, d'où elle descend. »

« C'est par cette vertu divine que la simplicité de l'Apôtre a assujetti toutes choses. Elle a renversé les idoles, établi la croix de Jésus, persuadé à un million d'hommes de mourir pour en défendre la gloire : enfin, dans ses admirables épîtres elle a expliqué de si grands secrets, qu'on a vu les plus sublimes esprits, après s'être exercés long-temps dans les plus hautes spéculations où pouvoit aller la philosophie, descendre de cette vaine hauteur où ils se croyoient élevés, pour apprendre à bégayer humblement dans l'école de Jésus Christ, sous la discipline de Paul...

Fin des Notes du second Volume.

TABLE DES CHAPITRES
CONTENUS DANS CE VOLUME.

SECONDE PARTIE.
POÉTIQUE DU CHRISTIANISME.

LIVRE PREMIER.
VUE GÉNÉRALE DES ÉPOPÉES CHRÉTIENNES.

CHAPITRE PREMIER. Que la poétique du Christianisme se divise en trois branches ; *poésie*, *beaux-arts*, *littérature* : que les six livres de cette seconde partie traitent spécialement de la poésie. Page 1

CHAPITRE II. Vue générale des poëmes où le merveilleux du christianisme remplace la mythologie. L'Enfer du *Dante*, la Jérusalem délivrée. 5

CHAPITRE III. Paradis perdu. 11

CHAPITRE IV. De quelques poëmes françois et étrangers. 27

CHAPITRE V. La Henriade. 35

LIVRE SECOND.

POÉSIE DANS SES RAPPORTS AVEC LES HOMMES. *CARACTÈRE.*

CHAPITRE PREMIER. Caractères naturels. 47
CHAPITRE II. Suite des Epoux. Ulysse et Pénélope. 51
CHAPITRE III. Suite des Epoux. Adam et Eve. 59
CHAPITRE IV. Le Père. Priam. 72
CHAPITRE V. Suite du Père. Lusignan. 78
CHAPITRE VI. La Mère. Andromaque. 81
CHAPITRE VII. Le Fils. Gusman. 88
CHAPITRE VIII. La Fille. Iphigénie et Zaïre. 93
CHAPITRE IX. Caractères sociaux. Le Prêtre. 101
CHAPITRE X. Suite du Prêtre. La Sibylle. Joad. Parallèle de Virgile et de Racine. 104
CHAPITRE XI. Le Guerrier. Définition du beau idéal. 114
CHAPITRE XII. Suite du caractère du Guerrier. 121

LIVRE TROISIÈME.

SUITE DE LA POÉSIE, DANS SES RAPPORTS AVEC LES HOMMES. *PASSIONS.*

CHAPITRE PREMIER. Que le Christianisme a changé les rapports des passions, en changeant les bases du vice et de la vertu. 129

CHAPITRE II. Amour passionné. Didon. 136
CHAPITRE III. Suite du précédent. La Phèdre de Racine. 143
CHAPITRE IV. Suite des précédens. Julie d'Etange. Clémentine. 147
CHAPITRE V. Suite des précédens. Héloïse et Abeilard. 152
CHAPITRE VI. Amour champêtre. Le Cyclope et Galathée. 161
CHAPITRE VII. Suite du précédent. Paul et Virginie. 167
CHAPITRE VIII. La religion chrétienne considérée elle-même comme passion. 174
CHAPITRE IX. Du vague des Passions. 188

LIVRE QUATRIÈME.

SUITE DE LA POÉSIE DANS SES RAPPORTS AVEC LES HOMMES. *SUITE DES PASSIONS.*

RENÉ. 194

LIVRE CINQUIÈME.

DU *MERVEILLEUX*, OU DE LA POÉSIE DANS SES RAPPORTS AVEC LES ÊTRES SURNATURELS.

CHAPITRE PREMIER. Que la Mythologie rapetissoit la nature; que les anciens n'avoient point de poésie proprement dite *descriptive*. 261

TABLE

Chapitre II. De l'allégorie. 271

Chapitre III. Partie historique de la Poésie descriptive chez les Modernes. 276

Chapitre IV. Si les Divinités du paganisme ont poétiquement la supériorité sur les Divinités chrétiennes. 284

Chapitre V. Caractère du vrai Dieu. 291

Chapitre VI. Des Esprits de Ténèbres. 296

Chapitre VII. Des Saints. 300

Chapitre VIII. Des Anges. 307

Chapitre IX. Application des principes établis dans les chapitres précédens. Caractère de Satan. 310

Chapitre X. Machines poétiques. Vénus dans les bois de Carthage, Raphaël au berceau d'Éden, etc. 317

Chapitre XI. Suite des Machines poétiques. Songe d'Enée. Songe d'Atalie. 322

Chapitre XII. Suite des Machines poétiques; Voyage des Dieux homériques. Satan allant à la découverte de la Création. 330

Chapitre XIII. L'Enfer chrétien. 335

Chapitre XIV. Parallèle de l'Enfer et du Tartare. Entrée de l'Averne. Porte de l'Enfer du Dante. Didon. Françoise d'Arimino. Tourmens des coupables. 338

Chapitre XV. Du Purgatoire. 347

Chapitre XVI. Le Paradis. 351

LIVRE SIXIEME.

LA BIBLE ET HOMÈRE.

Chapitre premier. De l'Ecriture et de son excellence. 359

Chapitre II. Qu'il y a trois styles principaux dans l'Ecriture. 363

Chapitre III. Parallèle de la Bible et d'Homère. Termes de comparaison. 373

Chapitre IV. Suite du parallèle de la Bible et d'Homère. Exemples. 386

Notes et Éclaircissemens. 413

Fin de la Table du second Volume.

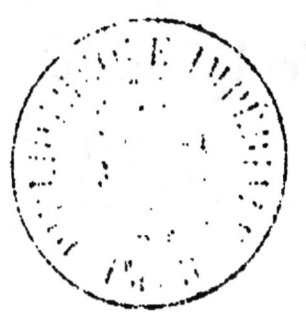

Châteaubriand, F.R. de

Génie du christianisme ou beautés de la religion chrétienne

volume 2

Migneret
1803

D 5716

www.ingramcontent.com/pod-product-compliance
Lightning Source LLC
Chambersburg PA
CBHW071057230426
43666CB00009B/1738